補版について

年１月７日文化審議会「公用文作成の考え方（建議）」及び令和
11日内閣官房長官通知「「公用文作成の考え方」の周知につい
け，以下の修正を行い，増補版第１刷として令和４年７月20日に
した。

～367ページの参考資料を，「公用文作成の要領」（昭和26年10月
国語審議会建議／昭和27年４月４日内閣官房長官依命通知「公用
の趣旨徹底について」）から，「公用文作成の考え方」（令和４
７日文化審議会建議／令和４年１月11日内閣官房長官通知
用文作成の考え方」の周知について」）に差し替え。
「公用文作成の考え方」に基づき用字用語例の追加と一部修

～367ページでは「公用文作成の考え方」のみを収録し，
用文作成の考え方（文化審議会建議）」解説」は収録していま
「公用文作成の考え方（文化審議会建議）」解説」は文化庁Web
されていますのでご参照ください。

最新公用文 用字用語例集

改定常用漢字対応

◇◇増補版◇◇

ぎょうせい公用文研究会 編

ぎょうせい

端　書　き

平成17年３月以来，文化審議会国語分科会は，文
じて，「情報化時代の漢字政策について」検討を行
本における漢字使用の実態を把握するために，書籍
ト上の文書など，さまざまな媒体について漢字使
末，平成22年６月に「改定常用漢字表」が答申さ
11月には，新しい「常用漢字表」が内閣告示とな
定から数えて，29年目の改定です。

新しい「常用漢字表」では，196字種が追加，
用漢字は全部で2,136字種となりました。その
除や，付表の熟字訓などの変更もあります。こ
受けて，「新公用文用字用語例集」を改訂し，
として装いも新たに刊行することにしました。

「最新公用文用字用語例集」では，新しい
とを主眼に据えました。新しい「常用漢字表
追加音訓，削除音訓には，それぞれ記号を
からどのように変わったのかが，目で見て

旧版「新公用文用字用語例集」は，内閣
と，昭和61年に初版を刊行し，その後版を
を引き継ぎ，国語政策の変化や時代の変
字用語例集」を，これからもよりよいも
ます。

この小冊子が，読者の座右にあって，
書き表す際の手引書として役立つこと

平成23年２月

ぎょうせい

❖増

令和４
４年１月
て」を受
刊行しま

① 355
30日
文改
年１月
「「公
② 上記
正。

なお，355
「(付)「公
せん。「(付)
サイトに掲載

目　　次

○公用文用字用語例集

1　この用字用語例集は，行政機関において公用文を作成する場合の用字用語の標準を例示したものである。

2　この用字用語例集は，「公用文における漢字使用等について」（平成22年11月30日内閣訓令第１号），「常用漢字表」（平成22年11月30日内閣告示第２号），「「送り仮名の付け方」の実施について」（昭和48年６月18日内閣訓令第２号），「「現代仮名遣い」の実施について」（昭和61年７月１日内閣訓令第１号）等に基づいて，日常よく用いられる語について編集したものである。

3　この用字用語例集に示した送り仮名の付け方は，「公用文における漢字使用等について」（平成22年11月30日内閣訓令第１号）により，次のとおりとした。

(1)　原則として「送り仮名の付け方」（昭和48年６月18日内閣告示第２号）の通則１から通則６までの「本則」・「例外」，通則７及び「付表の語」（１のなお書きを除く。）によった。

(2)　「公用文における漢字使用等について」の「２　送り仮名の付け方について」の(1)のただし書きにおいて，「送り仮名の付け方」の通則６の「許容」を適用することとして例示されている複合の語については，その例示のように送り仮名を省いた。

(3)　(2)のほか，前記訓令の２(2)により，必要と認める場合は，「送り仮名の付け方」の通則２，通則４及び通則６（(2)により送り仮名を省いた場合を除く。）の「許容」並びに「付表の語」の１のなお書きを適用して差し支えないこととされているが，この用字用語例集では示していない。

(4)　平成22年11月30日内閣法制局総総第208号による通知の別紙「法令における漢字使用等について」の「２　送り仮名の付け方について」

の⑵イにおいて，慣用が固定していると認められ，「送り仮名の付け方」の通則７を適用すると例示されている複合の語については，これに従った。

凡　　例

1　配列は，五十音順によった。同じ発音の音と訓は，音を先に掲げ，次に訓を掲げた。

2　見出し語及びその書き表し方は，ゴシック体の活字を用い，原則として，音は片仮名で，訓と送り仮名の部分は平仮名で，それぞれ示した。

3　見出し語の次には，それを用いた語例又は文例を適宜掲げた。

（例）
見出し語（音）
シ　諮←書き表し方
諮問←語例

見出し語（訓）
はかる　諮る←書き表し方
審議会に諮る←文例

4　記号及び符号の意味は，次のとおりである。

○……新しい「常用漢字表」で追加された漢字を示す。
●……新しい「常用漢字表」で削除された漢字を示す。
△……新しい「常用漢字表」で追加された音訓を示す。
▲……新しい「常用漢字表」で削除された音訓を示す。
㊟……注意事項を示す。

—ア・あ—

ア　亜

亜流，亜麻，亜熱帯

アイ　哀

哀愁，哀願，悲哀

アイ　○挨

挨拶

アイ　愛

愛情，愛読，恋愛

アイ　○曖

曖昧

あい　相

相手，相宿，相協力する

あい　○藍

藍色，藍染め

あいかぎ　合い○鍵

あいかわらず　相変わらず

あいくち　あいくち

あいくちで刺す

アイサツ　○挨○拶

御挨拶

あいズ　合図

アイソ　愛想

あいぞめ　○藍染め

あいだ　間

あいタイする　相対する

あいだがら　間柄

二人の間柄

あいつぐ　相次ぐ

事故が相次いで発生した

あいづち　相づち

あいて　相手

アイトウ　哀悼

謹んで哀悼の意を表する

あいにく　あいにく

あいにくの雨だ

あいのて　合いの手

あいフク　合服

あいま　合間

アイマイ　○曖○昧

曖昧な回答

あいまって　あいまって

核家族化と少子化とがあいまって

あう　合う

落ち合う，計算が合う，目が合う，体に合う，好みに合う，割に合わない

あう　会う

客と会う時刻，人に会いに行く

あう　遭う

災難に遭う，にわか雨に遭う

あえて　あえて（副詞）

あえて注意する

あお　青

青草，青ざめる

あおい　青い

あおぐ　仰ぐ

大臣の決裁を仰ぐ，天を仰ぐ

あおぐ　あおぐ

扇であおぐ

あおさ　青さ

あおざめる　青ざめる

あか　赤

赤組，赤字，赤の他人

あかい　赤い

あかす　明かす

種を明かす

あかす　…（に）飽かす

暇に飽かして

あかつき　暁

暁の空

あがめる　あがめる

師とあがめる

あからむ　明らむ

あからむ　赤らむ

あからめる　赤らめる

あかり　明かり

家々の明かり，薄明かり

あがり　上がり

店の上がり

あがり　…上がり（接尾語）

役人上がり

あがりぐち　上がり口

あがる　上がる

地位が上がる，物価が上がる

あがる　揚がる

花火が揚がる，歓声が揚がる

あがる　挙がる

証拠が挙がる

あかるい　明るい

あかるさ　明るさ

あかるみ　明るみ

明るみに出る

あかるむ　明るむ

あかんボウ　赤ん坊

あき　秋

秋風

あき　空き

空き缶，空き巣

あき　明き

洋服の胸元の明き

あき　開き

窓の開きが少ない

あき　飽き

飽きがくる

あきカン　空き缶

あきす　空き巣

あきたりない　飽き足りない

あきチ　空き地

あきない　商い

あきなう　商う

あきばこ　空き箱

あきばれ　秋晴れ

あきビン　空き瓶

あきま　空き間

あきまつり　秋祭り

あきや　空き家

あきらか　明らか

あきらかだ　明らかだ

あきらめる　○諦める

あきる　飽きる

見飽きる

アク　悪

悪事，悪意，悪口（「アッコウ」又は「わるくち」），醜悪

アク　握

握手，握力，掌握，把握

あく　空く

席が空く，時間が空く

あく　明く

服の背が明く

あく　開く

幕が開く，開いた口が塞がらない

あくまで　飽くまで（副詞）

飽くまで闘う

あくる　明くる（連体詞）

明くる日，明くる朝

あげあし　揚げ足

揚げ足を取る

あげあぶら　揚げ油

あけがた　明け方

あげク　挙げ句

……した挙げ句

あけくれ　明け暮れ

あげしお　上げ潮

あけたて　開けたて

あげて　挙げて（副詞）

挙げて……する

あけはなれる　明け離れる

あけぼの　あけぼの

あけぼのの光

あげもの　揚げ物

あける　空ける

家を空ける，時間を空ける

あける　明ける

夜が明ける，年が明ける

あける　開ける

店を開ける，窓を開ける

あげる　上げる

腕前を上げる，品物を上げる

あげる　挙げる

例を挙げる，全力を挙げる，国を挙げて，犯人を挙げる

あげる　揚げる

たこを揚げる，船荷を揚げる，てんぷらを揚げる

あげる　…（て）あげる

図書を貸してあげる

あけわたし　明渡し

明渡し期日

あけわたす　明け渡す

あご　○顎

あこがれ　○憧れ

あこがれる　○憧れる

異国に憧れる

あさ　麻

あさ　朝

朝日，毎朝

あざ　字

大字，小字

あさい　浅い

あさおき　朝起き

あざける　○嘲る

あさせ　浅瀬

あさづけ　浅漬け

あさって　あさって

あさはかだ　浅はかだ

あざむく　欺く

あざやか　鮮やか

あざやかだ　鮮やかだ

あし　足

足音，足の裏，素足，手足，客足，足しげく通う

あし　脚

机の脚，襟脚，船脚

あじ　味

味見，塩味

あしがかり　足掛かり

あしかけ　足掛け

あじつけ　味付け

あしどめ　足止め

あしどり　足取り

犯人の足取り

あしなみ　足並み

あしぶみ　足踏み

あしらう　あしらう

相手を軽くあしらう，庭に松をあしらう

あじわい　味わい

あじわう　味わう

あす　明日（「ミョウニチ」とも）

あずかり　預かり

あずかりキン　預り金

あずかる　預かる

荷物を預かる

あずかる　あずかる

相談にあずかる

あずき　小豆

あずけいれキン　預入金

あずけキン　預け金

あずける　預ける

あせ　汗

あせばむ　汗ばむ

あせり　焦り

あせる　焦る

あせる　あせる

色があせる

あそび　遊び

あそぶ　遊ぶ

あたい　価

価が高くて買えない，商品に価を付ける

あたい　値

そのものの持つ値，未知数Xの値

あたいする　値する

称賛に値する

あだうち　あだ討ち

あたえる　与える

あたかも　あたかも（副詞）

あたかも……のような

あたたか　温か

あたたか　暖か

あたたかい　温かい

温かい料理

あたたかい　暖かい

暖かい冬

あたたかだ　温かだ

温かな家庭

あたたかだ　暖かだ

暖かな毛布

あたたかみ　温かみ

あたたかみ　暖かみ

あたたまる　温まる

心温まる話

あたたまる　暖まる

部屋が暖まる

あたためる　温める

スープを温める

あたためる　暖める

室内を暖める

あたま　頭

あたまうち　頭打ち

あたまキン　頭金

あたまごし　頭越し

あたまわり　頭割り

あたらしい　新しい

あたらしがる　新しがる

あたらしさ　新しさ

あたり　辺り

辺り一面，辺り近所

あたり　当たり

当たりくじ，当たり役，一日当たり

あたりさわり　当たり障り

あたりまえ　当たり前

あたる　当たる

ボールが体に当たる，予報が当たる，開会に当たり，出発に当たって

あたる　あたる

毒にあたる

あちら　あちら（代名詞）

アツ　圧

圧力，圧迫，気圧

あつい　厚い

厚い壁で隔てる，支持者の層が厚い，手厚いもてなし

あつい　暑い

今年の夏は暑い，暑い部屋

あつい　熱い

熱い湯

あつい　あつい

病があつい

あつかい　扱い

客扱い

あつかう　扱う

あつかましい　厚かましい

あつがる　暑がる

あつさ　厚さ

あつさ　暑さ

あつさ　熱さ

アッセン　あっせん

就職をあっせんする

あつまり　集まり

あつまる　集まる

あつみ　厚み

あつめる　集める

あつらえる　あつらえる

あて　○宛て

各行政機関宛て，……宛ての文書

あて　当て

当て外れ

あてがう　あてがう

あてこすり　当てこすり

あてこむ　当て込む

あてさき　○宛先

あてジ　あて字

あてな　○宛名

あてはまる　当てはまる

あてはめる　当てはめる

あてる　当てる

胸に手を当てる，日光に当てる

あてる　充てる

建築費に充（当）てる，保安要員に充（当）てる

あてる　○宛てる

恩師に宛てて手紙を書く

あと　後

後の祭り，後を頼んで行く，後から行く，後になり先になり，後で読む

あと　跡

屋敷跡，足跡，苦心の跡が見える，容疑者の跡を追う，父の跡を継ぐ

あと　○痕

傷痕，弾丸の痕，手術の痕（跡）

あとあじ　後味

あとおし　後押し

あとがき　後書き

あとかた　跡形

あとかたづけ　後片付け

会議の後片付け

あとかたづけ　跡片付け

火事場の跡片付け

あとつぎ　後継ぎ

社長の後継ぎ

あとつぎ　跡継ぎ

家業の跡継ぎ

あととり　跡取り

あとばらい　後払い

あとまわし　後回し

あともどり　後戻り

あな　穴

あなうめ　穴埋め

あながち　あながち

あなた　あなた（代名詞）

あなどり　侮り

あなどる　侮る

あに　兄

兄上，兄と弟

あね　姉

姉上，姉と妹

あばきだす　暴き出す

あばく　暴く

あばれる　暴れる

あびせる　浴びせる

あびる　浴びる

あぶく　あぶく

あぶく銭

あぶない　危ない

あぶながる　危ながる

あぶら　油

油絵，水油，水と油，ごまの油，油を流したような海面，火に油を注ぐ

あぶら　脂

脂が乗る年ごろ，牛肉の脂

あぶらあげ　油揚げ

あぶらぎる　脂ぎる

脂ぎった顔

あぶらさし　油差し

あぶらじみる　油染みる

あぶらづけ　油漬け

あぶる　あぶる

火であぶる

あふれる　あふれる

水があふれる

あぶれる　あぶれる

仕事にあぶれる

アヘンエン　あへん煙

あま　天

天の川，天下り

あま　尼　尼寺

あま　雨

雨雲，雨戸，雨具

あま　海女，海士

あまい　甘い

あまえる　甘える

あまくだり　天下り

あまぐもり　雨曇り

あまざけ　甘酒

あます　余す

あまた　あまた

あまたの難関

あまだれ　雨垂れ

あまつさえ　あまつさえ（副詞）

あまねく　あまねく

あまねく知られている

あまのがわ　天の川

あまみ　甘み

あまもり　雨漏り

あまやかす　甘やかす

あまやどり　雨宿り

あまり　余り

余りが出る，100円の余り

あまり　余り（副詞）

余り良くない

あまりに　余りに（副詞）

余りに（も）……

あまる　余る

あまんずる　甘んずる

あみ　網

網戸

あみあげ　編み上げ

あみあげぐつ　編上靴

あみあげる　編み上げる

あみかた　編み方

あみひき　網引き

あみもの　編み物

あむ　編む

あめ　天

天の海，天が下

あめ　雨

大雨，雨模様（㊟「春雨」，「小雨」，「霧雨」などは，「はるさめ」，「こさめ」，「きりさめ」）

あめ　あめ

水あめ

あめあがり　雨上がり

あめふり　雨降り

あや　あや

あや織り，言葉のあや

あやうい　危うい

あやうく　危うく

あやしい　怪しい

怪しい行動，空模様が怪しい，怪しい人影を見る

あやしい　○妖しい

妖しい魅力，妖しく輝く瞳

あやしがる　怪しがる

あやしげだ　怪しげだ

あやしむ　怪しむ

あやつりニンギョウ　操り人形

あやつる　操る

あやぶむ　危ぶむ

あやまち　過ち

過ちを犯す

あやまつ　過つ

過って……する

あやまり　誤り

誤りを見付ける

あやまり　謝り

平謝り

あやまる　誤る

適用を誤る

あやまる　謝る

不行届きを謝る

あゆみ　歩み

あゆみより　歩み寄り

あゆむ　歩む

あらあらしい　荒々しい

あらい　荒い

波が荒い，気が荒い，金遣いが荒い

あらい　粗い

網の目が粗い，きめが粗い，仕事が粗い

あらいがみ　洗い髪

あらいこ　洗い粉

あらいざらい　洗いざらい

あらいざらし　洗いざらし

あらいはり　洗い張り

あらいもの　洗い物

あらう　洗う

あらかじめ　あらかじめ（副詞）

あらかじめ準備をする

あらかせぎ　荒稼ぎ

あらけずり　荒削り，粗削り

あらし　○嵐

砂嵐，嵐の前の静けさ

あらす　荒らす

倉庫を荒らす

あらず　あらず

あらずもがな，さにあらず

あらそい　争い

あらそう　争う

あらた　新た

あらただ　新ただ

装いが新ただ，新たな仕事

あらだてる　荒立てる

あらたに　新たに

新たに……する

あらたまる　改まる

あらためて　改めて（副詞）

改めて検討する

あらためる　改める

あらなみ　荒波

あらなわ　荒縄

あらまし　あらまし

法律のあらまし

あらムシャ　荒武者

あらもの　荒物

あらゆる　あらゆる（連体詞）

あらわ　あらわ

肌をあらわに出す

あらわす　表す

言葉に表す，喜びを顔に表す

あらわす　現す

姿を現す

あらわす　著す

書物を著す

あらわれ　表れ

喜びの表れ

あらわれ　現れ

善意の現れ

あらわれる　表れる

悲哀が顔に表れる

あらわれる　現れる

太陽が現れる，怪獣が現れる

あらわれる　著れる

名が著れる

あり　有り

有り・無し

ありあけ　有り明け

ありあり　ありあり（副詞）

ありありと目に浮かぶ

ありあわせ　有り合わせ

ありか　在りか

ありかた　在り方

教育の在り方

ありがたい　有り難い

御親切は有り難い

ありがたがる　有り難がる

好意を有り難がる

ありがたみ　有り難み

親の有り難み

ありがとう　ありがとう

どうもありがとうございます

ありがね　有り金

ありさま　有様

このような有様だ

ありしひ　在りし日

ありたやき　有田焼

ありふれる　ありふれる

ある　ある（連体詞）

ある日，ある人

ある　在る

日本はアジアの東に在る

ある　有る

財源が有る，子が有る

ある　…ある

その点に問題がある，書いてある

あるいは　あるいは

あるいは行くかもしれない，雨あるいは雪

あるきづめ　歩きづめ

一日中歩きづめだ

あるく　歩く

アルコールづけ　アルコール漬け

あるじ　あるじ

一家のあるじ

あれ　荒れ

荒れ野，大荒れ

あれくるう　荒れ狂う

あれショウ　荒れ性

あれチ　荒れ地

あれはだ　荒れ肌

あれはてる　荒れ果てる

あれる　荒れる

あわ　泡

あわい　淡い

あわす　合わす

あわせかがみ　合わせ鏡

あわせて　併せて（副詞）

併せてお願いする

あわせて　あわせて（接続詞）

あわせめ　合わせ目

あわせる　合わせる

問い合わせる，手を合わせて拝む，時計を合わせる，調子を合わせる，力を合わせる

あわせる　併せる

二つの会社を併せる

あわただしい　慌ただしい

あわただしげだ　慌ただしげだ

あわただしさ　慌ただしさ

あわだち　泡立ち

あわだつ　泡立つ

あわてる　慌てる

あわゆき　淡雪

あわれ　哀れ

哀れを誘う

あわれがる　哀れがる

あわれだ　　哀れだ

哀れな話

あわれみ　　哀れみ

あわれむ　　哀れむ

アン　　行

行火，行脚（アンギャ）

アン　　安

安全，安価，不安

アン　　案

案文，案内，新案

アン　　暗

暗示，暗愚，明暗

アンじる　　案じる

アンずる　　案ずる

身の上を案ずる

アンに　　暗に

アンノン　　安穏

—イ・い—

イ　　以

以上，以内，以後

イ　　衣

衣服，衣食住，作業衣

イ　　位

位置，第一位，各位（㊟「三位一体」は「サンミイッタイ」，「従三位」は「ジュサンミ」）

イ　　囲

囲碁，包囲，範囲

イ　　医

医学，医療，名医

イ　　依

依頼，依拠，依然

イ　　委

委任，委員，委細，委嘱

イ　　易

容易，安易，難易

イ　　○畏

畏敬，畏怖

イ　　威

威力，威圧，威嚇，示威

イ　　胃

胃腸，胃酸，胃弱

イ　　為

為政者，行為，作為

イ　　唯

唯々諾々

イ　　尉

尉官，一尉，大尉

イ　　異

異論，異同，奇異

イ　　移

移転，移民，推移

イ　　○萎

萎縮

イ　　偉

偉大，偉人，偉観

イ　　○椅

椅子

イ　意

意見，意味，意欲，決意

イ　違

違反，違法，相違

イ　○彙

語彙

イ　維

維持，維新，繊維

イ　慰

慰安，慰問，慰労

イ　遺

遺棄，遺産，遺失，遺言（「イゴン」又は「ユイゴン」）

イ　緯

緯度，北緯，経緯

い　井

井戸

い　居

居間，芝居，鳥居

い　鋳

鋳物，鋳型

いあわせる　居合わせる

いいあい　言い合い

いいあう　言い合う

いいあやまる　言い誤る

いいあらそう　言い争う

いいあらわす　言い表す

いいおく　言い置く

いいおとし　言い落とし

いいおとす　言い落とす

いいかえす　言い返す

いいがかり　言い掛かり

いいかける　言い掛ける

いいカゲン　いい加減

いいかた　言い方

いいぐさ　言いぐさ

いいだす　言い出す

いいちがい　言い違い

いいつける　言い付ける

いいつたえ　言い伝え

いいつたえる　言い伝える

いいなおし　言い直し

いいぬけ　言い抜け

いいのこす　言い残す

いいブン　言い分

いいまわし　言い回し

いいもらし　言い漏らし

いいもらす　言い漏らす

いいわけ　言い訳

いいわたし　言渡し

いいわたす　言い渡す

いう　言う

物を言う，彼の言うこと

いう　…いう

……という場合，そういうことは

いえ　家

家柄，家元

いえども　いえども

いえもち　家持ち

いえる　△癒える

病が癒える

いおう　硫黄

いかが　いかが

いかがいたしましょうか

いかす　生かす

いかす　いかす

特性をいかす

いがた　鋳型

いかなる　いかなる（連体詞）

いかなる場合にも……

いかに　いかに（副詞）

いかにするかは……

いからす　怒らす

いかり　怒り

いかりくるう　怒り狂う

いかる　怒る

いかん　いかん（副詞）

いかんともし難い

イキ　域

域内，地域，区域

いき　息

息巻く，吐息

いき　行き（「ゆき」とも）

大阪行き

いき　生き

生き死に

いき　△粋

粋な事を言う

イギ　異義

同音異義

イギ　異議

異議申立て

イギ　意義

有意義な人生

イギ　威儀

威儀を正す

いきあたり　行き当たり

いきあたる　行き当たる

いきいき　生き生き

生き生きとした顔

いきうつし　生き写し

いきうめ　生き埋め

いきおい　勢い

勢いが悪い

いきおい　勢い（副詞）

勢い……する

いきがい　生きがい

いきかえり　行き帰り

いきかえる　生き返る

いきがかり　行き掛かり

いきがけ　行き掛け

いきぎれ　息切れ

いきぐるしい　息苦しい

イキごみ　意気込み

いきさき　行き先

いきさつ　いきさつ

これまでのいきさつを語る

いきしに　生き死に

いきジびき　生き字引

いきすぎ　行き過ぎ

いきすぎる　行き過ぎる
いきだおれ　行き倒れ
いきち　生き血
いきちがい　行き違い
いきづまる　息詰まる
いきづまる　行き詰まる
いきどおり　憤り
いきどおる　憤る
いきとどく　行き届く
いきどまり　行き止まり
いきぬき　息抜き
いきのこり　生き残り
いきのこる　生き残る
いきはじ　生き恥
いきぼとけ　生き仏
いきまく　息巻く
いきもの　生き物
いきる　生きる
いきわかれ　生き別れ
イク　育
　育児，教育，発育
いく　幾
　幾多の，幾重にも，幾日
いく　行く（「ゆく」とも）
　学校へ行く，行く先
いく　△逝く（「ゆく」とも）
　惜しまれながら逝く
いく　…（て）いく
　実施していく，負担が増えていく
いぐい　居食い
いくさ　戦
　勝ち戦
いくさき　行く先
いくじ　意気地
いくつ　幾つ
いくら　幾ら
　全部で幾らか，幾ら考えても
いけ　池
　古池
いけがき　生け垣
いけづくり　生け作り
いけどり　生け捕り
いけない　いけない
　それはいけないことだ，いけない人
いけばな　生け花
いける　生ける
いこい　憩い
いこう　憩う
いさぎよい　潔い
いささか　いささか
　いささか気になる
いさましい　勇ましい
いさみあし　勇み足
いさむ　勇む
いし　石
　小石
イシ　意志
　強い意志
イシ　意思
　自由意思

イシ　遺志

故人の遺志

いしずえ　礎

いしだたみ　石畳

いしづき　石突き

いしづくり　石造り

イジっぱり　意地っ張り

イシャリョウ　慰謝料

イジョウ　委譲

国の権限を地方公共団体に委譲する

イジョウ　移譲

政権の移譲

イジョウ　異状

西部戦線異状なし

イジョウ　異常

異常な性格

イショク　委嘱

イス　○椅子

折り畳み椅子

いずこ　いずこ（代名詞）

いずみ　泉

いずれ　いずれ（代名詞）

いそ　いそ

いそ伝い，いそ釣り

いそがしい　忙しい

いそがしさ　忙しさ

いそぎ　急ぎ

いそぎあし　急ぎ足

いそぐ　急ぐ

いそしむ　いそしむ

勉学にいそしむ

いた　板

いたい　痛い

いたがこい　板囲い

いだく　抱く

いたさ　痛さ

いたしかた　致し方

致し方ない

いたじき　板敷き

いたす　致す

思いを致す，不徳の致すところ，繁栄を致した原因

いたす　いたす

御案内いたします，お願いいたします

いだす　いだす

見いだす

いたずら　いたずら

子供のいたずら，いたずらに時間を費やす

いただき　頂（「山頂」の意）

いただきもの　頂き物

いただく　頂く

御返事を頂きたい

いただく　…（て）いただく

報告していただく

いたって　至って（副詞）

至って……である

いたばさみ　板挟み

いたばり　板張り

いたましい　痛ましい

いたみ　悼み

悼みの心を表す

いたみ　痛み

傷口の痛み

いたみ　傷み

野菜の傷み

いたむ　悼む

友の死を悼む，故人を悼む

いたむ　痛む

足が痛む，腰が痛む

いたむ　傷む

家が傷む，傷んだ果物

いためる　痛める

腰を痛める

いためる　傷める

建物を傷める

いたり　至り

若気の至り

いたる　至る

東京に至る，至る所に，大事に至らない

いたるところ　至る所

イチ　一

一度，一座，第一

イチ　壱

壱万円

いち　市

競り市

イチオウ　一応（副詞）

イチガイに　一概に（副詞）

イチジ　一時

一時の出来心，一時金

イチジのがれ　一時逃れ

イチジばらい　一時払い

いちじるしい　著しい

いちじるしさ　著しさ

イチズ　いちず

いちずに思い詰める

イチバン　一番

一番で入賞した，一番下

イチマイずり　一枚刷り

イチヤづけ　一夜漬け

イチリンざし　一輪挿し

イチわ　一羽

イツ　一

一級，一般，同一，統一

イツ　逸

逸話，逸品

いつ　いつ

いつ始めるのか，いつの間にか，いつ頃

いつか　五日

いつか　いつか

いつか日が暮れていた，いつか行くつもりだ

イッキうち　一騎打ち

いつくしみ　慈しみ

いつくしむ　慈しむ

イッコウに　一向に

一向に差し支えない

イッコだち　一戸建ち

イッコだて　一戸建て

イッサイ　一切

一切関知しない

イッシ　一矢

一矢を報いる

イッショ　一緒

一緒に行く

イッする　逸する

イッセイ　一斉

一斉検査，一斉に出掛ける

イッソウ　一層

一層の努力

イッソクとび　一足飛び

イッタン　一○旦

一旦休憩する

イッチョウ　一丁

いつつ　五つ

イッテンばり　一点張り

イッパイ　一杯

コップ一杯の水，今月一杯に

イッペンに　一遍に

一遍に……する

イッポンだち　一本立ち

イッポンづり　一本釣り

いつも　いつも（副詞）

いつわり　偽り

いつわる　偽る

いと　糸

糸目，毛糸

いど　井戸

イドウ　異同

字句の異同

イドウ　異動

人事異動

イドウ　移動

移動図書館

いどがえ　井戸替え

いとなみ　営み

いとなむ　営む

いどほり　井戸掘り

いとまき　糸巻き

いどむ　挑む

いな　否

賛成か否か

いな　稲

稲作，稲穂

いなおる　居直る

いなか　田舎

いなびかり　稲光

いなむ　否む

いなめない　否めない

いなや　否や

……（や）否や

いならぶ　居並ぶ

いにしえ　いにしえ

いにしえの奈良の都

いぬ　犬

いぬき　居抜き

いね　稲
いねかり　稲刈り
いねむり　居眠り
いのこり　居残り
いのち　命
いのちがけ　命懸け
いのちごい　命○乞い
いのちとり　命取り
いのちびろい　命拾い
いのり　祈り
いのる　祈る
いばら　○茨
いばらきケン　○茨城県
イばる　威張る
いぶかる　いぶかる
いぶき　息吹
いま　今
いまいましい　忌ま忌ましい
いまさら　今更
今更言うことはない
いましがた　今し方
いましめ　戒め
いましめる　戒める
いまだ　いまだ（副詞）
いまだ……しない
いまわしい　忌まわしい
イミあい　意味合い
いみことば　忌み言葉
いむ　忌む
いも　芋
里芋，焼き芋
いもほり　芋掘り
いもうと　妹
姉と妹
いもの　鋳物
いや　嫌
いやがる　嫌がる
いやけ　嫌気
嫌気がさす
いやしい　卑しい
いやしくも　いやしくも（副詞）
いやしくも公務員たる者は……
いやしさ　卑しさ
いやしむ　卑しむ
いやしめる　卑しめる
いやす　△癒やす
いやだ　嫌だ
いよいよ　いよいよ（副詞）
いよいよ出発だ
いり　入り
大入り，仲間入り
いりあいケン　入会権
いりうみ　入り海
いりえ　入り江
いりぐち　入口（「いりくち」とも）
いりくむ　入り組む
いりこむ　入り込む
いりひ　入り日
いりびたる　入り浸る

いりふね　入り船

いりまめ　○煎り豆

いりもやづくり　入りもや造り

いる　入る

寝入る，念の入った話，気に入る，恐れ入る

いる　居る

室に居る，郷里に居る

いる　要る

金が要る，保証人が要る，親の承諾が要る，何も要らない

いる　射る

的を射る

いる　鋳る

銅貨を鋳る

いる　○煎る

豆を煎る

いる　いる

……している，ここに関係者がいる

いれかえ　入替え

いれかえる　入れ替える

いれかわり　入れ替わり

いれかわる　入れ替わる

いれヂエ　入れ知恵

いれちがい　入れ違い

いれば　入れ歯

いれもの　入れ物

いれる　入れる

手に入れる

いろ　色

顔色，桜色

いろあい　色合い

いろあげ　色揚げ

いろいろ　いろいろ

いろいろ……する，いろいろな出来事があった

いろがわり　色変わり

いろずり　色刷り

いろづく　色づく

いろづけ　色づけ

いろどり　彩り

いろどる　彩る

いろわけ　色分け

いわ　岩　岩場

いわい　祝い

いわいざけ　祝い酒

いわいもの　祝い物

いわう　祝う

いわば　言わば

言わば……だ

いわゆる　いわゆる（連体詞）

いわんや　いわんや

イン　引

引力，引退，索引

イン　印

印刷，印象，調印，押印

イン　因

因果，原因，要因

イン　○咽

咽喉

イン　姻

姻族，婚姻

イン　音

福音，母音

イン　員

満員，定員，社員

イン　院

院内，議院，病院

イン　○淫

淫欲，淫乱

イン　陰

陰気，陰性，光陰

イン　飲

飲料，飲食，痛飲

イン　隠

隠居，隠忍，隠語，隠滅

イン　韻

韻律，韻文，音韻

インコウ　○咽○喉

インネン　因縁

インペイ　隠○蔽

—ウ・う—

ウ　右

右岸，右折，右派

ウ　宇

宇宙，気宇，堂宇

ウ　有

有無，有象無象

ウ　羽

羽毛，羽化，羽翼

ウ　雨

雨量，降雨，梅雨（「バイウ」又は「つゆ」）

うい　初

初陣

うい　憂い

物憂い，憂き目（㊟「憂き」は，文語の連体形）

ういういしい　初々しい

うえ　上

身の上，決定の上，同意を得た上で，意見を聴取した上，……を考慮した上

うえ　飢え

うえき　植木

植木鉢

うえこみ　植え込み

うえじに　飢え死に

うえつけ　植付け

うえつける　植え付ける

うえる　植える

うえる　飢える

うお　魚

魚市場

うおつり　魚釣り

うおつりヨウグ　魚釣用具

うかがい　伺い

お伺いを立てる

うかがい　…伺

進退伺，暑中伺

うかがう　伺う

話を伺う，お宅に伺う

うかがう　うかがう

好機をうかがう

うかす　浮かす

うがつ　うがつ

うがった見方をする

うかびあがる　浮かび上がる

うかぶ　浮かぶ

うかべる　浮かべる

うかる　受かる

うかれる　浮かれる

ウキ　雨期

ウキ　雨季

うき　浮き

うきあし　浮き足

浮き足立つ

うきうき　浮き浮き

うきがし　浮き貸し

うきくさ　浮草

うきぐも　浮雲

うきしずみ　浮き沈み

うきたつ　浮き立つ

うきな　浮名

うきぶくろ　浮袋

うきぼり　浮き彫り

うきめ　憂き目

うきよ　浮世

うきよエ　浮世絵

うく　浮く

うけ　受け

うけあい　請け合い

うけあう　請け合う

うけいれ　受入れ

うけいれガク　受入額

うけいれさき　受入先

うけいれネンガッぴ　受入年月日

うけいれる　受け入れる

うけうり　受け売り

うけおい　請負

うけおう　請け負う

うけぐち　受け口

うけこたえ　受け答え

うけざら　受皿

うけショ　請け書

うけたまわる　承る

うけつぎ　受け継ぎ

うけつぐ　受け継ぐ

うけつけ　受付

うけつけがかり　受付係

うけつける　受け付ける

うけとめる　受け止める

うけとり　受取

うけとりニン　受取人

うけとる　受け取る

うけニン　請け人

うけはらいキン　受払金

うけみ　受け身

うけもち　受持ち

うけもつ　受け持つ

うけもどし　請け戻し

うけもどす　請け戻す

うける　受ける

注文を受ける，命令を受ける，保護を受ける，相談を受ける

うける　請ける

得意先の仕事を請ける

うけわたし　受渡し

うけわたす　受け渡す

うごかす　動かす

うごき　動き

うごく　動く

うさぎがり　うさぎ狩り

うさばらし　憂さ晴らし

うし　牛

うじ　氏

氏神，氏子

うしおい　牛追い

うしかい　牛飼い

うしなう　失う

うしろ　後ろ

うしろあし　後ろ足

うしろぐらい　後ろ暗い

うしろすがた　後ろ姿

うしろだて　後ろ盾

うしろむき　後ろ向き

うしろめたい　後ろめたい

うす　○臼

石臼

うず　渦

渦潮

うすあかり　薄明かり

うすい　薄い

うすぎ　薄着

うすぐもり　薄曇り

うすぐらい　薄暗い

うずまき　渦巻

うずまく　渦巻く

うすまる　薄まる

うずまる　うずまる

土砂にうずまる

うすめる　薄める

うずめる　うずめる

空白をうずめる

うすらぐ　薄らぐ

うすれる　薄れる

うすわらい　薄笑い

うた　歌

歌声，歌を歌う

うた　○唄

小唄，長唄，馬子唄

うたい　謡

素謡

うたいて　歌い手

うたう　歌う

鼻歌を歌う，鳥が歌う

うたう　謡う

謡曲を謡う

うたう　うたう

条文にうたう

うたがい　疑い

うたがう　疑う

うたがわしい　疑わしい

うち　内

内側，内気，内と外

うち　うち

そのうちに連絡する，委員のうちから，該当するもののうち，うちを建てる

うちあげ　打ち上げ

人工衛星の打ち上げ

うちあけばなし　打ち明け話

うちあける　打ち明ける

うちあげる　打ち上げる

花火を打ち上げる

うちあわせ　打合せ

うちあわせカイ　打合せ会

うちあわせる　打ち合わせる

うちいり　討ち入り

義士の討ち入り

うちかえす　打ち返す

うちきり　打切り

うちきりホショウ　打切補償

うちきる　打ち切る

うちけし　打ち消し

うちけす　打ち消す

うちこむ　打ち込む

うちすえる　打ち据える

うちだし　打ち出し

うちだす　打ち出す

うちつづく　打ち続く

うちとける　打ち解ける

うちとる　打ち取る

バッターを打ち取る

うちぬく　打ち抜く

うちばらい　内払

うちひも　打ちひも

うちまた　内○股

うちみ　打ち身

うちみず　打ち水

うちやぶる　打ち破る

うちわけ　内訳

ウツ　○鬱

憂鬱

うつ　打つ

くぎを打つ，碁を打つ，電報を打つ，心を打つ話

うつ　討つ

賊を討つ

うつ　撃つ

鉄砲を撃つ，いのししを猟銃で撃つ

うつくしい　美しい

うつくしさ　美しさ

うつし　写し

うつしかえ　移替え

うつしかえる　移し替える

うつしかた　写し方

うつす　写す

書類を写す，写真を写す，風景を文章に写す
うつす　移す
住居を移す
うつす　映す
幻灯を映す，スクリーンに映す
うったえ　訴え
うったえる　訴える
うつぶせ　うつ伏せ
うつり　写り
うつり　映り
うつりが　移り香
うつりかわり　移り変わり
うつりかわる　移り変わる
うつりギ　移り気
うつる　写る
写真に写る
うつる　移る
政権が移る，心が移る，時が移る
うつる　映る
壁に影が映る，鏡に姿が映る，着物がよく映る
うつわ　器
うで　腕
腕前，細腕
うでおし　腕押し
うでくらべ　腕比べ
うとい　疎い
うとましい　疎ましい
うとむ　疎む
うながす　促す
うなばら　海原
うね　畝
畝間，畝織
うば　乳母
うばいとる　奪い取る
うばう　奪う
うぶ　産
産湯，産着，産毛
うま　馬
馬小屋
うまのり　馬乗り
うまる　埋まる
うまれ　生まれ
下町生まれ
うまれかわる　生まれ変わる
うまれつき　生まれつき
うまれる　生まれる
京都に生まれる
うまれる　産まれる
卵が産まれる
うみ　海
うみ　生み
生みの親
うみ　産み
産みの苦しみ
うみづき　産み月
うみなり　海鳴り
うむ　生む
新記録を生む，傑作を生む

うむ　産む

卵を産む，予定日が来ても産まれない

うめ　梅

梅見，梅酒

うめあわせ　埋め合わせ

うめあわせる　埋め合わせる

うめくさ　埋め草

うめたて　埋立て

うめたてクイキ　埋立区域

うめたてジギョウ　埋立事業

うめたてチ　埋立地

うめたてる　埋め立てる

うめぼし　梅干し

うめる　埋める

うもれぎ　埋もれ木

うもれる　埋もれる

うやうやしい　恭しい

うやまい　敬い

うやまう　敬う

うら　浦

浦風，津々浦々

うら　裏

裏口

うらうち　裏打ち

うらがき　裏書

うらぎり　裏切り

うらぎりもの　裏切り者

うらぎる　裏切る

うらづけ　裏付け

うらない　占い

うらなう　占う

うらみ　恨み

うらむ　恨む

うらめしい　恨めしい

うらやましい　○羨ましい

うらやむ　○羨む

うり　売り

うりあげ　売上げ

うりあげ　売上…

売上高，売上金

うりあげる　売り上げる

うりおしみ　売惜しみ

うりおしむ　売り惜しむ

うりかい　売り買い

うりかけキン　売掛金

うりきれ　売り切れ

うりきれる　売り切れる

うりぐい　売り食い

うりこ　売り子

うりごえ　売り声

うりこみ　売り込み

うりこむ　売り込む

うりだし　売出し

うりだしハッコウ　売出発行

うりだす　売り出す

うりたて　売り立て

うりて　売手

うりぬし　売主

うりね　売値

うりば　売場

うりはらい　売払い

うりはらう　売り払う
うりもの　売り物
うりわたし　売渡し
うりわたしカカク　売渡価格
うりわたしさき　売渡先
うりわたす　売り渡す
うる　売る
うる　得る
得るところ，書き得る，あり得る
うるおい　潤い
うるおう　潤う
うるおす　潤す
うるおわす　潤わす
うるし　漆
うるむ　潤む
うるわしい　麗しい
うるわしさ　麗しさ
うれ　売れ
うれい　愁い
春の愁い，愁いに沈む
うれい　憂い
後顧の憂い，災害を招く憂いがある
うれえ　憂え
うれえがお　憂え顔
うれえる　憂える
国の前途を憂える
うれえる　愁える
身の孤独を愁える
うれくち　売れ口
うれしい　うれしい
うれだか　売れ高
うれっこ　売れっ子
うれのこり　売れ残り
うれのこる　売れ残る
うれゆき　売行き
うれゆく　売れ行く
うれる　売れる
うれる　熟れる
うろおぼえ　うろ覚え
うわ　上
上着，上積み
うわがき　上書き
うわき　浮気
うわぎ　上着
うわさばなし　うわさ話
うわじき　上敷き
うわずみ　上澄み
うわぜい　上背
うわつく　浮つく
うわづつみ　上包み
うわづみ　上積み
うわぬり　上塗り
うわのせ　上乗せ
うわまわる　上回る
うわむき　上向き
うわやく　上役
うわる　植わる
ウン　運
運動，運命，運搬，海運
ウン　雲
雲海，風雲，積乱雲
ウンコウ　運行

列車の運行

ウンコウ　運航

船の運航

ウンヌン　うんぬん

うんぬんする

―エ・え―

エ　回

回向

エ　会

会釈，会得，法会

エ　依

帰依

エ　恵

恵方参り，知恵

エ　絵

絵本，絵図，口絵

え　柄

柄を取り替える

え　江

入り江

え　重

一重，八重桜

え　○餌

餌食（えジキ）

エイ　永

永続，永久，永遠

エイ　泳

泳法，水泳，背泳

エイ　英

英雄，英断，俊英

エイ　映

映画，上映，反映

エイ　栄

栄枯，栄養，繁栄

エイ　営

営業，経営，陣営

エイ　詠

詠嘆，詠草，朗詠

エイ　影

影響，陰影，撮影

エイ　鋭

鋭利，鋭敏，鋭意，精鋭

エイ　衛

衛生，護衛，守衛

エイゾウ　映像

テレビの映像，母の映像

エイゾウ　影像

彫り上げた神の影像

エいり　絵入り

えがお　笑顔

えがきだす　描き出す

エかき　絵△描き

えがく　描く

えがたい　得難い

エキ　役

役務，使役，兵役

エキ　易

易者，貿易，不易

エキ　疫

疫病，悪疫，防疫

エキ　益

有益，利益

エキ　液

液体，液状，血液

エキ　駅

駅長，駅伝，貨物駅

エキする　益する

体に益する

えさ　○餌

えだ　枝

えだづたい　枝伝い

エツ　悦

悦楽，喜悦

エツ　越

越境，超越，優越

エツ　謁

謁見，拝謁

エツ　閲

閲覧，閲歴，校閲

エッする　謁する

えひめケン　愛○媛県

エまきもの　絵巻物

えみ　笑み

えむ　笑む

ほくそ笑む

えもの　得物

得物を振り回す

えもの　獲物

獲物を狙う

えらい　偉い

えらびだす　選び出す

えらぶ　選ぶ

えらぶる　偉ぶる

えり　襟

襟首，襟止め

えりかざり　襟飾り

えりごのみ　えり好み

えりぬき　えり抜き

えりまき　襟巻

える　得る

勝利を得る，許可を得る，やむを得ない

える　獲る

大きないのししを獲る

エン　円

円卓，円熟，一円

エン　延

延長，延期，遅延

エン　沿

沿海，沿線，沿革

エン　炎

炎上，炎天，火炎

エン　宴

宴会，宴席，酒宴

エン　○怨

怨恨

エン　○媛

才媛

エン　　援

援助，応援，声援

エン　　園

園芸，園地，公園，楽園

エン　　煙

煙突，煙霧，喫煙

エン　　猿

野猿，類人猿，犬猿の仲

エン　　遠

遠近，永遠，敬遠

エン　　鉛

鉛筆，亜鉛，黒鉛

エン　　塩

塩分，塩酸，食塩

エン　　演

演技，演奏，講演

エン　　縁

縁故，縁日，血縁（㊟「因縁」は「インネン」）

エン　　○艶　　妖艶

エンきり　　縁切り

エンぐみ　　縁組

エンだか　　円高

円高差益

エンだて　　円建て

円建て融資，円建て輸出

エンつづき　　縁続き

エンテイ　　えん堤

エンむすび　　縁結び

エンやす　　円安

円安・ドル高

―オ・お―

オ　　汚

汚点，汚物，汚名，汚職

オ　　和

和尚

オ　　悪

悪寒，好悪，憎悪

お　　小

小川，小暗い

お　　尾

尾頭付き，尾根

お　　雄

雄しべ，雄牛，雄々しい

お　　緒

鼻緒

お　　お…（接頭語）

お菓子，お願い，お礼

おい　　老い

老いの一徹

おいうち　　追い打ち

おいかえす　　追い返す

おいかける　　追い掛ける

おいかぜ　　追い風

おいくちる　　老い朽ちる

おいこし　　追越し

おいこす　　追い越す

おいこみ　　追い込み

おいこむ　老い込む

おいこむ　追い込む

おいしげる　生い茂る

おいセン　追い銭

おいだす　追い出す

おいたち　生い立ち

おいつく　追い付く

おいつめる　追い詰める

おいて　…（に）おいて

東京において開催する，この場合において

おいて　…（を）おいて

彼をおいて適任者はいない

おいぬき　追い抜き

おいぬく　追い抜く

おいはぎ　追いはぎ

おいばね　追い羽根

おいはらう　追い払う

おいまつ　老い松

おいまわす　追い回す

おいめ　負い目

おいる　老いる

おいわけ　追分

オウ　王

王子，帝王（㊟「親王」，「勤王」などは，「シンノウ」，「キンノウ」）

オウ　凹

凹凸，凹面鏡，凹レンズ

オウ　央

中央

オウ　応

応答，応用，呼応（㊟「反応」，「順応」などは，「ハンノウ」，「ジュンノウ」）

オウ　往

往復，往来，既往症

オウ　押

押収，押印，押韻

オウ　○旺

旺盛

オウ　欧

欧文，西欧，渡欧

オウ　殴

殴打

オウ　皇

法皇（㊟「天皇」は「テンノウ」）

オウ　桜

桜花，観桜

オウ　翁

老翁

オウ　黄

黄金（「オウゴン」又は「こがね」），卵黄

オウ　奥

奥義（「オウギ」又は「おくギ」），深奥

オウ　横

横断，横領，専横

おう　生う

おう　負う

背負う

おう　追う

おうぎ　扇

舞扇

オウじる　応じる

オウずる　応ずる

要求に応ずる

おえる　終える

おお　大

大型，大水

おおあたり　大当たり

おおあばれ　大暴れ

おおあれ　大荒れ

おおあわて　大慌て

おおい　多い

おおい　覆い

おおいたケン　大分県

おおいに　大いに（副詞）

おおいり　大入り

おおう　覆う

おおうつし　大写し

おおがかり　大掛かり

おおかた　大方

大方の意見，大方まとまる

おおきい　大きい

おおきさ　大きさ

おおきな　大きな（連体詞）

おおぐい　大食い

おおさかフ　大○阪府

おおさわぎ　大騒ぎ

おおしい　雄々しい

おおジかけ　大仕掛け

おおせ　仰せ

おおゼイ　大勢

おおだすかり　大助かり

おおたちまわり　大立ち回り

おおだてもの　大立者

政界の大立者

おおづめ　大詰め

おおどおり　大通り

おおはば　大幅

おおぶり　大降り

おおまた　大○股

おおまわり　大回り

おおむこう　大向こう

おおむね　おおむね

おおむね良い

おおやけ　公

おおよそ　おおよそ

おおよその金額

おおよろこび　大喜び

おおわらい　大笑い

おか　丘

おか　○岡

岡山県，静岡県，福岡県

おかあさん　お母さん

おかげ　お陰

お陰で……

おかしらつき　尾頭付き

おかす　犯す

過ちを犯す，法を犯す

おかす　侵す

権利を侵す，国境を侵す

おかす　冒す

危険を冒す，激しい雨を冒して行く

おがみたおす　拝み倒す

おがむ　拝む

おかやまケン　○岡山県

おき　沖

おきあい　沖合

沖合漁業

おきあがる　起き上がる

おきかえる　置き換える

おきゴタツ　置きごたつ

おきざり　置き去り

おきづり　沖釣り

おきてがみ　置き手紙

おぎない　補い

おぎなう　補う

おきぬけ　起き抜け

おきば　置場

おきびき　置き引き

おきふし　起き伏し

おきみやげ　置き土産

おきもの　置物

おキョウ　お経

おきる　起きる

おきわすれる　置き忘れる

オク　屋

屋上，屋外，家屋

オク　億　億万，一億

オク　憶　記憶，追憶

オク　○臆

臆病，臆説，臆測（㊟「臆説」，「臆測」は，「憶説」，「憶測」とも書く。）

おく　奥

奥義（「おくギ」又は「オウギ」），奥底

おく　置く

物を置く，役員を置く

おく　…（て）おく

通知しておく

おくがき　奥書

おくさん　奥さん

オクする　○臆する

オクセツ　○臆説，憶説（㊟法令では，「臆説」を用いる。）

オクソク　○臆測，憶測（㊟法令では，「臆測」を用いる。）

おくづけ　奥付

おくまる　奥まる

おくやみ　お悔やみ

おくゆき　奥行き

おぐらい　小暗い

おくらす　遅らす

おくり　送り

おくりかえす　送り返す

おくりがな　送り仮名

おくりさき　送り先

おくりジョウ　送り状

おくりだす　送り出す
おくりとどける　送り届ける
おくりな　おくり名
おくりぬし　送り主，贈り主
おくりむかえ　送り迎え
おくりもの　贈物
おくる　送る
見送る，荷物を送る，卒業生を送る，順に席を送る
おくる　贈る
お祝いの品を贈る，感謝状を贈る，故人に位を贈る
おくれ　後れ
気後れ，人に後れを取る
おくれ　遅れ
列車の遅れ
おくれげ　後れ毛
おくれる　後れる
気後れする，時代に後れる
おくれる　遅れる
完成が遅れる，列車が遅れる，会合に遅れる
おこす　起こす
体を起こす，訴訟を起こす，朝早く起こす
おこす　興す
産業を興す
おこす　おこす
炭火をおこす
おごそか　厳か
おごそかだ　厳かだ
おこたり　怠り
おこたる　怠る
おこない　行い
おこなう　行う
おこなわれる　行われる
おこり　起こり
物事の起こり
おこる　起こる
事件が起こる，持病が起こる
おこる　興る
国が興る
おこる　怒る
おこる　おこる
炭火がおこる
おさえ　押さえ
おさえ　抑え
おさえる　押さえる
紙の端を押さえる，証拠を押さえる，要点を押さえる，差し押さえる
おさえる　抑える
物価の上昇を抑える，要求を抑える，怒りを抑える
おさがり　お下がり
おさない　幼い
おさなご　幼子
おさなともだち　幼友達
おさななじみ　幼なじみ
おさまり　治まり
国の治まり様

おさまり　納まり

会費の納まりが悪い

おさまる　収まる

博物館に収まる，争いが収まる

おさまる　治まる

国内がよく治まる，痛みが治まる

おさまる　納まる

品物が納まった，国庫に納まる

おさまる　修まる

身持ちが修まらない

おさめ　納め

御用納め，舞い納め

おさめもの　納め物

おさめる　収める

効果を収める，成功を収める，目録に収める

おさめる　治める

領地を治める

おさめる　納める

税を納める，注文の品を納める

おさめる　修める

学を修める

おし　押し

押しが強い，押し付けがましい

おじ　伯父（父母の兄），叔父（父母の弟）

おしあい　押し合い

おしあう　押し合う

おしあげる　押し上げる

おしい　惜しい

おじいさん　おじいさん

おしいる　押し入る

おしいれ　押し入れ

おしうり　押売

おしえ　教え

おしエ　押し絵

おしえご　教え子

おしえる　教える

おしかえす　押し返す

おしかける　押し掛ける

おしがる　惜しがる

おシきせ　お仕着せ

おしきる　押し切る

おしげ　惜しげ

おしこむ　押し込む

おしすすめる　押し進める

おしすすめる　推し進める

おしせまる　押し迫る

おしたおす　押し倒す

おしだし　押し出し

おしだしキ　押出機

おしだす　押し出す

おしたてる　押し立てる

おしつけ　押し付け

おしつけがましい　押し付けがましい

おしつける　押し付ける

おしつまる　押し詰まる

おしとおす　押し通す

おしながす　押し流す

おしなべて　おしなべて（副詞）

おしのける　押しのける

おしのび　お忍び

おしば　押し葉

おしはかる　推し量る，推し測る

おしばな　押し花

おしべ　雄しべ

おしむ　惜しむ

金を惜しむ

おしめり　お湿り

おしもどし　押し戻し

おしもどす　押し戻す

おしモンドウ　押し問答

おジョウさん　お嬢さん

おしよせる　押し寄せる

おす　推す

会長に推す，推して知るべしだ

おす　押す

ベルを押す，横車を押す

おす　雄　雄犬

おセチリョウリ　お節料理

おそい　遅い

おそう　襲う

おそざき　遅咲き

おそなえ　お供え

おそらく　恐らく（副詞）

おそれ　恐れ，おそれ（㊟法令では仮名書き。）

敵に恐れをなす

おそれ　○畏れ

神に畏（恐）れを抱く

おそれ　おそれ（㊟法令に倣い仮名書き。）

大雨のおそれがある

おそれいる　恐れ入る

おそれる　恐れる

死を恐れる，報復を恐れて逃亡する，失敗を恐れるな

おそれる　○畏れる

師を畏れ敬う，神を畏（恐）れる，畏（恐）れ多いお言葉

おそろしい　恐ろしい

おそわる　教わる

おたがい　お互い

おだやか　穏やか

おだやかだ　穏やかだ

おちあう　落ち合う

おちいる　陥る

おちぐち　落ち口

おちこむ　落ち込む

おちつき　落ち着き

おちつく　落ち着く

おちド　落ち度

おちば　落ち葉

おちぼ　落ち穂

おちムシャ　落ち武者

おちる　落ちる

オツ　乙　乙種，甲乙

オックウ　おっくう

おって　おって（接続詞）

おって，日時は……

おって　追って（副詞）

……については追って知らせる

おって　追っ手

おってがき　追って書き

おっと　夫

おと　音

物音

おとうさん　お父さん

おとうと　弟

おどかす　脅かす

おとぎばなし　おとぎ話

おとこ　男

おとこざかり　男盛り

おとこまさり　男勝り

おとこらしい　男らしい

おとサタ　音○沙○汰

音沙汰がない

おとし　落とし

力落とし

おどし　脅し

脅し文句

おとしあな　落とし穴

おとしいれる　陥れる

おとしもの　落とし物

おとす　落とす

おどす　脅す

おとずれ　訪れ

おとずれる　訪れる

おととい　おととい

おととし　おととし

おとな　大人

おとななみ　大人並み

おとめ　乙女

おどらす　踊らす

おとり　劣り

見劣りがする

おどり　踊り

盆踊り，踊り子

おどりあがる　躍り上がる

馬が躍り上がる

おどりこ　踊り子

おどりば　踊り場

おとる　劣る

おどる　踊る

リズムに乗って踊る，踊らされて動く

おどる　躍る

胸が躍る

おとろえ　衰え

おとろえる　衰える

おどろかす　驚かす

おどろき　驚き

おどろく　驚く

おないどし　同い年

おなじ　同じ

おなじだ　同じだ

おに　鬼

鬼ごっこ，赤鬼

おのおの　各，各々

各方，各々席に着く

おのずから　おのずから（副詞）

おのれ　己

おば　伯母（父母の姉），叔母（父母の妹）

おばあさん　おばあさん

おばけ　お化け

おはこ　おはこ

おはよう　おはよう

おはらいばこ　お払い箱

おび　帯

おびあげ　帯揚げ

おびじめ　帯締め

おびただしい　おびただしい

おびどめ　帯留

おびやかし　脅かし

おびやかす　脅かす

おびる　帯びる

おぼえ　覚え

おぼえがき　覚書

おぼえる　覚える

おぼしめし　おぼしめし

おぼつかない　おぼつかない

おぼれる　○溺れる

おまわりさん　お巡りさん

おみき　お神酒

おめみえ　お目見え

おも　主

主な人々

おも　面

川の面，面影，面長

おもい　思い

おもい　重い

おもいあがる　思い上がる

おもいあたる　思い当たる

おもいあまる　思い余る

おもいいれ　思い入れ

おもいうかべる　思い浮かべる

おもいおこす　思い起こす

おもいかえす　思い返す

おもいがけない　思い掛けない

おもいきり　思い切り

おもいきる　思い切る

おもいこむ　思い込む

おもいしる　思い知る

おもいすごし　思い過ごし

おもいだす　思い出す

おもいたつ　思い立つ

おもいちがい　思い違い

おもいつき　思い付き

おもいつく　思い付く

おもいつめる　思い詰める

おもいで　思い出

おもいどおり　思い通り

おもいとどまる　思いとどまる

おもいなやむ　思い悩む

おもいのこす　思い残す

おもいやり　思いやり

おもう　思う

おもくるしい　重苦しい

おもしろい　面白い

おもだ　主だ

おもたい　重たい

おもて　面

細面，面も振らずまっしぐらに，矢面に立つ

おもて　表

表門，表で遊ぶ，表向き，裏と表

おもてどおり　表通り

おもてむき　表向き

おもな　主な

主な人々

おもに　主に（副詞）

おもみ　重み

おもむき　趣

おもむく　赴く

おもむろに　おもむろに（副詞）

おももち　面持ち

おもや　母屋，母家

おもり　お守り

子どものお守りをする

おもわく　思わく

おもわしい　思わしい

おもわず　思わず

おもんずる　重んずる

おや　親

親子，父親

おやこづれ　親子連れ

おやゆずり　親譲り

およぎ　泳ぎ

およぐ　泳ぐ

およそ　およそ

および　及び（接続詞）

A及びB

およびごし　及び腰

およぶ　及ぶ

およぼす　及ぼす

おり　折

折から，……する折，その折

おり　織り

織りが粗い，絹織り

おり　…織（工芸品）

西陣織，博多織

おりあい　折り合い

おりあう　折り合う

おりえり　折り襟

おりおり　折々

おりかえし　折り返し

おりかえしセン　折返線

おりかえす　折り返す

おりかさなる　折り重なる

おりかさねる　折り重ねる

おりかた　折り方

おりかた　織り方

おりかばん　折りかばん

おりがみ　折り紙

おりがみつき　折り紙付き

おりから　折から

折からの寒さで，お暑い折から

おりこむ　折り込む

チラシを新聞に折り込む

おりこむ　　織り込む

赤糸を織り込む

おりたたみ　　折り畳み

折り畳み式

おりたたむ　　折り畳む

おりたつ　　降り立つ

月面に降り立つ

おりづめ　　折詰

おりづる　　折り○鶴

おりばこ　　折り箱

おりふし　　折節

折節昔を思い出す

おりまげる　　折り曲げる

おりまぜる　　織り交ぜる

おりめ　　折り目

おりもと　　織元

おりもの　　織物

おりる　　下りる

幕が下りる，錠が下りる，許可が下りる

おりる　　降りる

電車を降りる，高所から飛び降りる，霜が降りる

おる　　折る

枝を折る

おる　　織る

布を織る

おる　　おる

そこに人がおります，……しております

おれ　　折れ

名折れ，雪折れ

おれ　　○俺（代名詞）

おれあう　　折れ合う

おれまがる　　折れ曲がる

おれめ　　折れ目

おれる　　折れる

おろか　　愚か

愚かなこと

おろか　　…（は）おろか

財産はおろか命までも，日本はおろか世界の……

おろかしい　　愚かしい

おろかだ　　愚かだ

おろかもの　　愚か者

おろし　　卸

卸商，卸で売る

おろしうり　　卸売

おろしどんや　　卸問屋（「おろしとんや」とも）

おろしね　　卸値

おろす　　下ろす

書き下ろす，枝を下ろす，貯金を下ろす

おろす　　卸す

小売に卸す

おろす　　降ろす

次の駅で降ろしてください，主役から降ろされた

おろそか　　おろそか

練習をおろそかにする

おわり　　終わり

おわる　　終わる

オン　　○怨

怨念

オン　　音

音楽，発音，騒音（㊟「観音」は「カンノン」）

オン　　恩

恩情，恩人，謝恩

オン　　温

温暖，温厚，気温

オン　　遠

久遠（クオン）

オン　　穏

穏和，穏当，平穏（㊟「安穏」は「アンノン」）

おん　　御…（接頭語）

御中，御礼

オンがえし　　恩返し

オンギ　　恩義

オンド　　音頭

音頭を取る

おんな　　女

女心

おんなづれ　　女連れ

おんならしい　　女らしい

オンびき　　音引き

音引きの索引

―カ・か―

カ　　下

下流，下降，落下

カ　　化

化石，化学，文化

カ　　火

火災，灯火，発火

カ　　加

加入，加減，追加

カ　　可

可否，可能，許可

カ　　仮

仮面，仮定，仮装

カ　　何

幾何学

カ　　花

花弁，花壇，落花

カ　　佳

佳作，佳人，絶佳

カ　　価

価値，価格，評価

カ　　果

果実，果断，結果

カ　　河

河川，河口，運河

カ　　○苛

苛酷，苛烈

カ　　科

科学，教科，罪科

カ　架

架橋，架空，書架

カ　夏

夏季，初夏，盛夏

カ　家

家屋，家庭，作家

カ　荷

出荷，入荷

カ　華

華美，繁華，栄華

カ　菓

菓子，製菓，茶菓

カ　貨

貨物，貨幣，通貨

カ　渦

渦中

カ　過

過度，過失，通過

カ　嫁

再嫁，転嫁

カ　暇

余暇，休暇，寸暇

カ　禍

禍福，禍根，災禍

カ　靴

製靴

カ　寡

寡黙，寡婦，多寡

カ　歌

歌曲，唱歌，短歌

カ　箇

箇条，箇所，六箇月以内，五箇年計画

カ　稼

稼業，稼動

カ　課

日課，総務課

か　日

三日，十日

か　香

色香，移り香

か　蚊

蚊柱，やぶ蚊

か　○鹿

鹿の子

か　か

２か所，３か年

ガ　○牙

牙城，歯牙

ガ　○瓦

瓦解

ガ　我

我流，彼我，自我

ガ　画

画家，図画，映画

ガ　芽

発芽，麦芽，肉芽

ガ　賀

賀状，祝賀

ガ　雅

雅趣，優雅，風雅

ガ　餓

餓死，餓鬼，飢餓

かあさん　母さん

お母さん

カイ　介

介入，紹介

カイ　回

回答，回送，回付，転回，次回

カイ　灰

灰白色，石灰

カイ　会

会話，会計，社会

カイ　快

快活，快晴，明快

カイ　戒

戒心，戒律，警戒

カイ　改

改造，改革，更改，改定，改心

カイ　怪

怪談，怪物，奇怪

カイ　拐

拐帯，誘拐

カイ　悔

悔恨，後悔

カイ　海

海岸，海水浴，航海

カイ　界

境界，限界，世界

カイ　皆

皆無，皆勤，皆出席

カイ　械

機械

カイ　絵

絵画

カイ　街

街道

カイ　開

開始，開拓，展開

カイ　階

階段，階級，地階

カイ　○楷

楷書

カイ　解

解決，解禁，解雇，解除，理解

カイ　塊

塊状，山塊

カイ　○潰

潰瘍

カイ　壊

壊滅，破壊，決壊

カイ　懐

懐中，懐古，述懐

カイ　○諧

俳諧

かい　貝

貝細工，ほら貝

かい　かい

……したかいがない

かい　買い

ガイ　外

外出，外郭，海外，除外

ガイ　劾

弾劾

ガイ　害

害悪，被害，損害

ガイ　○崖

断崖

ガイ　涯

生涯

ガイ　街

街頭，市街，商店街

ガイ　慨

慨嘆，憤慨，感慨

ガイ　○蓋

頭蓋骨

ガイ　該

該当，該博，当該

ガイ　概

概念，概論，大概

ガイ　○骸

形骸化，死骸

かいあげ　買上げ

かいあげヒン　買上品

かいあげる　買い上げる

かいあさる　買いあさる

かいあつめる　買い集める

かいいぬ　飼い犬

かいいれ　買入れ

かいいれる　買い入れる

かいうけ　買受け

かいうけニン　買受人

かいうける　買い受ける

かいおき　買い置き

かいかえ　買換え

かいかえる　買い換える

ガイカク　外郭

かいかけキン　買掛金

ガイカだてサイケン　外貨建債権

カイキショク　皆既食

かいきり　買い切り

かいぐい　買い食い

かいこ　蚕

カイコク　戒告

かいこむ　買い込む

カイザン　改ざん

手形の額を改ざんする

ガイサンばらい　概算払

ガイして　概して（副詞）

概して良好である

かいしめ　買占め

かいしめる　買い占める

カイシュン　改しゅん

改しゅんの情

カイする　介する

人を介する

カイする　会する

一堂に会する

カイする　解する

意味を解する

ガイする　害する

カイぞえ　介添え
かいだし　買い出し
かいだめ　買いだめ
かいつけ　買い付け
かいて　買手
カイテイ　改定
カイテイ　改訂（㊟法令では，「書物などの内容に手を加えて正す」の意のみに用いる。）
かいとり　買取り
かいとる　買い取る
かいぬし　買主
かいぬし　飼い主
かいね　買値
かいねこ　飼い猫
カイメツ　壊滅
かいもどし　買戻し
かいもどす　買い戻す
かいもとめる　買い求める
かいもの　買物
カイヨウ　○潰○瘍
カイラン　壊乱
かう　交う
飛び交う
かう　買う
かう　飼う
かえ　代え
かえ　換え
かえ　替え
かえうた　替え歌
かえし　返し
仕返し，恩返し
かえす　返す
持ち主に返す，借金を返す
かえす　帰す
門限までに家へ帰す
かえだま　替え玉
かえチ　替え地
かえって　かえって
かえって失礼しました
かえば　替え刃
かえり　返り
寝返り，若返り
かえり　帰り
行き帰り
かえりうち　返り討ち
かえりざき　返り咲き
かえりテン　返り点
かえりみち　帰り道
かえりみる　省みる
自らを省みる，省みて恥じるところがない
かえりみる　顧みる
過去を顧みる，顧みて他を言う
かえる　代える
書面をもって挨拶に代える，選手を代える
かえる　変える
形を変える，観点を変える
かえる　替える
商売を替える，振り替える
かえる　換える
物を金に換える，名義を書き換え

る，車を乗り換える

かえる　返る

貸した金が返る，正気に返る

かえる　帰る

故郷へ帰る，帰らぬ人となる

かえる　かえる

ひながかえる

かお　顔

横顔，したり顔

かおあわせ　顔合わせ

かおだし　顔出し

かおだち　顔だち

かおつき　顔つき

かおぶれ　顔ぶれ

かおまけ　顔負け

かおみしり　顔見知り

かおみせ　顔見せ

かおむけ　顔向け

かおり　香り

茶の香り

かおり　薫り

初夏の風の薫り，薫り高き人生

かおる　香る

花が香る，香水が香る

かおる　薫る

風薫る

かかえこむ　抱え込む

かかえる　抱える

かかげる　掲げる

かかす　欠かす

かがみ　鏡

かがやかしい　輝かしい

かがやかす　輝かす

かがやき　輝き

かがやく　輝く

かかり　係

係員，庶務係

かかり　掛

掛員，出札掛

かかりあう　掛かり合う

かかりイン　係員

かかりむすび　係り結び

かかる　係る

本件に係る訴訟

かかる　掛かる

迷惑が掛かる，時間が掛かる

かかる　架かる

橋が架かる

かかる　懸かる

月が中天に懸かる，優勝が懸かる

かかる　かかる

かかる行為は……

かかる　かかる

病気にかかる

かかわり　△関わり

かかわる　△関わる

生活に関わる問題

かかわらず　かかわらず

……にもかかわらず

かき　垣

垣根

かき　○柿

かき　かき…（接頭語）

かき消す

かぎ　○鍵

鍵穴，鍵で金庫を開ける，問題を解く鍵

かきあやまり　書き誤り

かきいれ　書き入れ

かきいれどき　書き入れ時

かきいれる　書き入れる

かきうる　書き得る

かきおき　書き置き

かきおろし　書き下ろし

かきおろす　書き下ろす

かきかえ　書換え

かきかえる　書き換える

かきかた　書き方

かきこみ　書き込み

かきこむ　書き込む

かぎざき　かぎ裂き

かきしるす　書き記す

かきそえる　書き添える

かきそこなう　書き損なう

かきぞめ　書き初め

かきソンじる　書き損じる

かきだし　書き出し

かきだす　書き出す

かきつらねる　書き連ねる

かきつけ　書付

かきとめ　書留

かきとめる　書き留める

かきとり　書き取り

かきとる　書き取る

かきなおす　書き直す

かきぬき　書き抜き

かきぬく　書き抜く

かきねごし　垣根越し

かきのこす　書き残す

かきまぜる　かき混ぜる

かきまわす　かき回す

かきみだす　かき乱す

かきもの　書き物

かきもらす　書き漏らす

かぎり　限り

かぎる　限る

かきわける　書き分ける

かきわり　書き割り

カク　各

各自，各種，各位

カク　角

角度，三角，頭角

カク　拡

拡大，拡張，拡声器

カク　画

画期的，計画，区画

カク　客

客死，主客，旅客（「リョカク」又は「リョキャク」）

カク　革

革新，改革，皮革

カク　格

格式，格好，規格，性格

カク　核

核心，核反応，結核

カク　殻

甲殻，地殻

カク　郭

城郭，外郭，輪郭

カク　覚

覚悟，知覚，発覚

カク　較

比較

カク　隔

隔離，隔月，間隔

カク　閣

閣議，閣僚，内閣

カク　確

確定，確認，確固，正確

カク　獲

獲得，捕獲，漁獲高

カク　嚇

威嚇

カク　穫

収穫

かく　書く

小説を書く，小さな字で書かれた本

かく　△描く

油絵を描く，ノートに地図を描く

かく　欠く　礼を欠く

かぐ　○嗅ぐ

ガク　学

学習，科学，大学

ガク　岳

岳父，山岳

ガク　楽

楽隊，楽器，音楽

ガク　額

額縁，金額，前額部

ガク　○顎

顎関節

カクあげ　格上げ

カクがり　角刈り

かくしゲイ　隠し芸

かくしごと　隠し事

かくしだて　隠し立て

かくす　隠す

カクセイ　覚○醒

カクづけ　格付

カクづける　格付ける

カクびき　画引き

ガクやおち　楽屋落ち

かぐら　神楽

かくれる　隠れる

かけ　欠け

かけ　掛け

掛け売り，壁掛け

かけ　○賭け

賭け事

かげ　陰

日陰，山の陰，陰の声，陰口を利く

かげ　影

影絵，人影，障子に影が映る，影を隠す，影も形もない，影が薄い

がけ　○崖

崖下，崖崩れ

かけあい　掛け合い

かけあう　掛け合う

かけあし　駆け足

かけあわせる　掛け合わせる

かけうり　掛け売り

かけえり　掛け襟

かけおち　駆け落ち

かけかえ　架け替え

かけかえ　掛け替え

かけがえ　かけがえ

かけがえのない品物

かけがね　掛けがね

かけキン　掛金

かけごえ　掛け声

かけこむ　駆け込む

かけザン　掛け算

かけジク　掛け軸

かけズ　掛け図

かけすて　掛け捨て

かけだし　駆け出し

かけだす　駆け出す

かけヂャや　掛け茶屋

かけつける　駆けつける

かけとり　掛け取り

かけぬける　駆け抜ける

かけね　掛け値

かけはし　懸け橋

かけひき　駆け引き

かげぼし　陰干し

かけまわる　駆け回る

かけもち　掛け持ち

かけもの　掛け物

かげり　陰り

かける　欠ける

茶わんが欠ける，常識に欠ける

かける　架ける

橋を架ける，電線を架ける

かける　掛ける

腰を掛ける，保険を掛ける

かける　駆ける

馬が駆ける，グラウンドを駆ける

かける　懸ける

賞金を懸ける，命を懸ける

かける　○賭ける

大金を賭ける，人生を賭（懸）けた勝負，名誉を賭（懸）けて誓う

かげる　陰る

カコ　過去

かご　○籠

鳥籠，買物籠

かこい　囲い

かこう　囲う

かごしまケン　○鹿児島県

カゴばらい　過誤払

かこみ　囲み
かこむ　囲む
かさ　傘
　雨傘，日傘
かざ　風
　風上，風車
かさたて　傘立て
かさなる　重なる
かさねぎ　重ね着
かさねる　重ねる
かさむ　かさむ
　経費がかさむ
かざむき　風向き
かざり　飾り
かざりだな　飾り棚
かざりつけ　飾り付け
かざる　飾る
かし　貸し
かし　河岸
　魚河岸
かじ　鍛○冶
かしかた　貸方
かしきり　貸切り
かしきる　貸し切る
かしキン　貸金
かしこい　賢い
かしこがる　賢がる
かしこさ　賢さ
かしこし　貸越し
かしこしキン　貸越金
かしこす　貸し越す
かしさげ　貸し下げ
かしシツ　貸室
かしセキ　貸席
かしだおれ　貸倒れ
かしだおれひきあてキン　貸倒引当金
かしだおれる　貸し倒れる
かしだし　貸出し
かしだしキン　貸出金
かしだしヒョウ　貸出票
かしだす　貸し出す
かしチ　貸地
かしチン　貸賃
かしつけ　貸付け
かしつけ　貸付…
　貸付金，貸付信託
かしつける　貸し付ける
かして　貸手
かじとり　かじ取り
かしぬし　貸主
かしぶね　貸船
かしホン　貸本
かしま　貸間
かしや　貸家
カショウ　過小
　過小評価
カショウ　過少
　過少申告
カジョウがき　箇条書
かしら　頭
　頭文字，旗頭

かしわたしギョウ　貸渡業
かす　貸す
かず　数
かすづけ　かす漬け
カする　科する
刑を科する
カする　嫁する
娘を嫁する
カする　課する
税を課する
かする　かする
石が肩をかする，筆がかする
ガする　賀する
かぜ　風
そよ風
かぜ　風邪
風邪を引く
かぜあたり　風当たり
かせぎ　稼ぎ
かせぎだか　稼ぎ高
かせぎニン　稼ぎ人
かせぐ　稼ぐ
かぜとおし　風通し
かぜひき　風邪引き
かぞえどし　数え年
かぞえる　数える
かた　方
お乗りの方，敵方，話し方
かた　片
片方，片手，片一方
かた　形
形見，手形，自由形，跡形もなく
かた　型
型紙，鋳型，血液型，1982年型，型にはまる
かた　肩
かた　潟
干潟，○○潟
かたあげ　肩上げ
かたい　固い
団結が固い，頭が固い，固く信じる
かたい　堅い
堅い材木，手堅い商売
かたい　硬い
硬い石，硬い表現
かたい　難い
許し難い，想像に難くない
かたエぞめ　型絵染
かたおもい　片思い
かたがき　肩書
かたがた　かたがた
お礼かたがた
かたがわり　肩代わり
かたき　敵
敵役，商売敵
かたきうち　敵討ち
かたくるしい　堅苦しい
かたことまじり　片言交じり
かたこり　肩凝り
かたさ　固さ
かたさ　硬さ
かたじけない　かたじけない

かたず　固○唾
かたすかし　肩透かし
かたち　形
かたづく　片付く
かたづける　片付ける
かたな　刀
かたまり　塊
かたまり　固まり
かたまる　固まる
かたむき　傾き
かたむく　傾く
かたむける　傾ける
かため　固め
かためる　固める
かたやぶり　型破り
かたより　偏り
かたよる　偏る
かたらい　語らい
かたらう　語らう
かたりあう　語り合う
かたりぐさ　語り草
かたりて　語り手
かたりもの　語り物
かたる　語る
かたわら　傍ら
　仕事の傍ら……する，道の傍らに
かたわれ　片割れ
　片割れ月
かち　勝ち
がち　…がち（接尾語）
　ありがち，……しがち
かちいくさ　勝ち戦
かちキ　勝ち気
かちこし　勝ち越し
かちこす　勝ち越す
かちぬき　勝ち抜き
かちぬく　勝ち抜く
かちほこる　勝ち誇る
かちぼし　勝ち星
かちまけ　勝ち負け
カッ　合
　合戦
カツ　括
　括弧，一括，包括
カツ　活
　活動，活発，活力，生活
カツ　喝
　喝破，一喝，恐喝
カツ　渇
　渇望，渇水
カツ　割
　割愛，割拠，分割
カツ　○葛
　葛藤
カツ　滑
　滑走，滑降，円滑
カツ　褐
　褐色，茶褐色
カツ　轄
　管轄，所轄，直轄

かつ　　勝つ

かつ　　かつ（接続詞）

Aかつ B

ガツ　　月

正月，九月

ガッ　　合

合併，合宿，合点（「ガッテン」又は「ガテン」）

カッキテキ　　画期的

かつぐ　　担ぐ

カッコ　　括弧

括弧を付ける

かつて　　かつて

いまだかつて，かつて学生であった

かって　　勝手

勝手次第，勝手が違う，勝手に行動する

かってぐち　　勝手口

ガッテン　　合点（「ガテン」とも）

合点がいく

カットウ　　○葛○藤

かて　　糧

カテイ　　過程

成長の過程

カテイ　　課程

教育課程

かど　　門

門口，門松

かど　　角

街角，四つ角

かどづけ　　門付け

かどなみ　　門並み

かとりセンコウ　　蚊取り線香

かどわかし　　かどわかし

かな　　金

金物，金具，金縛り

かな　　仮名

片仮名，平仮名，仮名遣い

かなう　　かなう

願いがかなう，道理にかなう，あの人の力にはとてもかなわない

かながき　　仮名書き

かながわケン　　神○奈川県

かなきりごえ　　金切り声

かなしい　　悲しい

かなしがる　　悲しがる

かなしげ　　悲しげ

かなしさ　　悲しさ

かなしばり　　金縛り

かなしみ　　悲しみ

かなしむ　　悲しむ

かなた　　かなた

かなた遠方

かなづかい　　仮名遣い

かなつき　　仮名付き

かなでる　　奏でる

かなまじり　　仮名交じり

かなめ　　△要

扇の要

かならず　　必ず（副詞）

必ず伺います

かならずしも　必ずしも（副詞）

必ずしも正しいとはいえない

かなり　かなり（副詞）

かなり寒い

かね　金

針金

かね　鐘

かねあい　兼ね合い

かねいれ　金入れ

かねかし　金貸し

かねぐり　金繰り

かねづかい　金遣い

かねづつみ　金包み

かねづまり　金詰まり

かねて　かねて（副詞）

かねて懸案の事項を解決する

かねまわり　金回り

かねもち　金持ち

かねる　兼ねる

かの　かの（連体詞）

かの有名な

かのジョ　彼女

かばやき　かば焼き

かぶ　株

株式

かぶわけ　株分け

かべ　壁

壁土，白壁（しらかべ）

かべかけ　壁掛け

かべぬり　壁塗り

かま　窯

窯入れ

かま　○釜

釜飯

かま　○鎌

草刈り鎌，鎌倉時代

かまう　構う

かまえ　構え

かまえる　構える

かまくらぼり　○鎌倉彫

かまわない　構わない

ガマン　我慢

我慢強い

かみ　上

川上

かみ　神

神様，貧乏神

かみ　紙

厚紙

かみ　髪

洗い髪，日本髪

かみあう　かみ合う

かみあらい　髪洗い

かみいれ　紙入れ

かみかざり　髪飾り

かみきる　かみ切る

かみきれ　紙切れ

かみくず　紙くず

かみくだく　かみ砕く

かみづつみ　紙包み

かみなり　雷

かみばさみ　紙挟み

かみゆい　髪結い

かめ　○亀

かもしだす　醸し出す

かもしれない　…かもしれない

間違いかもしれない

かもす　醸す

かや　蚊帳

かよい　通い

通い帳

かよう　通う

かよわす　通わす

から　空

空手，空手形

から　唐

唐織，唐草模様

から　殻

貝殻，もぬけの殻

がら　柄

家柄，身柄

からあげ　空揚げ

からい　辛い

からおり　唐織

からす　枯らす

ガラスきり　ガラス切り

からだ　体

からだつき　体つき

からまる　絡まる

からまわり　空回り

からみ　辛み

からみあう　絡み合う

からみつく　絡み付く

からむ　絡む

からめる　△絡める

かり　仮

仮処分，仮の住まい

かり　借り

借りがある，借り方

かり　刈り

稲刈り

かり　狩り

蛍狩り，潮干狩り

かりいぬ　狩り犬

かりいれ　借入れ

かりいれ　借入…

借入金，借入金利

かりいれ　刈り入れ

かりいれる　借り入れる

かりうけ　借受け

かりうけニン　借受人

かりうける　借り受ける

かりかえ　借換え

かりかえる　借り換える

かりかし　借り貸し

かりかた　借方

かりぎ　借り着

かりきる　借り切る

かりこし　借り越し

かりこしキン　借越金
かりこみ　刈り込み
かりこみ　狩り込み
かりこむ　刈り込む
かりショブン　仮処分
かりずまい　仮住まい
かりたてる　駆り立てる
かりて　借り手
かりとり　刈取り
かりとりキ　刈取機
かりとる　刈り取る
かりに　仮に
　仮に……しても
かりぬい　仮縫い
かりぬし　借主
かりの　仮の
　仮の住まい
かりば　狩り場
かりもの　借り物
かりる　借りる
かりわたしキン　仮渡金
かる　刈る
かる　狩る
かる　駆る
かるい　軽い
かるがるしい　軽々しい
かるがると　軽々と
かるやき　軽焼き
かれ　彼（代名詞）
かれえだ　枯れ枝
かれき　枯れ木
かれくさ　枯れ草
かれは　枯れ葉
かれら　彼ら
かれる　枯れる
かろうじて　辛うじて（副詞）
かろやか　軽やか
かろやかだ　軽やかだ
かろんずる　軽んずる
かわ　川
　川岸，小川
かわ　河
かわ　皮
　毛皮，虎の皮，木の皮，面の皮，化けの皮，皮を剝ぐ
かわ　革
　革靴
がわ　側（「かわ」とも，㊟「改定常用漢字表」では，訓が「かわ」から「がわ」に変更された。）
　裏側（「うらがわ」又は「うらかわ」），片側（「かたがわ」又は「かたかわ」）
かわあそび　川遊び
かわかす　乾かす
かわき　渇き
　渇きを覚える
かわきり　皮切り
かわく　乾く
　空気が乾く，干し物が乾く，乾いた土
かわく　渇く

のどが渇く

かわぐつ　革靴

かわごし　川越し

かわす　交わす

文書を交わす

かわせ　為替

かわぞい　川沿い

かわづたい　川伝い

かわばり　革張り

かわびらき　川開き

かわら　河原，川原

かわら　○瓦

瓦屋根

かわり　代わり

代わり映え，身代わり

かわり　変わり

変わり種，声変わり，心変わり

かわり　替わり

入れ替わり，代替わり

かわり　換わり

かわりだね　変わり種

かわりもの　変わり者

かわる　代わる

父に代わって言う

かわる　変わる

位置が変わる，心が変わる，声が変わる

かわる　替わる

入れ替わる，社長が替わる

かわる　換わる

金に換わる

カン　干

干害，干渉，干潮，若干

カン　刊

刊行，発刊，週刊

カン　甘

甘言，甘受，甘味料

カン　甲

甲板（「カンパン」又は「コウハン」），甲高い

カン　汗

汗顔，発汗

カン　缶

缶詰，空き缶，製缶

カン　完

完工，完全，完成，未完

カン　肝

肝臓，肝胆，肝要

カン　官

官庁，官能，教官

カン　冠

冠詞，王冠，栄冠

カン　巻

巻頭，圧巻，一巻

カン　看

看護，看破，看板

カン　陥

陥落，陥没，欠陥

カン　乾

乾燥，乾杯，乾電池

カン　勘

勘弁，勘当

カン　患

患者，疾患

カン　貫

貫通，縦貫，尺貫法

カン　寒

寒暑，寒村，厳寒

カン　喚

喚問，召喚，叫喚

カン　堪

堪忍，堪能（「カンノウ」又は「タンノウ」）

カン　換

換気，換算，交換

カン　敢

敢然，果敢，勇敢

カン　棺

棺おけ，石棺，出棺

カン　款

定款，借款，落款

カン　間

間隔，中間，時間

カン　閑

閑静，閑却，繁閑

カン　勧

勧誘，勧奨，勧告

カン　寛

寛大，寛容，寛厳

カン　幹

幹線，幹事，根幹

カン　感

感心，感覚，直感

カン　漢

漢字，漢語，門外漢

カン　慣

慣例，慣性，習慣

カン　管

管理，管制，鉄管

カン　関

関節，関係，関連，関与

カン　歓

歓迎，歓声，交歓

カン　監

監視，監督，総監

カン　緩

緩和，緩慢，緩急

カン　憾

遺憾

カン　還

還元，生還，返還

カン　館

館内，旅館，図書館

カン　環

環状，環境，循環

カン　簡

簡単，簡易，書簡

カン　観

観察，客観，壮観

カン　○韓

韓国

カン　艦

艦船, 艦隊, 軍艦

カン　鑑

鑑賞, 鑑定, 年鑑

かん　神

神主

ガン　丸

丸薬, 弾丸, 砲丸

ガン　元

元祖, 元日, 元来

ガン　含

含有, 含蓄, 包含

ガン　岸

岸壁, 対岸, 彼岸

ガン　岩

岩石, 岩塩, 火成岩

ガン　○玩

玩具, 愛玩

ガン　眼

眼球, 眼力, 主眼, 開眼（「カイガン」又は「カイゲン」）

ガン　頑

頑強, 頑健, 頑固

ガン　顔

顔面, 童顔, 厚顔

ガン　願

願望, 祈願, 志願

かんがえ　考え

かんがえかた　考え方

かんがえなおす　考え直す

かんがえる　考える

かんがみる　△鑑みる

カンきり　缶切

ガング　○玩具

カンじる　感じる

カンジン　肝○腎, 肝心（㊟法令では, 「肝腎」を用いる。）

肝腎要, 肝腎な事柄

カンする　関する

……に関する発言

カンずる　感ずる

カンだかい　甲高い

カンづく　感づく

カンづめ　缶詰

かんぬし　神主

カンノン　観音

かんばしい　芳しい

かんばしさ　芳しさ

ガンばる　頑張る

かんむり　冠

—キ・き—

キ　己　知己, 克己

キ　企

企画, 企図, 企業

キ　○伎　歌舞伎

キ　危

危険, 危害, 安危

キ　机

机上，机辺

キ　気

気体，気候，元気

キ　岐

岐路，分岐，多岐

キ　希

希望，希少，希薄

キ　忌

忌避，忌中，禁忌

キ　汽

汽車，汽船，汽笛

キ　奇

奇襲，奇数，珍奇

キ　祈

祈願，祈念

キ　季

季節，四季，雨季

キ　紀

紀行，紀元，風紀

キ　軌

軌道，広軌，常軌

キ　既

既成，既婚，既往症

キ　記

記入，記号，伝記

キ　起

起立，起源，奮起

キ　飢

飢餓

キ　鬼

鬼神，鬼才，餓鬼

キ　帰

帰還，帰納，復帰

キ　基

基礎，基準，基地

キ　寄

寄宿，寄贈（「キソウ」又は「キゾウ」），寄港，寄附

キ　○亀

亀裂

キ　喜

喜劇，悲喜，歓喜

キ　幾

幾何学

キ　揮

揮発油，指揮，発揮

キ　期

期間，期待，予期

キ　棋

棋士，棋譜，将棋

キ　貴

貴重，貴下，騰貴

キ　棄

棄権，放棄，遺棄

キ　○毀

毀損，毀誉

キ　旗

旗手，旗艦，国旗

キ　器

器量，器用，陶器

キ　○畿

畿内，近畿

キ　輝

輝石，光輝

キ　機

機械，機会，危機

キ　騎

騎士，騎馬，一騎当千

き　木

並木，拍子木（ヒョウシぎ）

き　生

生糸，生地，生一本

き　黄

き　着

着物，晴れ着

ギ　技

技術，技師，特技

ギ　宜

適宜，便宜

ギ　偽

偽名，真偽，虚偽

ギ　欺

詐欺

ギ　義

義援金，義理，意義，正義

ギ　疑

疑念，疑問，容疑

ギ　儀

儀式，威儀，地球儀

ギ　戯

戯曲，遊戯，児戯

ギ　擬

擬音，擬人法，模擬

ギ　犠

犠牲，犠打

ギ　議

議論，会議，異議

キあい　気合

きあわせる　来合わせる

きいろい　黄色い

キうけ　気受け

きえる　消える

キおい　気負い

キおう　気負う

キおくれ　気後れ

キおち　気落ち

キカイあみ　機械編み

きがえ　着替え

きがえる　着替える（「きかえる」とも）

キがかり　気掛かり，気懸かり

きかざる　着飾る

きかせる　聞かせる

キがね　気兼ね

キがまえ　気構え

キがる　気軽

気軽に人と話す

キがわり　気変わり
ききあやまる　聞き誤る
ききあわせる　聞き合わせる
ききいる　聞き入る
ききいれる　聞き入れる
ききおく　聞き置く
ききおさめ　聞き納め
ききおとし　聞き落とし
ききおとす　聞き落とす
ききおぼえ　聞き覚え
ききおよぶ　聞き及ぶ
ききかえす　聞き返す
ききがき　聞き書き
ききかた　聞き方
ききぐるしい　聞き苦しい
ききこみ　聞き込み
ききすごす　聞き過ごす
ききずて　聞き捨て
ききすてる　聞き捨てる
ききそこなう　聞き損なう
ききちがい　聞き違い
ききづたえ　聞き伝え
ききつたえる　聞き伝える
ききて　聞き手
ききとどける　聞き届ける
ききとる　聞き取る
ききなおす　聞き直す
ききながす　聞き流す
ききみみ　聞き耳
ききめ　効き目
ききもの　聞き物
ききもらす　聞き漏らす
ききヤク　聞き役
きぎれ　木切れ
ききわける　聞き分ける
ききわすれる　聞き忘れる
キク　菊
　菊花，白菊
きく　聞く
　物音を聞いた，話し声を聞く，うわさを聞く
きく　聴く
　音楽を聴く，国民の声を聴く，審議会の意見を聴く
きく　効く
　薬が効く，宣伝が効く
きく　利く
　左手が利く，目が利く，機転が利く
キくばり　気配り
きぐみ　木組み
キぐみ　気組み
キゲンつき　期限付
きこえ　聞こえ
きこえる　聞こえる
きこなし　着こなし
きこなす　着こなす
きざし　兆し
きざす　兆す
きざみ　刻み
きざむ　刻む

きし　岸　向こう岸

きしづたい　岸伝い

きず　傷　古傷

きずきあげる　築き上げる

きずく　築く

きずつく　傷つく

きずつける　傷つける

きずな　きずな

恩愛のきずな

キする　期する

再開を期する，……を期して

キする　帰する

水泡に帰する

ギする　擬する

後継総理に擬する

ギする　議する

慎重に議する

キセイ　規制

キセイ　規正（㊟法令では，「ある事柄を規律して公正な姿に当てはめる」の意のみに用いる。）

キセイ　規整（㊟法令では，「ある事柄を規律して一定の枠に納め整える」の意のみに用いる。）

きせる　着せる

きそいあう　競い合う

キゾウ　寄贈（「キソウ」とも）

きそう　競う

キソン　○毀損

きた　北　北風，北半球

きたえあげる　鍛え上げる

きたえかた　鍛え方

きたえる　鍛える

きたす　来す

支障を来す

キだて　気立て

きたない　汚い

きたならしい　汚らしい

きたむき　北向き

きたる　来る（連体詞）

来る6月7日

キチ　吉

吉日（「キチジツ」又は「キツジツ」），吉例，大吉

キツ　吉

吉日（「キツジツ」又は「キチジツ」），吉報，不吉

キツ　喫

喫煙，喫水，満喫

キツ　詰

詰問，難詰，面詰

キづかい　気遣い

キづかう　気遣う

キづかれ　気疲れ

キづく　気付く

きつけ　着付け

キつけ　気付け　気付け薬

キづけ　気付（「キつけ」とも）

総務課気付

キッする　喫する

きって　切手

きっぷ　切符

キづまり　気詰まり

キづよい　気強い

キどり　気取り

キどる　気取る

キにいる　気に入る

きぬ　絹　薄絹

キぬけ　気抜け

きぬばり　絹張り

キネン　記念

卒業記念，記念碑

キネン　祈念

平和を祈念する

きのう　昨日（「サクジツ」とも）

きのぼり　木登り

キのり　気乗り

きば　○牙

キハク　希薄

きばむ　黄ばむ

キばらし　気晴らし

きびしい　厳しい

きびしさ　厳しさ

ぎふケン　岐○阜県

きぼり　木彫り

キまかせ　気任せ

キまぐれ　気まぐれ

きまり　決まり

きまる　決まる

きみ　君　君たち，母君

キみじか　気短

彼は気短だ

きめ　決め　取り決め

きめ　きめ　きめが細かい

きめて　決め手

きめる　決める

きも　肝

肝っ玉，肝に銘ずる

キもち　気持ち

きもの　着物

キャ　脚

脚立（キャたつ），行脚（アンギャ）

キャク　却

却下，退却，売却

キャク　客

客間，客車，乗客

キャク　脚

脚部，脚本，三脚

ギャク　逆

逆上，逆転，順逆

ギャク　虐

虐待，虐殺，残虐

キャクあつかい　客扱い

キャクどめ　客止め

キャクひき　客引き

ギャクもどり　逆戻り

キやすめ　気休め

キュウ　九

九百，三拝九拝

キュウ　久

永久，持久，耐久

キュウ　及

及第，追及，普及

キュウ　弓

弓道，弓状，洋弓

キュウ　丘

丘陵，砂丘

キュウ　旧

旧道，新旧，復旧

キュウ　休

休止，休憩，定休

キュウ　吸

吸収，吸入，呼吸

キュウ　朽

不朽，老朽，腐朽

キュウ　○臼

臼歯，脱臼

キュウ　求

求職，要求，追求

キュウ　究

究明，研究，学究

キュウ　泣

号泣，感泣

キュウ　急

急速，急務，緊急

キュウ　級

等級，上級，階級

キュウ　糾

糾弾，紛糾

キュウ　宮

宮殿，宮廷，離宮

キュウ　救

救助，救援，救急

キュウ　球

球形，球技，地球

キュウ　○嗅　嗅覚

キュウ　給

給水，給付，配給，月給

キュウ　窮

窮極，窮屈，困窮

ギュウ　牛

牛馬，牛乳，闘牛

キュウカねがい　休暇願

キュウジュツ　救じゅつ

キュウする　給する

キュウする　窮する

キュウだ　急だ

キョ　去

去年，去就，除去

キョ　巨

巨大，巨匠，巨万

キョ　居

居住，居室，住居

キョ　拒

拒絶，拒否

キョ　拠

拠出金，拠点，占拠，根拠

キョ　挙

挙手，挙国，壮挙

キョ　虚

虚無，虚偽，空虚

キョ　許

許可，許諾，特許

キョ　距

距離

ギョ　魚

魚類，魚倉，金魚，鮮魚

ギョ　御

御者，制御

ギョ　漁

漁業，漁船，漁村

きよい　清い

キョウ　凶

凶悪，凶作，吉凶

キョウ　共

共同，共通，公共

キョウ　兄

兄弟（「キョウダイ」又は「ケイテイ」）

キョウ　叫

叫喚，絶叫

キョウ　狂

狂気，狂言，熱狂

キョウ　京

京風，上京，帰京

キョウ　享

享有，享受，享楽

キョウ　供

供応，供給，提供，自供

キョウ　協

協力，協会，妥協

キョウ　況

状況，実況，概況

キョウ　峡

峡谷，地峡，海峡

キョウ　挟

挟撃

キョウ　狭

狭量，広狭，偏狭

キョウ　香

香車

キョウ　恐

恐怖，恐縮，恐慌

キョウ　恭

恭賀，恭順

キョウ　胸

胸囲，胸中，度胸

キョウ　脅

脅迫，脅威

キョウ　強

強弱，強要，勉強

キョウ　教

教育，教訓，宗教

キョウ　経

経文，写経，お経

キョウ　郷

郷里，郷土，異郷

キョウ　境

境界，境地，逆境

キョウ　橋

橋脚，鉄橋，歩道橋
キョウ　興
興味，興趣，余興
キョウ　矯
矯正，奇矯
キョウ　鏡
鏡台，望遠鏡，反射鏡
キョウ　競
競争，競技，競泳
キョウ　響
音響，影響，交響楽
キョウ　驚
驚異，驚嘆
きょう　今日
ギョウ　仰
仰視，仰天，仰角
ギョウ　行
行列，行政，修行（シュギョウ）
ギョウ　形
形相，人形
ギョウ　暁
暁天，今暁，通暁
ギョウ　業
業績，職業，卒業
ギョウ　凝
凝固，凝結，凝視
ギョウギョウしい　仰々しい
キョウぞめ　京染
キョウリョウ　橋りょう
キョク　曲
曲線，曲面，名曲
キョク　局
局部，時局，結局
キョク　極
極限，終極，積極的
ギョク　玉
玉座，玉石，宝玉
キョクのり　曲乗り
きよまる　清まる
きよめる　清める
きよらかだ　清らかだ
きらい　嫌い
きらう　嫌う
きらす　切らす
きり　切り
きり　霧　霧雨，朝霧
きりあげ　切上げ
きりあげる　切り上げる
きりうり　切り売り
きりかえ　切替え
きりかえくみあいイン　切替組合員
きりかえす　切り返す
きりかえび　切替日
きりかえる　切り替える
きりかぶ　切り株
きりかみ　切り髪
きりがみ　切り紙
きりきざむ　切り刻む
きりきず　切り傷

きりくず　切りくず

きりくずす　切り崩す

きりくち　切り口

きりコウジョウ　切り口上

きりこむ　切り込む

きりさげ　切下げ

きりさげる　切り下げる

きりさめ　霧雨

きりすて　切捨て

きりすてる　切り捨てる

きりずみ　切り炭

きりたおす　切り倒す

きりだす　切り出す

きりたつ　切り立つ

ギリだて　義理立て

きりづまづくり　切り妻造り

きりつめる　切り詰める

きりつち　切土

きりどおし　切り通し

きりとり　切取り

きりとる　切り取る

きりぬき　切り抜き

きりぬく　切り抜く

きりぬける　切り抜ける

きりばな　切り花

きりはなし　切離し

きりはなす　切り離す

きりはらう　切り払う

きりばり　切り張り

きりひらく　切り開く

きりふき　霧吹き

きりふだ　切り札

きりぼし　切り干し

きりまわす　切り回す

きりみ　切り身

きりもり　切り盛り

きる　切る

野菜を切る，電源を切る

きる　○斬る

刀で斬（切）る，世相を斬（切）る

きる　着る

きれ　切れ

きれあじ　切れ味

きれぎれだ　切れ切れだ

きれこみ　切れ込み

キレツ　○亀裂

きれつづき　切れ続き

きれはし　切れ端

きれめ　切れ目

きれる　切れる

きわ　際　窓際

きわだつ　際立つ

きわまり　極まり

失礼極まりない

きわまり　窮まり

窮まりなき宇宙

きわまる　極まる

不都合極まる言動

きわまる　窮まる

進退窮まる

きわみ　極み

きわみ　窮み

きわめつき　極め付き

きわめて　極めて（副詞）

極めて優秀な成績

きわめる　極める

山頂を極める，栄華を極める，見極める

きわめる　窮める

真理を窮める

きわめる　究める

学を究める

キン　○巾

頭巾，雑巾

キン　斤

斤量

キン　今　今上

キン　均

均等，均一，平均

キン　近

近所，近代，接近

キン　金

金属，金銭，純金

キン　菌

細菌，殺菌，保菌者

キン　勤

勤務，勤勉，出勤

キン　琴

琴線，木琴，手風琴

キン　筋

筋肉，筋骨，鉄筋

キン　○僅

僅差

キン　禁

禁止，禁煙，厳禁

キン　緊

緊張，緊密，緊急

キン　○錦

錦秋

キン　謹

謹慎，謹賀，謹呈

キン　襟

襟度，開襟，胸襟

ギン　吟

吟味，詩吟，苦吟

ギン　銀

銀貨，銀行，水銀

キンコ　禁○錮

キンノウ　勤王

—ク・く—

ク　九

九分九厘，九月

ク　工

工面，細工，大工

ク　久

久遠（クオン）

ク　口

口調，口伝，異口同音

ク　区

区別，区々，地区

ク　句

句集，字句，節句

ク　功

功徳

ク　供

供物，供養

ク　苦

苦心，苦労，辛苦

ク　宮

宮内庁

ク　貢

年貢

ク　庫

庫裏

ク　紅

真紅，深紅

ク　駆

駆使，駆逐，先駆

グ　具

具体的，具備，具申，道具

グ　○惧

危惧

グ　愚

愚問，愚鈍，暗愚

グあい　具合

体の具合が悪い

くい　悔い

くいあう　食い合う

くいあげ　食い上げ

くいあらす　食い荒らす

くいあらためる　悔い改める

くいあわせ　食い合わせ

くいイジ　食い意地

くいいる　食い入る

くいおわる　食い終わる

くいこみ　食い込み

くいこむ　食い込む

くいさがる　食い下がる

くいすぎ　食い過ぎ

くいたおす　食い倒す

くいだおれ　食い倒れ

くいちがい　食い違い

くいちがう　食い違う

くいつく　食い付く

くいつめる　食い詰める

くいドウラク　食い道楽

くいとめる　食い止める

くいにげ　食い逃げ

くいのばす　食い延ばす

くいもの　食い物

くいる　悔いる

クウ　空

空想，空港，上空

くう　食う

グウ　宮

宮司，神宮，東宮

グウ　偶

偶然，偶数，配偶者

グウ　遇

境遇，待遇

グウ　隅

一隅

グウする　遇する

くき　茎

歯茎

くぎ　くぎ

くぎを打つ

くぎづけ　くぎ付け

くぎぬき　くぎ抜き

クぎり　区切り

仕事の区切り

クぎり　句切り

文章の句切り

クぎる　区切る

クぎる　句切る

くぐりぬける　くぐり抜ける

くくる　くくる

縄でくくる，たかをくくる

くぐる　くぐる

水中をくぐる，門をくぐる

くさ　草

草花，語り草

くさい　臭い

くさかり　草刈り

くささ　臭さ

くさとり　草取り

くさぶかい　草深い

くさまくら　草○枕

くさみ　臭み

くさむら　草むら

くさらす　腐らす

くさり　鎖

くさり　腐り

くさる　腐る

くされエン　腐れ縁

くされる　腐れる

ふて腐れる

くさわけ　草分け

くし　○串

串刺し，串焼き

くし　くし

くしで髪をとかす

くしざし　○串刺し

くじびき　くじ引

くじびきケン　くじ引券

くしやき　○串焼き

くじら　鯨

くず　○葛

葛湯

くずしがき　崩し書き

くずす　崩す

くすり　薬

飲み薬

くずれ　崩れ

山崩れ，総崩れ

くずれる　崩れる

くせ　癖

口癖

くだ　管

くだく　砕く

くだける　砕ける

ください　下さい

資料を下さい，回答を下さい

ください　…（て）ください

話してください，貸してください

くださる　下さる

御返事を下さる

くだし　下し

くだしぐすり　下し薬

くだす　下す

判決を下す，命令を下す，腹を下す

くだもの　果物

くだり　下り

くだりざか　下り坂

くだりレッシャ　下り列車

くだる　下る

坂を下る，命令が下る

くち　口

口絵，出口，甘口

くちあけ　口開け

くちあたり　口当たり

くちいれ　口入れ

くちおしい　口惜しい

くちき　朽ち木

くちきき　口利き

くちきり　口切り

くちごたえ　口答え

くちぞえ　口添え

くちだし　口出し

くちだのみ　口頼み

くちつき　口付き

くちづたえ　口伝え

くちどめ　口止め

くちなおし　口直し

くちば　朽ち葉

くちばし　くちばし

くちばしる　口走る

くちはてる　朽ち果てる

くちびる　唇

くちぶり　口ぶり

くちべらし　口減らし

くちやかましい　口やかましい

くちよごし　口汚し

くちる　朽ちる

クツ　屈

屈辱，屈伸，不屈，理屈

クツ　掘

掘削，発掘，採掘

クツ　○窟

巣窟，洞窟

くつ　靴

靴，靴下，革靴

くつがえす　覆す

くつがえる　覆る

くつしたどめ　靴下留

クッする　屈する

くつずれ　靴擦れ

くつなおし　靴直し

くつみがき　靴磨き

くつろぐ　くつろぐ

くどく　口説く

くに　国

島国

くばる　配る

くび　首

くびかざり　首飾り

くま　○熊

熊の木彫り，熊手

くみ　組

組長，赤組

くみ　組み

活字の組みが緩む

くみあい　組合

くみあい　組み合い

くみあう　組み合う

くみあげる　くみ上げる

くみあわせ　組合せ

くみあわせる　組み合わせる

くみいれ　組入れ

くみいれキン　組入金

くみいれる　組み入れる

くみうち　組み討ち

くみかえ　組替え

くみかえる　組み替える

くみかた　組み方

くみかわす　酌み交わす

くみキョク　組曲

くみこむ　組み込む

くみシャシン　組み写真

くみだす　くみ出す

くみたて　組立て

くみたてコウ　組立工

くみたてる　組み立てる

くみチョウ　組長

くみとりベンジョ　くみ取便所

くみとる　酌み取る

人の心を酌み取る

くみとる　くみ取る

水をくみ取る

くみハン　組み版

くみふせる　組み伏せる

くみもの　組み物

くむ　組む

腕を組む，活字を組む

くむ　酌む

酒を酌む，事情を酌む

くむ　くむ

水をくむ

くも　雲

くもがくれ　雲隠れ

くもゆき　雲行き

くもらす　曇らす

くもり　曇り

くもりぞら　曇り空

くもる　曇る

くやしい　悔しい

くやしがる　悔しがる

くやしなき　悔し泣き

くやしなみだ　悔し涙
くやしまぎれ　悔し紛れ
くやみ　悔やみ
悔やみ状，お悔やみ
くやむ　悔やむ
くら　倉
倉敷料，倉荷証券
くら　蔵
蔵座敷，蔵払い，酒蔵
くらい　位
位が高い，百の位
くらい　暗い
くらい　…くらい（ぐらい）
（「ぐらい」とも，助詞）
どのくらい，これくらい，二十歳ぐらいの人
くらいする　位する
くらいどり　位取り
くらいまけ　位負け
くらいれ　蔵入れ
くらう　食らう
くらがえ　くら替え
くらがり　暗がり
くらし　暮らし
くらしきリョウ　倉敷料
くらしむき　暮らし向き
くらす　暮らす
くらだし　蔵出し
くらばらい　蔵払い
くらびらき　蔵開き
くらべ　比べ
背比べ
くらべる　比べる
くらやみ　暗やみ
くらわたし　倉渡し
くりあがる　繰り上がる
くりあげ　繰上げ
くりあげショウカン　繰上償還
くりあげる　繰り上げる
くりあわせ　繰り合わせ
くりあわせる　繰り合わせる
くりいれ　繰入れ
くりいれキン　繰入金
くりいれゲンドガク　繰入限度額
くりいれリツ　繰入率
くりいれる　繰り入れる
くりかえ　繰替え
くりかえキン　繰替金
くりかえし　繰り返し
くりかえす　繰り返す
くりかえる　繰り替える
くりこし　繰越し
くりこし　繰越…
繰越金，繰越欠損金
くりこす　繰り越す
くりごと　繰り言
くりこむ　繰り込む
くりさがる　繰り下がる
くりさげ　繰下げ

くりさげる　繰り下げる
くりだす　繰り出す
くりのべ　繰延べ
くりのべシサン　繰延資産
くりのべる　繰り延べる
くりひろげる　繰り広げる
くりもどし　繰戻し
くりもどす　繰り戻す
くる　来る
人が来る，春が来る
くる　繰る
糸を繰る，暦を繰る
くる　…（て）くる
寒くなってくる
くるい　狂い
くるいざき　狂い咲き
くるう　狂う
くるおしい　狂おしい
くるしい　苦しい
くるしがる　苦しがる
くるしさ　苦しさ
くるしまぎれ　苦し紛れ
くるしみ　苦しみ
くるしむ　苦しむ
くるしめる　苦しめる
くるま　車
くるまどめ　車止め
くるまよせ　車寄せ
くるわしい　狂わしい
くるわす　狂わす
くれ　暮れ
くれがた　暮れ方
くれぐれも　くれぐれも
くれぐれも気を付けるよう
くれない　紅
くれる　暮れる
くれる　くれる
資料をくれる
くれる　…（て）くれる
援助してくれる
くろ　黒
真っ黒，白黒
くろい　黒い
腹黒い
くろうと　玄人
くろこげ　黒焦げ
くろさ　黒さ
くろずむ　黒ずむ
くろぬり　黒塗り
くろびかり　黒光り
くろみ　黒み
くろやき　黒焼き
くわ　桑
桑畑
くわえる　加える
クわけ　区分け
くわしい　詳しい
くわしさ　詳しさ
くわす　食わす
くわずぎらい　食わず嫌い

くわせもの　食わせ物

くわせもの　食わせ者

くわだて　企て

くわだてる　企てる

クわり　区割り

くわわる　加わる

クン　君

君主，君臨，諸君

クン　訓

訓練，教訓，音訓

クン　勲

勲功，勲章，殊勲

クン　薫

薫風，薫陶

グン　軍

軍隊，軍備，空軍

グン　郡

郡部，〇〇郡

グン　群

群居，大群，抜群

―ケ・け―

ケ　化

化粧，化身，権化（ゴンゲ）

ケ　仮

仮病

ケ　気

気配，気色ばむ，火の気

ケ　華

香華，散華

ケ　家

家来，本家，分家

ケ　懸

懸念，懸想

け　毛

毛糸，抜け毛

ゲ　下

下水，下車，上下

ゲ　○牙

象牙

ゲ　外

外科，外題，外道

ゲ　解

解脱，解熱剤，解毒剤

ゲ　夏

夏至

げ　…げ（接尾語）

惜しげもなく

ケイ　兄

兄事，父兄，義兄，兄弟（「ケイテイ」又は「キョウダイ」）

ケイ　刑

刑罰，刑法，処刑

ケイ　形

形態，形成，図形

ケイ　系

系統，系列，体系

ケイ　京

京浜，京阪

ケイ　径

直径，直情径行

ケイ　茎

球茎，地下茎

ケイ　係

係累，係争，係船，係留，係属，関係

ケイ　型

原型，模型，典型

ケイ　契

契約，契機，黙契

ケイ　計

計算，計画，寒暖計

ケイ　境

境内（ケイダイ）

ケイ　恵

恵贈，恵与，恩恵

ケイ　啓

啓発，啓示，拝啓

ケイ　掲

掲示，掲載，前掲

ケイ　渓

渓谷，渓流，雪渓

ケイ　経

経費，経済，経験

ケイ　蛍

蛍光灯，蛍光塗料

ケイ　敬

敬意，敬服，尊敬

ケイ　景

景気，風景，光景

ケイ　軽

軽快，軽薄，軽率

ケイ　傾

傾斜，傾倒，傾向

ケイ　携

携帯，必携，提携

ケイ　継

継続，継承，中継

ケイ　○詣

参詣

ケイ　慶

慶弔，慶祝，慶賀

ケイ　○憬

憧憬（「ショウケイ」又は「ドウケイ」）

ケイ　○稽

稽古，滑稽

ケイ　憩

休憩

ケイ　警

警告，警戒，警察

ケイ　鶏

鶏卵，鶏舎，養鶏

ケイ　競

競馬，競輪

ゲイ　芸

芸術，芸能，文芸

ゲイ　迎

迎合，歓迎，送迎

ゲイ　鯨

鯨油，捕鯨

ケイベツ　軽○蔑

ケイモウ　啓もう

啓もう主義

ケイレン　けいれん

けおりもの　毛織物

けがす　汚す

けがらわしい　汚らわしい

けがれ　汚れ

けがれる　汚れる

ゲキ　○隙　間隙

ゲキ　劇

劇薬，劇場，劇毒，劇物，演劇

ゲキ　撃

撃退，攻撃，打撃

ゲキ　激

激動，激震，激痛，激変，激甚，感激

ゲキする　激する

感情が激する

けさ　今朝

けしイン　消印

けしき　景色

ケシキばむ　気色ばむ

けしゴム　消しゴム

けしずみ　消し炭

けしとめる　消し止める

けす　消す

けずりくず　削りくず

けずる　削る

けた　○桁

桁違い，三桁，橋桁

けだし　けだし（副詞）

けだし当然と言えよう

けたちがい　○桁違い

けちらす　○蹴散らす

ケツ　欠

欠乏，欠席，補欠

ケツ　穴

穴居，墓穴

ケツ　血

血液，血統，鮮血

ケツ　決

決裂，決意，解決

ケツ　結

結論，結婚，連結

ケツ　傑

傑物，傑作，豪傑

ケツ　潔

潔白，清潔，純潔

ゲツ　月

月曜，明月，歳月

ケッカイ　決壊

ケッコウ　結構

結構だ，結構な品

ケッして　決して

ケッする　決する

ケッセキとどけ　欠席届

ゲップばらい　月賦払

けなみ　毛並み

けぬき　毛抜き

けむい　煙い

けむたい　煙たい

けむたがる　煙たがる

けむり　煙

土煙

けむる　煙る

けもの　獣

ける　○蹴る

蹴散らす

けわしい　険しい

けわしさ　険しさ

ケン　犬

犬歯，愛犬，野犬

ケン　件

件数，事件，条件

ケン　見

見学，見地，意見

ケン　券

乗車券，旅券，債券

ケン　肩

肩章，双肩，比肩

ケン　建

建築，建議，建制順，封建的

ケン　研

研究，研修

ケン　県

県庁，県立，○○県

ケン　倹

倹約，節倹，勤倹

ケン　兼

兼用，兼任，兼職

ケン　剣

剣道，剣舞，刀剣

ケン　○拳

拳銃，拳法

ケン　間

世間，人間

ケン　軒

軒数，一軒

ケン　健

健康，健闘，強健

ケン　険

険悪，危険，保険

ケン　圏

圏内，圏外，成層圏

ケン　堅

堅固，堅実，中堅

ケン　検

検査，検討，点検

ケン　嫌

嫌悪，嫌疑

ケン　献

献上，献身的，文献

ケン　絹

絹布，人絹

ケン　遣

遣外，派遣，分遣

ケン　権

権利，権威，人権

ケン　**憲**

憲法，憲章

ケン　**賢**

賢人，賢明，先賢

ケン　**謙**

謙虚，謙譲

ケン　○**鍵**

鍵盤

ケン　**繭**

繭糸

ケン　**顕**

顕著，顕彰，顕微鏡

ケン　**験**

試験，経験，実験

ケン　**懸**

懸垂，懸賞，懸命

ゲン　**元**

元素，元気，多元

ゲン　**幻**

幻滅，幻覚，幻灯，夢幻

ゲン　**玄**

玄米，玄関，幽玄

ゲン　**言**

言行，言論，宣言

ゲン　**弦**

上弦，正弦

ゲン　**限**

限度，制限，期限

ゲン　**原**

原因，原理，高原

ゲン　**現**

現象，現在，表現

ゲン　**眼**

開眼（「カイゲン」又は「カイガン」）

ゲン　○**舷**　舷側，右舷

ゲン　**減**

減少，増減，加減

ゲン　**嫌**

機嫌

ゲン　**源**

源泉，水源，資源

ゲン　**厳**

厳格，厳重，威厳

ゲン　**験**

験がいい，霊験

ケンイン　けん引

ケンがみね　剣が峰

ゲンキンばらい　現金払

ケンサずみショウ　検査済証

ケンジュウ　○拳銃

ゲンずる　減ずる

ケンソン　謙○遜

ケンテイずみ　検定済み

ゲンドウキつきジテンシャ　原動機付自転車

ケントウちがい　見当違い

ゲンに　現に

ゲンに　厳に

ケンペイずく　権柄ずく

—コ・こ—

コ　己

自己，利己

コ　戸

戸外，戸籍，下戸

コ　古

古代，古典，太古

コ　去

過去

コ　呼

呼吸，呼応，点呼

コ　固

固定，固有，堅固

コ　拠

証拠

コ　孤

孤児，孤独，孤立

コ　弧

弧状，括弧，円弧

コ　○股

股間，股関節

コ　○虎

虎穴，猛虎

コ　故

故郷，故意，事故

コ　枯

枯死，枯淡，栄枯

コ　個

個人，個性，個々，一個

コ　庫

倉庫，文庫，車庫

コ　虚

虚空，虚無僧

コ　湖

湖水，湖沼，湖畔

コ　雇

雇用，雇員，解雇

コ　誇

誇示，誇大，誇張

コ　鼓

鼓動，鼓舞，太鼓

コ　○錮

禁錮

コ　顧

顧慮，顧問，回顧

こ　木

木立，木陰

こ　小

小型，小鳥，小切手

こ　子

親子，年子

こ　黄

黄金（「こがね」又は「オウゴン」）

こ　粉

小麦粉

ゴ　五

五穀，五色，五目飯，五重の塔

ゴ　互

互角，互選，相互

ゴ　　午

午前，正午，子午線

ゴ　　呉

呉服，呉越同舟

ゴ　　後

後刻，前後，午後

ゴ　　娯

娯楽

ゴ　　悟

悟性，覚悟，悔悟

ゴ　　御…（接頭語）

御飯，御用，御殿，御案内，御挨拶，御意見（㊟後に付く語が常用漢字表にない漢字を含む場合は仮名書きし，「御」も仮名で書く。「ご…」を参照。）

ゴ　　…御（接尾語）

親御，母御

ゴ　　期

最期，この期に及んで

ゴ　　碁

碁石，碁盤，囲碁

ゴ　　語

語学，新語，国語

ゴ　　誤

誤解，正誤，錯誤

ゴ　　護

護衛，救護，保護

ゴ　　ご…（接頭語）

ごちそう，ごもっとも（㊟後に付く語が常用漢字表にない漢字を含む場合は仮名書きし，「御」も仮名で書く。「御…」を参照。）

こあきない　　小商い

こい　　恋

初恋

こい　　濃い

こい　　請い

こい　　○乞い

命乞い，雨乞い

こいこがれる　　恋い焦がれる

こいしい　　恋しい

こいしがる　　恋しがる

こいしたう　　恋い慕う

こいする　　恋する

こいねがう　　こいねがう

成功をこいねがう

こいびと　　恋人

こいぶみ　　恋文

コウ　　口

口述，人口，開口

コウ　　工

工場，加工，人工

コウ　　公

公平，公私，公園，公告，公示，公布

コウ　　○勾

勾配，勾留

コウ　　孔

鼻孔，気孔

コウ　　功

功名，功績，成功

コウ　巧

巧拙，巧妙，技巧

コウ　広

広大，広言，広義，広範，広報，広告

コウ　甲

甲乙，甲板（「コウハン」又は「カンパン」），装甲車

コウ　交

交通，交差点，交番，交付，社交

コウ　光

光線，栄光，観光

コウ　向

向上，傾向，趣向

コウ　后

皇后，皇太后

コウ　好

好意，好敵手，良好

コウ　江

江湖

コウ　考

考慮，思考，参考

コウ　行

行進，行為，旅行

コウ　仰

信仰

コウ　坑

坑道，炭坑，廃坑

コウ　孝

孝行，孝心，不孝

コウ　抗

抗争，抗議，抗論，対抗

コウ　攻

攻守，攻撃，専攻

コウ　更

更新，更迭，更正，更生，変更

コウ　効

効果，効力，時効

コウ　幸

幸福，不幸，行幸

コウ　拘

拘束，拘留，拘置

コウ　肯

肯定，首肯

コウ　侯

諸侯，王侯

コウ　厚

厚情，厚生，濃厚

コウ　後

後続，後悔，後輩

コウ　恒

恒常，恒例，恒久

コウ　洪

洪水，洪積層

コウ　皇

皇帝，皇室，皇后

コウ　紅

紅白，紅茶，紅葉

コウ　荒

荒天，荒廃，荒涼

コウ　郊

郊外，近郊

コウ　香

香水，香気，線香

コウ　候

候補，気候，測候所

コウ　格

格子

コウ　校

校閲，将校，学校

コウ　耕

耕作，耕地，農耕

コウ　耗

心神耗弱

コウ　航

航海，航空，就航

コウ　貢

貢献

コウ　降

降雨，降参，下降

コウ　高

高低，高級，高揚，最高

コウ　康

健康，小康

コウ　控

控除，控訴

コウ　○梗

心筋梗塞，脳梗塞

コウ　黄

黄葉

コウ　○喉

喉頭，咽喉

コウ　慌

恐慌

コウ　港

港湾，漁港，出港

コウ　硬

硬度，硬貨，生硬

コウ　絞

絞殺，絞首刑

コウ　項

項目，事項，条項

コウ　溝

下水溝，排水溝

コウ　鉱

鉱物，鉱山，鉄鉱

コウ　構

構造，構内，結構

コウ　綱

綱紀，綱領，大綱，要綱

コウ　酵

酵母

コウ　稿

草稿，原稿，投稿

コウ　興

興行，復興，振興

コウ　衡

均衡，平衡，度量衡

コウ　鋼

鋼鉄，鋼材，製鋼

コウ　講

講義，講演，聴講

コウ　購

購入，購買，購読

こう　神　神々しい

こう　恋う

こう　請う

許可を請（乞）う，紹介を請（乞）う，案内を請（乞）う

こう　○乞う

乞う御期待，慈悲を乞う

こう　こう（副詞）

こうなると，こう考える

ゴウ　号

号令，号外，番号

ゴウ　合

合同，合計，結合

ゴウ　拷　拷問

ゴウ　剛

剛健，金剛力

ゴウ　強

強引，強情，強盗

ゴウ　郷

郷士，近郷，在郷

ゴウ　○傲

傲然，傲慢

ゴウ　業

自業自得，罪業，業を煮やす

ゴウ　豪

豪遊，豪雨，文豪

こういう　こういう

こういう問題

コウコウ　口こう（㊟「コウクウ」とも）

こうごうしい　神々しい

コウシ　格子

こうして　こうして

こうして使う

コウする　抗する

時代に抗する

コウする　航する

外洋を航する客船

コウずる　高ずる

病が高ずる

コウずる　講ずる

措置を講ずる

ゴウする　号する

最強だと号する

コウセイずり　校正刷り

コウタイ　交替，交代（㊟法令では，「交代」を用いる。）

ごうち　碁打ち

こうむる　被る

損害を被る

コウハン　広範

コウフ　交付

証明書を交付する，交付金

コウフ　公布

法令の公布

こうり　小売

こうり　小売…

小売商，小売業

コウリュウ　○勾留

こえ　声

呼び声，歌声

こえ　肥

下肥

こえがわり　声変わり

こえる　肥える

こえる　越える

山を越える

こえる　超える

現代を超える，能力を超える，六月を超えない範囲で，100万円を超える額

こおどり　小躍り

こおり　氷

氷が張った，氷をかく，氷砂糖

こおりつく　凍り付く

こおりづめ　氷詰め

こおる　凍る

湖水が凍る，土が凍る

こがい　子飼い

こがくれ　木隠れ

こがす　焦がす

こがね　黄金

こがらし　木枯らし

こがれる　焦がれる

こきざみ　小刻み

こぎつける　こぎ着ける

こぎって　小切手

コク　石

石高，千石船

コク　克

克服，克明，克己

コク　告

告示，告白，報告

コク　谷

幽谷

コク　刻

彫刻，時刻，深刻

コク　国

国際，国家，外国

コク　黒

黒板，漆黒，暗黒

コク　穀

穀物，雑穀，脱穀

コク　酷

酷似，冷酷，残酷

ゴク　極

極上，極秘，至極

ゴク　獄

獄舎，地獄，疑獄

ごく　ごく（副詞）

ごく新しい

こげチャいろ　焦げ茶色

こげつき　焦げ付き

こげつく　焦げ付く

こけらおとし　こけら落とし

こげる　焦げる

ココ　個々

個々の問題

ここ　ここ（代名詞）

こごえじに　凍え死に
こごえしぬ　凍え死ぬ
こごえる　凍える
ここち　心地
居心地
ここに　ここに（副詞）
ここの　九
九日，九重
ここのつ　九つ
こころ　心
親心
こころあたり　心当たり
こころあて　心当て
こころえ　心得
心得違い
こころえる　心得る
こころおぼえ　心覚え
こころがけ　心掛け，心懸け
こころがまえ　心構え
こころがわり　心変わり
こころくばり　心配り
こころぐみ　心組み
こころぐるしい　心苦しい
こころざし　志
こころざす　志す
こころだのみ　心頼み
こころづかい　心遣い
こころづく　心付く
こころづくし　心尽くし
こころづけ　心付け
こころづもり　心積もり
こころづよい　心強い
こころのこり　心残り
こころぼそい　心細い
こころまかせ　心任せ
こころまち　心待ち
こころみ　試み
こころみに　試みに
こころみる　試みる
こころもち　心持ち
こころもとない　心もとない
こころやすい　心安い
こころゆくまで　心行くまで
こころよい　快い
こさ　濃さ
ございます　ございます
こさめ　小雨
ゴサンカイ　午さん会
こし　腰
物腰
こじ　居士
一言居士
こしいれ　こし入れ
こしおれ　腰折れ
こしかけ　腰掛け
こしかける　腰掛ける
こしだめ　腰だめ
こしぬけ　腰抜け
こしらえる　こしらえる
こす　越す

峠を越す，年を越す，引っ越す

こす　超す

1,000万人を超す人口

こぞって　こぞって（副詞）

こぞって出発する

ゴゾンじ　御存じ

こたえ　答え

こたえる　答える

質問に答える，正確に答える

こたえる　△応える

期待に応える，時代の要請に応える

こだち　木立

こだわる　こだわる

ゴチソウ　ごちそう

コツ　骨

骨子，筋骨，老骨

コツ　△滑

滑稽

こづくり　小作り

こづつみ　小包

こと　言

言葉，寝言

こと　事

仕事，出来事，事を起こす，事に当たる

こと　異

意見を異にする

こと　琴

こと　こと

許可しないことがある

ことがら　事柄

次の事柄について

ごとく　…（の）ごとく

次のごとく考えた

ことごとく　ことごとく（副詞）

ことごとく失敗した

ことさら　殊更

殊更……する

ことし　今年

ことづかる　言付かる

ことづける　言付ける

ことづて　言づて

ことなる　異なる

意見が異なる

ことに　殊に（副詞）

殊に優れている

ごとに　…ごとに

５分ごとに

ことにする　異にする

ことのほか　殊の外

殊の外，喜ばしい

ことば　言葉

話し言葉

ことはじめ　事始め

ことぶき　寿

こども　子供

ことわり　断り

断り状，断りの手紙

ことわる　断る

こな　粉

粉雪

この　この（連体詞）

このゴ　この期

この期に及んで

このサイ　この際

このたび　この度

このましい　好ましい

このみ　好み

このむ　好む

このもしい　好もしい

こばむ　拒む

ゴハンむし　御飯蒸し

ゴブサタ　御無○沙○汰

こぶし　○拳

握り拳

コブまき　昆布巻き（「コンブまき」とも）

こぶり　小降り

こぶり　小振り

ゴヘイかつぎ　御幣担ぎ

こま　○駒

持ち駒

こまか　細か

こまかい　細かい

こまかだ　細かだ

こまりはてる　困り果てる

こまりもの　困り者

こまる　困る

こみ　込み

税込み，込みにする

ごみ　ごみ

ごみ箱

こみあう　△混み合う，込み合う

こみあげる　込み上げる

こみいる　込み入る

ごみとり　ごみ取り

こむ　込む

負けが込む，手の込んだ細工をする，仕事が立て込む

こむ　△混む

電車が混（込）む，混（込）み合う店内

こめ　米

米粒

こめる　込める

やり込める

ゴモクならべ　五目並べ

こもち　子持ち

こもづつみ　こも包み

こもり　子守

こもる　○籠もる

こやし　肥やし

こやす　肥やす

ゴヨウおさめ　御用納め

ゴヨウきき　御用聞き

ゴヨウはじめ　御用始め

こよみ　暦

花暦

こらしめる　懲らしめる

こらす　凝らす

こらす　　懲らす

こり　　凝り

足腰の凝り

こりかたまる　　凝り固まる

こりショウ　　凝り性

ゴリヤク　　御利益

こりる　　懲りる

失敗に懲りる

こる　　凝る

これ　　これ（代名詞）

ころ　　○頃

日頃，頃合い，この頃，3日頃

ころがす　　転がす

ころがる　　転がる

ころげおちる　　転げ落ちる

ころげこむ　　転げ込む

ころげまわる　　転げ回る

ころげる　　転げる

ころし　　殺し

見殺し

ころす　　殺す

ころばす　　転ばす

ころぶ　　転ぶ

ころも　　衣

羽衣

こわ　　声

声色

こわい　　怖い

こわがる　　怖がる

こわす　　壊す

こわれる　　壊れる

コン　　今

今後，今日（「コンニチ」又は「きょう」），今朝（「コンチョウ」又は「けさ」），今年（「コンネン」又は「ことし」），昨今

コン　　困

困難，困窮，貧困

コン　　金

金色，金剛力，黄金（「オウゴン」又は「こがね」）

コン　　昆

昆虫，昆布（「コンブ」又は「コブ」）

コン　　恨

遺恨，痛恨，悔恨

コン　　根

根拠，根気，根底，平方根

コン　　献

献立（コンだて），一献

コン　　婚

婚約，結婚，新婚

コン　　混

混合，混雑，混迷

コン　　建

建立（コンリュウ）

コン　　○痕

痕跡，血痕

コン　　紺

紺青（コンジョウ），紺屋（「コンや」又は「コウや」），濃紺

コン　　魂

魂胆，霊魂，商魂

コン　墾

開墾

コン　懇

懇切，懇親会

ゴン　言

言上，伝言，無言

ゴン　勤

勤行

ゴン　権

権化，権現

ゴン　厳

壮厳

コンくらべ　根比べ

コンだて　献立

コンテイ　根底

コンニチは　こんにちは

コンまけ　根負け

—サ・さ—

サ　左

左右，左翼，左遷

サ　再

再来年，再来月，再来週

サ　佐

佐幕，補佐，大佐

サ　作

作業，作用，動作

サ　○沙

沙汰

サ　査

査察，調査，巡査

サ　砂

砂丘，砂糖

サ　茶

茶菓，茶話会，喫茶

サ　唆

教唆，示唆

サ　差

差異，差別，誤差

サ　詐

詐欺，詐取，詐称

サ　鎖

鎖国，連鎖，封鎖

ザ　座

座席，座談，星座

ザ　○挫

挫折，頓挫

サイ　才

才能，才覚，秀才

サイ　切

一切

サイ　再

再度，再選，再出発，再販

サイ　西

西国，東西

サイ　災

災害，災難，火災

サイ　妻

妻子，夫妻，良妻

サイ　○采

采配，喝采

サイ　砕

砕石，砕氷，粉砕

サイ　宰

宰領，宰相，主宰

サイ　栽

栽培，盆栽

サイ　殺

相殺

サイ　財

財布

サイ　彩

彩色，色彩，淡彩

サイ　採

採集，採用，採光

サイ　済

返済，救済，経済

サイ　祭

祭礼，文化祭

サイ　斎

斎場，潔斎，書斎

サイ　細

細心，詳細，零細

サイ　菜

菜園，菜食，野菜

サイ　最

最大，最近，最先端

サイ　裁

裁縫，裁判，体裁

サイ　債

債務，負債，公債

サイ　催

催眠，開催，主催

サイ　○塞

要塞

サイ　歳

歳末，歳月，二十歳（「ニジッサイ」，「ニジュッサイ」又は「はたち」）

サイ　載

積載，掲載，記載

サイ　際

際限，交際，この際

さい　○埼

埼玉県

ザイ　在

在留，在宅，存在

ザイ　材

材木，材料，人材

ザイ　剤

薬剤師，錠剤，消化剤

ザイ　財

財産，私財，文化財

ザイ　罪

罪状，犯罪，謝罪

サイゴ　最後

最後に行く

サイゴ　最期

最期を遂げる

さいたまケン　○埼玉県
さいわい　幸い
さいわいだ　幸いだ
さいわいに　幸いに
さえぎる　遮る
さおだけ　さお竹
さおとめ　早乙女
さか　坂
　坂道，下り坂
さか　酒
　酒屋，酒場，酒盛り
さかい　境
　境目
さかうらみ　逆恨み
さかえ　栄え
さかえる　栄える
さかおとし　逆落とし
さかさ　逆さ
さかさま　逆さま
さがしあてる　捜し当てる，探し当てる
さがしだす　捜し出す，探し出す
さがしもの　捜し物，探し物
さがす　捜す
　うちの中を捜す，犯人を捜す
さがす　探す
　空き家を探す，あらを探す
さかずき　杯
さかだち　逆立ち
さかだつ　逆立つ
さかだてる　逆立てる
さかな　魚
　魚屋，煮魚
さかのぼる　○遡る
さかまく　逆巻く
さかもり　酒盛り
さからう　逆らう
さかり　盛り
　花盛り
さがり　下がり
さかりば　盛り場
さかる　盛る
　燃え盛る
さがる　下がる
さかん　盛ん
さかんだ　盛んだ
さかんに　盛んに
さき　先
　庭先，店先，先に立つ
さき　崎
　○○崎
さき　咲き
さきがけ　先駆け
さきがける　先駆ける
さきがり　先借り
さきごろ　先○頃
さきだつ　先立つ
さきどり　先取り
さきどりトッケン　先取特権

さきに　さきに

さきにお知らせした

さきにおう　咲き○匂う

さきのこる　咲き残る

さきばしり　先走り

さきばしる　先走る

さきばらい　先払い

さきぶれ　先触れ

さきほこる　咲き誇る

さきほど　先ほど

先ほど申し上げたとおり……

さきまわり　先回り

さきみだれる　咲き乱れる

さきゆき　先行き

さきわたし　先渡し

さきんずる　先んずる

サク　冊　短冊

サク　作

作為，著作，豊作

サク　削

削除，削減，添削

サク　昨

昨日（「サクジツ」又は「きのう」），

昨年，一昨日

サク　○柵

鉄柵

サク　索

索引，思索，鉄索

サク　策

策略，政策，対策

サク　酢　酢酸

サク　搾

搾取，圧搾

サク　錯

錯誤，錯覚，交錯

さく　咲く

さく　裂く

布を裂く，仲を裂く，引き裂く

さく　割く

時間を割く，紙面を割く，人手を割く

サクする　策する

サクセイ　作成

サクセイ　作製（㊟法令では，「物品を作る」の意のみに用いる。）

サクづけ　作付け（「サクつけ」とも）

サクづけメンセキ　作付面積（「サクつけメンセキ」とも）

さくら　桜

桜色，葉桜

さくらがり　桜狩り

さぐり　探り

さぐりあし　探り足

さぐる　探る

さけ　酒

さげ　下げ

上げ下げ

さけずき　酒好き

さげすむ　○蔑む

相手を蔑む

さけのみ　酒飲み
さけび　叫び
さけびごえ　叫び声
さけぶ　叫ぶ
さけめ　裂け目
さける　裂ける
さける　避ける
さげる　下げる
値段を下げる，軒に下げる
さげる　提げる
手に提げる
さげわたし　下げ渡し
さげわたす　下げ渡す
ざこ　雑魚
ささいな　ささいな
ささいな出来事
ささえ　支え
ささえる　支える
ささげる　ささげる
供物をささげる
ささやか　ささやか
ささやかな祝宴
ささやき　ささやき
ささやきの声
ささやく　ささやく
耳元でささやく
ささる　刺さる
さしあげる　差し上げる
さしあたり　差し当たり
さしいれ　差し入れ
さしいれる　差し入れる
さしエ　挿絵
さしおく　差し置く
さしおさえ　差押え
さしおさえ　差押…
差押命令，差押登記
さしおさえる　差し押さえる
さしかえ　差し替え
さしかえる　差し替える
さしかかる　差し掛かる
さしがね　差し金
さしき　挿し木
さじき　桟敷
ざしき　座敷
さしくる　差し繰る
さしこみ　差し込み
さしこむ　差し込む
さしころす　刺し殺す
さしさわり　差し障り
さしさわる　差し障る
さしズ　指図
さしずめ　さしずめ（副詞）
さしずめ計画どおりに実施する
さしせまる　差し迫る
さしだしぐち　差し出し口
さしだしニン　差出人
さしだす　差し出す
紹介状を差し出す
さしちがえる　刺し違える
さしちがえる　差し違える

さしつかえ　差し支え
さしつかえる　差し支える
さしつかわす　差し遣わす
さしでがましい　差し出がましい
さしでぐち　差し出口
さしでる　差し出る
さしとめ　差止め
さしとめる　差し止める
さしのべる　差し伸べる
さしはさむ　差し挟む
さしひかえる　差し控える
さしひき　差引き
さしひきカンジョウ　差引勘定
さしひきボ　差引簿
さしひく　差し引く
さしまわし　差し回し
さしみ　刺身
さしむかい　差し向かい
さしむける　差し向ける
さしむき　差し向き
さしもどし　差戻し
さしもどす　差し戻す
さしわたし　差し渡し
さす　刺す
人を刺す，布を刺す，本塁で刺される
さす　差す
腰に刀を差す，傘を差す，差しつ差されつ，行司の差し違え
さす　指す
目的地を指して進む，名指しをする，指し示す
さす　挿す
花瓶に花を挿す
さすが　さすが
さすがの彼も……，さすがに暑い
さずかる　授かる
さずける　授ける
さそい　誘い
さそいあう　誘い合う
さそいあわせる　誘い合わせる
さそいだす　誘い出す
さそいみず　誘い水
さそう　誘う
サタ　○沙○汰
音沙汰，沙汰のあり次第
さだか　定か
さだかだ　定かだ
さだまり　定まり
さだまる　定まる
さだめ　定め
さだめし　定めし（副詞）
定めし美しいことだろう
さだめて　定めて（副詞）
定めてにぎわうことだろう
さだめる　定める
さち　幸
サツ　冊
冊子，別冊
サツ　札

札入れ，表札，入札

サッ　早

早急（「サッキュウ」又は「ソウキュウ」），早速

サツ　刷

刷新，印刷，増刷

サツ　○刹

古刹，名刹

サツ　○拶

挨拶

サツ　殺

殺人，殺到，黙殺

サツ　察

察知，観察，考察

サツ　撮

撮影

サツ　擦

擦過傷，摩擦

ザツ　雑

雑談，雑音，混雑

サツいれ　札入れ

さつき　五月

五月晴れ

ざつき　座付き

サッキュウ　早急（「ソウキュウ」とも）

早急に手配する

サッする　察する

サッソウ　さっそう

サッソク　早速

早速送付する

さて　さて

さて次は

さと　里

里心，村里

サトウいり　砂糖入り

サトウづけ　砂糖漬

さとがえり　里帰り

さとし　諭し

さとす　諭す

さとり　悟り

さとる　悟る

さなえ　早苗

さばき　裁き

さばく　裁く

罪人を裁く

さばく　さばく

品物をさばく

さび　寂

さびしい　寂しい

さびしがる　寂しがる

さびしげだ　寂しげだ

さびつく　さび付く

さびどめ　さび止め

さびれる　寂れる

さほど　さほど（副詞）

さほど重要でない

さま　様

様にならない，○○様

さまがわり　様変わり

さまざまに　　様々に

さます　　冷ます

湯を冷ます

さます　　覚ます

目を覚ます，眠りを覚ます，迷いを覚ます

さます　　さます

酔いをさます

さまたげ　　妨げ

さまたげる　　妨げる

さまよう　　さまよう

さみしい　　さみしい

さみだれ　　五月雨

さむい　　寒い

さむがる　　寒がる

さむぞら　　寒空

さむらい　　侍

さめる　　冷める

湯が冷める，料理が冷める，熱が冷める

さめる　　覚める

目が覚める

さめる　　さめる

色がさめる，酔いがさめる

さら　　皿

皿，灰皿

さら　　更

今更

さらなる　　更なる（副詞）

さらに　　更に（副詞）

更に検討する

さらに　　さらに（接続詞）

さる　　猿

さる　　去る（連体詞）

去る３月

さる　　去る

去るに当たって，世を去る，冬が去る

さわ　　沢

さわがしい　　騒がしい

さわがす　　騒がす

さわぎ　　騒ぎ

さわぎたてる　　騒ぎ立てる

さわぐ　　騒ぐ

さわやか　　○爽やか

さわやかだ　　○爽やかだ

さわり　　触り

手触り，話の触り

さわり　　障り

障りがあって行けない，差し障り

さわる　　触る

品物に触らないこと

さわる　　障る

気に障る，体に障る

サン　　三

三角，三流，再三

サン　　山

山脈，高山，登山

サン　　参

参加，参万円，降参

サン　　桟

桟，桟橋

サン　蚕

蚕糸，蚕食，養蚕

サン　惨

惨劇，悲惨，陰惨

サン　産

産業，生産，出産

サン　傘

傘下，落下傘

サン　散

散歩，散文，散水管，解散

サン　算

算数，計算，予算

サン　酸

酸味，酸素，辛酸

サン　賛

賛成，賛同，称賛

ザン　残

残留，残念，敗残

ザン　惨

惨死，惨殺

ザン　○斬

斬殺，斬新

ザン　暫

暫時，暫定

サンゴショウ　さんご礁

サンシャク　参酌

事情を参酌して

サンショクずり　三色刷り

サンダンとび　三段跳び

サンば　三羽

サンミイッタイ　三位一体

―シ・し―

シ　士

士官，武士，紳士

シ　子

子孫，女子，帽子

シ　支

支持，支障，支店

シ　止

止宿，静止，中止

シ　氏

氏名，姓氏，某氏

シ　仕

仕事，出仕

シ　史

史学，歴史，国史

シ　司

司会，司令，上司

シ　四

四角，四季，四十七士

シ　市

市民，市況，都市

シ　矢

一矢を報いる

シ　示

示唆

シ　旨

要旨，趣旨，本旨

シ　次

次第

シ　死

死亡，死角，必死

シ　糸

綿糸，蚕糸，製糸

シ　自

自然

シ　至

至当，夏至（ゲシ），冬至

シ　伺

伺候

シ　志

志望，有志，寸志

シ　私

私立，私腹，公私

シ　使

使役，使者，駆使

シ　刺

刺激，名刺，風刺

シ　始

始終，始末，年始，開始

シ　姉

姉妹，諸姉

シ　枝

枝葉

シ　祉

福祉

シ　肢

肢体，下肢，選択肢

シ　姿

姿勢，容姿，雄姿

シ　思

思想，意思，相思

シ　指

指示，指導，屈指

シ　施

施設，施政，施行（「シコウ」又は「セコウ」），実施

シ　師

師匠，教師，医師

シ　○恣

恣意的

シ　紙

紙面，用紙，新聞紙

シ　脂

脂肪，油脂，樹脂

シ　視

視覚，視力，注視

シ　紫

紫紺，紫煙，紫外線

シ　詞

歌詞，作詞，品詞

シ　歯

歯科，乳歯，義歯

シ　嗣

嗣子，嫡嗣

シ　試

試験，試作，追試

シ　詩

詩情，詩人，詩歌（「シカ」又は「シイカ」）

シ　資

資本，資格，物資

シ　飼

飼育，飼料

シ　誌

誌面，日誌，雑誌

シ　雌

雌雄，雌伏

シ　○摯

真摯

シ　賜

賜暇，下賜，恩賜

シ　諮

諮問

ジ　示

示威，示談，指示

ジ　仕

給仕

ジ　地

地面，地震，地元

ジ　字

字画，文字（「モジ」又は「モンジ」），活字

ジ　寺

寺院，社寺，末寺

ジ　次

次回，次元，目次

ジ　耳

耳鼻科，中耳炎

ジ　自

自分，自由，各自

ジ　似

類似，酷似，疑似

ジ　児

児童，幼児，優良児

ジ　事

事物，事由，無事，師事

ジ　侍

侍従，侍女，侍医

ジ　治

政治，療治

ジ　持

持参，持続，支持

ジ　時

時間，時候，当時

ジ　除

掃除

ジ　滋

滋味，滋養

ジ　慈

慈愛，慈善，慈悲

ジ　辞

辞書，辞職，式辞

ジ　磁

磁石（ジシャク），磁気，陶磁器

ジ　○餌

好餌，食餌療法

ジ　璽

御璽，国璽

じ　路

家路，旅路，山路

シあい　試合

シあがり　仕上がり

シあげ　仕上げ

シあげキカイ　仕上機械

シあげコウ　仕上工

シあげる　仕上げる

しあわせ　幸せ

しあわせだ　幸せだ

幸せな人

シイカ　詩歌（「シカ」とも）

しいたげる　虐げる

しいて　強いて（副詞）

強いて……する

しいる　強いる

無理を強いる

シいれ　仕入れ

シいれる　仕入れる

シいれカカク　仕入価格

シいれさき　仕入先

シいれヒン　仕入品

シうち　仕打ち

しお　塩

しお　潮

潮風，潮煙

しおからい　塩辛い

シおくり　仕送り

しおけむり　潮煙

シおさめ　仕納め

しおだち　塩断ち

しおづけ　塩漬け

しおひがり　潮干狩り

しおびき　塩引き

しおむし　塩蒸し

しおやき　塩焼き

しか　○鹿

シかえし　仕返し

シかけ　仕掛け

シかけはなび　仕掛花火

シかけヒン　仕掛品

シかける　仕掛ける

しがケン　滋賀県

しかし　しかし（接続詞）

しかしながら　しかしながら（接続詞）

シかた　仕方

仕方がない

ジがため　地固め

しかる　○叱る

子を叱る

しかるに　しかるに（接続詞）

ジカンわり　時間割

シキ　式

式典，形式，数式

シキ　色

色彩，色調，色欲

シキ　織

組織

シキ　識

識別，意識，知識

ジキ　直

直訴，直筆，正直

ジキ　食

断食

しきあみ　敷網

しきい　敷居

しきいし　敷石

しきキン　敷金

ジキジキ　直々

社長直々の返書

シきたり　仕来り

昔からの仕来り

しきチ　敷地

しきフ　敷布

しきもの　敷物

シきり　仕切り

しきりに　しきりに（副詞）

しきりに攻め立てる

シきる　仕切る

シキンぐり　資金繰り

しく　敷く

ジク　軸

車軸，地軸

ジクうけ　軸受

ジくばり　字配り

シくみ　仕組み

機械の仕組み

シくむ　仕組む

しぐれ　時雨

シゲキ　刺激

しげみ　茂み

しげり　茂り

しげる　茂る

シゴク　至極

至極もっとも

シこみ　仕込み

シこむ　仕込む

シサイ　子細

子細があって

ジシャク　磁石

シジュウ　始終

一部始終を語る，始終……する

シシュツずみガク　支出済額

しず　静

しずおかケン　静○岡県

しずか　静か

しずかだ　静かだ

しずく　滴

しずけさ　静けさ

しずしずと　静々と

しずまる　静まる

心が静まる，嵐が静まる

しずまる　鎮まる

内乱が鎮まる

しずむ　沈む

しずめる　沈める

船を沈める

しずめる　静める

鳴りを静める，気を静める

しずめる　鎮める

反乱を鎮める，痛みを鎮める

シする　資する

……に資するところが大きい

シする　…視する

重要視する

ジする　侍する

総理のそば近く侍する

ジする　持する

満を持する

ジする　辞する

委員を辞する

シソンじ　仕損じ

した　下

下見

した　舌

猫舌，二枚舌

シダイ　次第

次第書，式次第，……する次第である

したう　慕う

したうけ　下請

したうけコウジ　下請工事

したうち　舌打ち

したがう　従う

法律に従う

したがえる　従える

したがき　下書き

したがって　したがって（接続詞）

シタク　支度

シだし　仕出し

したしい　親しい

したじき　下敷き

したしく　親しく

したしさ　親しさ

したしみ　親しみ

したしむ　親しむ

シだしや　仕出屋

したしらべ　下調べ

したためる　したためる

書簡をしたためる

したたり　滴り

したたる　滴る

したづみ　下積み

シたて　仕立て

シたてあがり　仕立て上がり

シたてケン　仕立券

したてなげ　下手投げ

シたてもの　仕立物

シたてや　仕立屋

シたてる　仕立てる

したぬい　下縫い

したぬり　下塗り

したばき　下履き

したばたらき　下働き

したまわる　下回る

したみ　下見

したむき　下向き

したよみ　下読み

したりがお　したり顔

したわしい　慕わしい

シチ　七

七五三，七福神

シチ　質

質屋，人質

シチいれ　質入れ

シチいれショウケン　質入証券

シチながれ　質流れ

シツ　○叱　叱責

シツ　失

失望，失敗，消失

シツ　室

室内，皇室，居室

シツ　疾

疾患，疾走，悪疾

シツ　執

執務，執筆，確執

シツ　湿

湿度，湿地，多湿

シツ　○嫉

嫉妬

シツ　漆

漆器，漆黒，乾漆

シツ　質

質問，質実，本質

ジッ　十（「ジュッ」とも）

十回（「ジッカイ」又は「ジュッカイ」）

ジツ　日

連日，平日，休日

ジツ　実

実力，充実

しつけ　しつけ

しつけの良い家庭

シつけ　仕付け　仕付け糸

シッする　失する

時機を失する

シッソウ　失○踪

シット　○嫉○妬

じっと　じっと（副詞）

じっと手を見る

ジツに　実に（副詞）

しっぽ　○尻尾

ジづめ　字詰め

シテンづめ　支店詰

しな　品

品物，手品

しない　竹刀

しなうす　品薄

しなぎれ　品切れ

しなさだめ　品定め

ジなり　地鳴り

しにがお　死に顔

しにがね　死に金

しにぎわ　死に際

しにせ　老舗

しにたえる　死に絶える

しにどき　死に時

しにば　死に場
しにはじ　死に恥
しにばな　死に花
しにみず　死に水
しにめ　死に目
しにものぐるい　死に物狂い
シニョウ　し尿
しにわかれ　死に別れ
しにわかれる　死に別れる
しぬ　死ぬ
しのぐ　しのぐ
　飢えをしのぐ，日曜日をしのぐ人出
しのばせる　忍ばせる
しのばれる　しのばれる
　遠い昔のことがしのばれる
しのび　忍び
しのびあし　忍び足
しのびあるき　忍び歩き
しのびこむ　忍び込む
しのびなき　忍び泣き
しのびやかだ　忍びやかだ
しのびよる　忍び寄る
しのぶ　忍ぶ
　人目を忍ぶ
しのぶ　しのぶ
　故人をしのぶ
しば　芝
しばい　芝居
しばしば　しばしば（副詞）
しばふ　芝生
シはらい　支払
シはらいニン　支払人
シはらいもとうけだか　支払元受高
シはらう　支払う
しばらく　しばらく
しばり　縛り
　金縛（かなしば）り
しばる　縛る
ジびき　字引
ジびきあみ　地引き網
ジひびき　地響き
しぶ　渋　渋紙
しぶい　渋い
しぶさ　渋さ
しぶしぶ　渋々
しぶぬき　渋抜き
しぶぬり　渋塗り
しぶみ　渋み
しぶる　渋る
しぼり　絞り
しぼりあげる　絞り上げる
しぼりぞめ　絞り染め
しぼる　絞る
　手拭いを絞る
しぼる　搾る
　乳を搾る，搾り取る
しま　島
　島国，離れ島
シまい　仕舞

しまう　…（て）しまう
書いてしまう
シマツ　始末
始末を付ける，書類を始末する，始末書
しまり　締まり
しまる　閉まる
戸が閉まる
しまる　絞まる
首が絞まる
しまる　締まる
ひもが締まる，引き締まった顔
ジまわり　地回り
しみ　染み
しみず　清水
しみぬき　染み抜き
しみる　染みる
色が染みる
しみる　しみる
煙が目にしみる
シむけチ　仕向地
シむける　仕向ける
ジムとりあつかい　事務取扱
ジムひきつぎ　事務引継
しめかざり　しめ飾り
しめきり　締切り
しめきりび　締切日
しめきる　締め切る
しめくくり　締めくくり
しめくくる　締めくくる
しめし　示し
しめしあわす　示し合わす
しめしあわせる　示し合わせる
しめす　湿す
しめす　示す
しめだす　閉め出す
しめだす　締め出す
しめらす　湿らす
しめり　湿り
しめる　湿る
土が湿る，気分が湿る
しめる　占める
買い占める，多数を占める
しめる　閉める
蓋を閉める，店を閉める
しめる　絞める
首を絞める
しめる　締める
帯を締める，ねじを締める，心を引き締める
しも　下
川下
しも　霜
霜柱，初霜
しもがれ　霜枯れ
しもごえ　下肥
しもふり　霜降り
しもやけ　霜焼け
シモン　諮問
シャ　写

写真，描写，映写

シャ　社

社会，会社，神社

シャ　車

車両，車輪，車庫，電車

シャ　舎

舎監，校舎，寄宿舎

シャ　者

医者，前者，第三者

シャ　砂

土砂

シャ　射

射撃，発射，日射病

シャ　捨

捨象，取捨，喜捨

シャ　赦

赦免，大赦，恩赦

シャ　斜

斜面，斜線，傾斜

シャ　煮

煮沸

シャ　遮

遮断

シャ　謝

謝絶，感謝，陳謝，慰謝料

ジャ　邪

邪悪，邪推，正邪

ジャ　蛇

蛇の目，蛇腹，大蛇

シャク　•勺

シャク　尺

尺度，尺貫法

シャク　石

磁石

シャク　赤

赤銅

シャク　昔

今昔

シャク　借

借用，借金，貸借

シャク　酌

酌量，参酌，晩酌

シャク　釈

釈明，釈放，解釈

シャク　爵

爵位

ジャク　若

若年，若干，自若，老若（「ロウジャク」又は「ロウニャク」）

ジャク　弱

弱点，弱小，強弱

ジャク　寂

寂滅，静寂，閑寂，寂然（「ジャクネン」又は「セキゼン」）

ジャク　着

愛着（「アイジャク」又は「アイチャク」），執着（「シュウジャク」又は「シュウチャク」）

シャする　謝する

厚意を謝する，平素の疎遠を謝する

しゃみせん　三味線

じゃり　砂利

シャリョウ　車両

シュ　手

手腕，挙手，選手

シュ　主

主人，主権，施主，法主（「ホッシュ」「ホウシュ」又は「ホッス」）

シュ　守

守備，保守，攻守

シュ　朱

朱肉，朱筆，朱塗り

シュ　取

取捨，取材，聴取

シュ　狩

狩猟

シュ　首

首尾，首席，首謀者，自首

シュ　殊

殊勝，殊勲，特殊

シュ　珠

珠玉，珠算，真珠

シュ　酒

酒宴，飲酒，洋酒

シュ　修

修行

シュ　衆

衆生

シュ　○腫

腫瘍

シュ　種

種類，人種，品種，種々

シュ　趣

趣向，趣旨，趣味，興趣

ジュ　寿

寿命，長寿，米寿

ジュ　受

受諾，受験，甘受

ジュ　○呪

呪縛，呪文

ジュ　従

従一位，従三位（ジュサンミ）

ジュ　授

授与，伝授，教授

ジュ　就

成就（ジョウジュ）

ジュ　需

需要，需給，必需品

ジュ　儒

儒学，儒教，儒者

ジュ　樹

樹木，樹立，街路樹

シュウ　収

収穫，収入，回収

シュウ　囚

囚人，死刑囚

シュウ　州

州議会，六大州

シュウ　舟

舟運，舟艇，舟航

シュウ　秀

秀逸，秀才，優秀

シュウ　周

周知，周囲，周密，円周

シュウ　宗

宗教，宗派，改宗

シュウ　拾

拾得，収拾

シュウ　祝

祝儀，祝言

シュウ　秋

秋季，秋分，晩秋

シュウ　臭

臭気，悪臭，俗臭

シュウ　修

修飾，修養，修錬，改修

シュウ　○袖

領袖

シュウ　執

執念，執心，我執，執着

シュウ　終

終了，終日，最終

シュウ　○羞

羞恥心

シュウ　習

習得，習慣，練習

シュウ　週

週刊，週末，毎週

シュウ　就

就任，就寝，去就

シュウ　衆

衆寡，民衆，聴衆

シュウ　集

集合，集結，全集

シュウ　愁

愁傷，哀愁，憂愁

シュウ　酬

報酬，応酬

シュウ　醜

醜悪，醜態，美醜

シュウ　○蹴

一蹴

シュウ　襲

襲撃，襲名，世襲

ジュウ　十

十字架，十文字，十八番

ジュウ　△中

世界中，一年中

ジュウ　汁

果汁，墨汁

ジュウ　充

充実，充電，補充

ジュウ　住

住所，安住，衣食住

ジュウ　拾

拾万円

ジュウ　柔

柔軟，柔道，懐柔

ジュウ　重

重量，重大，二重（「ニジュウ」又は

「ふたえ」)

ジュウ　従

従事，従順，服従

ジュウ　渋

渋滞，苦渋

ジュウ　銃

銃砲，銃弾，小銃

ジュウ　獣

獣類，猛獣，鳥獣

ジュウ　縦

縦横，縦断，操縦

シュウキどめ　臭気止め

ジュウニンなみ　十人並み

ジュウブン　十分

十分配慮する

シュク　叔　伯叔

シュク　祝

祝賀，祝日，慶祝，祝詞，祝辞

シュク　宿

宿泊，宿題，合宿

シュク　淑

淑女，貞淑，私淑

シュク　粛

粛清，静粛，自粛

シュク　縮

縮小，縮図，短縮

ジュク　塾

塾，私塾

ジュク　熟

熟練，熟慮，成熟

ジュサンミ　従三位

じゅず　数珠

シュツ　出

出入，出現，出版，提出

ジュツ　述

叙述，陳述，著述

ジュツ　術

術策，技術，芸術

ジュッ　十（「ジッ」とも）

十回（「ジュッカイ」又は「ジッカイ」）

シュツエン　出えん

地方公共団体の出資・出えん

シュとして　主として

シュぬり　朱塗り

シュヨウ　○腫○瘍

シュン　△旬　旬の野菜

シュン　俊

俊敏，俊秀，俊才

シュン　春

春季，立春，青春

シュン　瞬

瞬間，瞬時，一瞬

ジュン　旬

旬刊，上旬

ジュン　巡

巡回，巡業，一巡

ジュン　盾

矛盾

ジュン　准

准将，批准

ジュン　殉

殉死，殉職，殉難

ジュン　純

純真，純粋，純化，不純

ジュン　循

循環，因循

ジュン　順

順序，順調，従順

ジュン　準

準備，基準，標準

ジュン　潤

潤色，潤沢，湿潤

ジュン　遵

遵守，遵法

シュンケイぬり　春慶塗

ジュンじる　殉じる

使命に殉じる

ジュンじる　準じる

前例に準じて処理する

ジュンずる　殉ずる

国家に殉ずる

ジュンずる　準ずる

前項の規定に準ずる

ジュンノウ　順応

ショ　処

処置，処罰，処女

ショ　初

初期，初心者，最初

ショ　所

所得，住所，近所

ショ　書

書画，書籍，読書

ショ　庶

庶民，庶務

ショ　暑

暑気，残暑，避暑

ショ　署

署名，署長，警察署

ショ　緒

緒戦，由緒（ユイショ），端緒，情緒（「ジョウショ」又は「ジョウチョ」）

ショ　諸

諸君，諸国，諸般

ジョ　女

女子，女流，少女

ジョ　如

欠如，突如，躍如

ジョ　助

助力，助監督，救助

ジョ　序

序幕，順序，秩序

ジョ　叙

叙述，叙景，叙勲

ジョ　徐

徐行，徐々に

ジョ　除

除外，除数，解除

ショウ　小

小心，大小，縮小

シヨウ　上

上人，身上を潰す（㊟「身上」は，「シンシヨウ」と「シンジヨウ」とで，意味が違う。）

シヨウ　升

シヨウ　少

少年，多少，減少

シヨウ　井

天井

シヨウ　召

召喚，国会の召集

シヨウ　正

正直，正面，正月

シヨウ　生

生滅，一生，誕生

シヨウ　匠

師匠，巨匠，意匠

シヨウ　床

起床，病床，温床

シヨウ　抄

抄録，抄本，抄訳

シヨウ　肖

肖像，不肖

シヨウ　尚

尚早，高尚

シヨウ　声

大音声

シヨウ　青

緑青，紺青，群青

シヨウ　姓

百姓

シヨウ　性

性分，相性，根性

シヨウ　招

招待，招致，招請，招集

シヨウ　承

承知，承諾，継承

シヨウ　昇

昇降，昇進，上昇

シヨウ　松

松竹梅，白砂青松

シヨウ　沼

沼沢，湖沼

シヨウ　政

摂政

シヨウ　相

首相，宰相

シヨウ　昭

昭和

シヨウ　宵

春宵，徹宵

シヨウ　省

省略，各省

シヨウ　星

明星

シヨウ　将

将来，将棋，大将

シヨウ　従

従容

シヨウ　消

消却，消滅，消極的，費消

ショウ　症

症状，炎症，重症

ショウ　祥

発祥，吉祥，不祥事

ショウ　称

称賛，名称

ショウ　笑

笑覧，微笑，談笑

ショウ　唱

唱歌，合唱，提唱

ショウ　商

商売，商業，貿易商

ショウ　渉

渉外，干渉，交渉

ショウ　清

六根清浄

ショウ　章

憲章，勲章，文章

ショウ　紹

紹介

ショウ　訟

訴訟

ショウ　勝

勝敗，優勝，名勝

ショウ　掌

掌中，職掌，車掌，所掌

ショウ　晶

結晶，水晶

ショウ　焼

焼却，燃焼，全焼

ショウ　焦

焦土，焦慮，焦心

ショウ　硝

硝石，硝酸

ショウ　粧

化粧

ショウ　装

装束，衣装

ショウ　詔

詔勅，詔書

ショウ　証

証拠，証明，免許証

ショウ　象

象徴，対象，現象

ショウ　傷

傷害，負傷，感傷

ショウ　奨

奨励，奨学金，推奨

ショウ　照

照明，照会，対照的

ショウ　詳

詳細，詳報，未詳

ショウ　彰

表彰，顕彰

ショウ　障

障害，障子，故障

ショウ　精

精進，不精

ショウ　○憧

憧憬（「ショウケイ」又は「ドウケイ」）

ショウ　衝

衝突，衝動，折衝

ショウ　賞

賞罰，賞与，懸賞

ショウ　償

償却，償金，弁償，代償

ショウ　礁

岩礁，暗礁，さんご礁

ショウ　鐘

半鐘，警鐘

ジョウ　上

上旬，上昇，地上，正直が身上だ（㊟「身上」は，「シンジョウ」と「シンショウ」とで，意味が違う。）

ジョウ　丈

丈六，丈夫な体

ジョウ　冗

冗談，冗長，冗費

ジョウ　成

成就（ジョウジュ），成仏

ジョウ　条

条理，条約，箇条

ジョウ　状

状況，状態，白状，免状

ジョウ　定

定石，定紋，必定

ジョウ　乗

乗数，乗車，大乗的

ジョウ　城

城内，城下町，落城

ジョウ　浄

浄化，清浄，不浄

ジョウ　剰

剰余，過剰，余剰

ジョウ　常

常備，日常，非常

ジョウ　情

情報公開，情熱，人情

ジョウ　盛

繁盛

ジョウ　場

場内，会場，入場

ジョウ　畳

畳語，重畳

ジョウ　蒸

蒸気，蒸発

ジョウ　縄

縄文，自縄自縛

ジョウ　静

静脈

ジョウ　壌

土壌

ジョウ　嬢

令嬢，愛嬢

ジョウ　錠

錠前，錠剤，手錠

ジョウ　譲

譲渡，譲歩，謙譲

ジョウ　醸

醸造，醸成

ショウカイ　紹介

紹介の労をとる

ショウカイ　照会

先方の都合を照会する

ジョウケンつき　条件付

ジョウケンつきサイヨウ　条件付採用

ショウこりもなく　性懲りもなく

ジョウさし　状差し

ショウじる　生じる

事件が生じる，誤解を生じる

ショウじる　招じる

客を招じる

ジョウじる　乗じる

敵の失策に乗じて攻勢に出る

ショウジンあげ　精進揚げ

じょうず　上手

シヨウずみ　使用済み

シヨウずみネンリョウ　使用済燃料

ショウする　称する

自ら名人と称する，故人の徳を称する

ショウする　証する

安全性を証する

ショウする　賞する

功労を賞する，花を賞する

ショウずる　生ずる

疑念が生ずる

ショウずる　招ずる

客間に招ずる

ジョウずる　乗ずる

5に5を乗ずる，隙に乗ずる

ショウチュウ　焼○酎

ショウニカ　小児科

ジョウブ　丈夫

丈夫な体

ショウふだつき　正札付き

ショウヘイ　招へい

ジョウルリ　浄○瑠○璃

ショク　色

原色，特色，物色

ショク　○拭　払拭

ショク　食

食事，食料，会食

ショク　植

植樹，植物，誤植

ショク　殖

生殖，利殖，学殖

ショク　飾

装飾，修飾，服飾

ショク　触

触媒，触発，接触

ショク　嘱

嘱託，委嘱

ショク　織

織機，染織，紡織

ショク　職

職業，職務，就職

ジョク　辱

恥辱，雪辱，屈辱

ジョジョに　徐々に

ショチュウうかがい　暑中伺

ショトクわり　所得割

ショホウセン　処方○箋

しら　白

白壁，白羽

ジライ　じらい（副詞）

じらい三年が経過した

しらが　白髪

しらかべ　白壁

しらける　白ける

しらべ　調べ

しらべる　調べる

しらむ　白む

しらやき　白焼き

しり　○尻　尻込み，目尻

しりあい　知り合い

しりあう　知り合う

しりあがり　○尻上がり

しりおし　○尻押し

しりきれ　○尻切れ

しりごみ　○尻込み

しりぞく　退く

しりぞける　退ける

シリツ　市立（「いちリツ」とも）

シリツ　私立（「わたくしリツ」とも）

しりもち　○尻○餅

しる　汁

汁粉，みそ汁

しる　知る

しるし　印

目印，矢印

しるす　記す

しるべ　知るべ

知るべを頼る

しるべ　しるべ

道しるべ

しれない　…しれない

間違いかもしれない

しれる　知れる

しれわたる　知れ渡る

しろ　白

白黒，真っ白

しろ　代

代物，苗代（なわしろ）

しろ　城

城跡

しろい　白い

しろうと　素人

しろびかり　白光り

シわけ　仕分

シわける　仕分ける

しわす　師走（「しはす」とも）

しわよせ　しわ寄せ

シン　心

心身，感心，中心

シン　申

申告，申請，内申書

シン　伸

伸縮，屈伸，追伸

シン　○芯

鉛筆の芯

シン　臣

臣下，君臣

シン　身

身体，単身，等身大

シン　辛

辛苦，辛酸，香辛料

シン　侵

侵入，侵害，不可侵

シン　信

信用，信頼，通信

シン　津

興味津々

シン　神

神聖，神経，精神

シン　唇

口唇

シン　娠

妊娠

シン　振

振動，振興，不振

シン　浸

浸水，浸透

シン　真

真偽，写真，純真

シン　針

針路，運針，秒針

シン　深

深山，深夜，水深

シン　紳

紳士

シン　進

進級，進言，前進

シン　森

森林，森閑，森厳

シン　診

診察，診療，往診

シン　寝

寝室，寝具，就寝

シン　慎

慎重，謹慎

シン　新

新旧，新聞，革新

シン　審

審判，審議，不審

シン　請

普請

シン　震

震動，震災，地震

シン　薪

薪炭，薪水

シン　親

親族，親友，肉親

ジン　人

人道，人員，成人

ジン　刃

白刃，凶刃，自刃

ジン　仁

仁義，仁術

ジン　尽

尽力，無尽蔵

ジン　迅

迅速，疾風迅雷

ジン　甚

甚大，激甚，幸甚

ジン　臣

大臣

ジン　神

神社，神宮，神通力

ジン　陣

陣頭，陣痛，円陣

ジン　尋

尋問，尋常，千尋

ジン　○腎

腎臓，肝腎（㊟「肝腎」は，「肝心」とも書く。）

シンかぶかいつけケイヤクショ　新株買付契約書

シンキンコウソク　心筋○梗○塞

シンコウがかり　進行係

シンシャク　しんしゃく

事情をしんしゃくする

シンショウ　身上

身上を潰す

シンジョウ　身上

正直が私の身上だ

シンショク　侵食

領土を侵食する

シンショク　浸食

海岸が浸食される

シンじる　信じる

シンずる　信ずる

ジンゾウ　○腎臓

ジンダイ　甚大　被害甚大

シンタイうかがい　進退伺

ジンだて　陣立て

シンチョク　進○捗

国会における法案の進捗状況

シンデンづくり　寝殿造り

シンノウ　親王

ジンパイ　じん肺

ジンモン　尋問

シンヨウがい　信用買い

シンヨウがし　信用貸し

—ス・す—

ス　子

金子，扇子，様子

ス　主

法主（「ホッス」又は「ホッシュ」「ホウシュ」），坊主

ス　守

留守（ルス）

ス　素

素顔，素手，素性

ス　○須

必須

ス　数

人数（「ニンズ」又は「ニンズウ」）

す　州

中州，三角州

す　酢

す　巣

巣箱

ズ　豆

大豆

ズ　図

図画，図表，地図

ズ　事

好事家

ズ　頭

頭脳，頭上，頭痛

スイ　水

水分，水陸，海水

スイ　出

出納（スイトウ）

スイ　吹

吹奏，吹鳴，鼓吹

スイ　垂

垂直，懸垂，胃下垂

スイ　炊

炊事，自炊，雑炊

スイ　帥

統帥，元帥

スイ　粋

粋人，純粋，精粋

スイ　衰

衰弱，盛衰，老衰

スイ　推

推進，推薦

スイ　酔

酔漢，麻酔，心酔

スイ　遂

遂行，未遂，完遂

スイ　睡

睡眠，熟睡，午睡

スイ　穂

穂状，出穂期

スイ　●錘

すい　酸い

ズイ　随

随行，随意，追随

ズイ　髄

骨髄，脳髄，真髄

すいあげ　吸い上げ

すいあげる　吸い上げる

すいがら　吸い殻

すいくち　吸い口

すいこむ　吸い込む

スイセン　推薦

すいだす　吸い出す

スイトウ　出納

すいとる　吸い取る

ズイブン　随分

随分大きい

すいもの　吸い物

スウ　枢

枢軸，枢要，中枢

スウ　崇

崇拝，崇高

スウ　数

数字，数量，年数，人数（「ニンズウ」又は「ニンズ」）

すう　吸う

スウセイ　すう勢

時代のすう勢に応じた施策

すえ　末

すえおき　据置き

すえおき　据置…

据置期間，据置貯金

すえおく　据え置く

すえおそろしい　末恐ろしい

すえたのもしい　末頼もしい

すえつけ　据付け

すえつける　据え付ける

すえっこ　末っ子

すえながく　末長く

すえる　据える

すかし　透かし

すかしぼり　透かし彫り

すかす　透かす

すがた　姿

すき　好き

好きな絵

すき　○隙

隙がない，隙間（㊟「隙間」は「透き間」とも書く。）

すぎ　杉

杉，杉並木

すぎ　過ぎ

昼過ぎ，食べ過ぎ，10時過ぎ

すきうつし　透き写し

すききらい　好き嫌い

すぎさる　過ぎ去る

すきずき　好き好き

すきとおる　透き通る

すぎない　…（に）すぎない

調査だけにすぎない

すぎなみき　杉並木

すきま　○隙間，透き間

すきみ　透き見

すきや　数寄屋，数奇屋

すきやき　すき焼き

すぎゆく　過ぎ行く

すぎる　過ぎる

期間が過ぎる

すく　好く

すく　透く

すくい　救い

すくいだす　救い出す

すくいぬし　救い主

すくう　救う

すくう　巣くう

すくない　少ない

すくなからず　少なからず（副詞）
すくなくとも　少なくとも（副詞）
すぐに　すぐに（副詞）
すぐれる　優れる
すけ　助
　助太刀
すける　透ける
すこし　少し（副詞）
　少し早い，少ししかない
すこしも　少しも
すごす　過ごす
すこぶる　すこぶる（副詞）
すこやか　健やか
すこやかだ　健やかだ
ズサン　ずさん
すじ　筋
　筋書，大筋
すじあい　筋合い
すじかい　筋交い
すじがき　筋書
すじちがい　筋違い
すじむかい　筋向かい
すじむこう　筋向こう
すず　鈴
すずしい　涼しい
すずしさ　涼しさ
すすはき　すす掃き
すすはらい　すす払い
すすみ　進み
すずみ　涼み
　夕涼み
すずみダイ　涼み台
すすみでる　進み出る
すすむ　進む
すずむ　涼む
すすめ　勧め
すすめ　進め
すすめる　勧める
　入会を勧める，転地を勧める
すすめる　進める
　時計を進める，交渉を進める
すすめる　薦める
　候補者として薦める
すすりなき　すすり泣き
すそ　○裾
　裾野
すだち　巣立ち
すだつ　巣立つ
すたり　廃り
　はやり廃り
すたる　廃る
すたれる　廃れる
ずつ　ずつ
　一つずつ，少しずつ
すづけ　酢漬け
すっぱい　酸っぱい
すていし　捨て石
すてうり　捨て売り

すてがね　捨て金

すてご　捨て子

すてぜりふ　捨てぜりふ

すでに　既に（副詞）

既に完成している

すてね　捨て値

すてば　捨場

すてばち　捨て鉢

すてみ　捨て身

すてる　捨てる

スどおし　素通し

スどおり　素通り

すな　砂

すなあそび　砂遊び

すなあらし　砂○嵐

すながき　砂書き

すなけむり　砂煙

すなわち　すなわち（接続詞）

すのもの　酢の物

スばやい　素早い

すばらしい　すばらしい

すべて　△全て（副詞）

全て良い，全ての国々，これが全てだ

すべり　滑り

すべりおちる　滑り落ちる

すべりこみ　滑り込み

すべりこむ　滑り込む

すべりだし　滑り出し

すべる　滑る

すべる　統べる

すまい　住まい

すまう　住まう

すましがお　澄まし顔

すます　澄ます

すます　済ます

すみ　炭

炭火，消し炭

すみ　墨

墨絵，眉墨

すみ　隅

隅，片隅

ずみ　済み

使用済み

ずみ　…済…

支出済額，使用済燃料

すみこみ　住み込み

すみこむ　住み込む

すみぞめ　墨染め

すみとり　炭取り

すみなれる　住み慣れる

すみやか　速やか

すみやかだ　速やかだ

すみやかに　速やかに

速やかに実施する

すみやき　炭焼き

すむ　住む

すむ　澄む

すむ　済む

すもう　相撲

スやき　素焼き

すり　刷り

刷り物

すりあがり　刷り上がり

すりあがる　刷り上がる

すりあげる　刷り上げる

すりかえる　すり替える

すりきず　擦り傷

すりきれる　擦り切れる

洋服が擦り切れる

すりへらす　すり減らす

すりもの　刷り物

する　刷る

名刺を刷る

する　擦る

マッチを擦る，膝を擦りむく

するどい　鋭い

するどさ　鋭さ

すれ　擦れ

擦れ違い，靴擦れ

すれる　擦れる

すわり　据わり

すわりこみ　座込み

すわりこむ　座り込む

すわる　座る

座布団に座る

すわる　据わる

肝が据わる

スン　寸

寸法，寸暇，一寸先，寸法書き

―セ・せ―

セ　世

世界，世間，出世

セ　施

施主，施療，布施，施行（「セコウ」又は「シコウ」）

せ　背

背，背丈，背中

せ　▲畝

せ　瀬

浅瀬，立つ瀬

ゼ　是

是非，是認，国是

セイ　井

油井，市井

セイ　世

世紀，時世，処世

セイ　正

正義，正誤，訂正

セイ　生

生活，発生，先生

セイ　成

成功，完成，賛成，錬成

セイ　西

西暦，西部，北西

セイ　声

声楽，声援，名声

セイ　制

制度，制限，制御，統制

セイ　姓

姓名，改姓，同姓

セイ　征

征服，遠征，出征

セイ　性

性質，理性，男性

セイ　青

青天，青銅，青年

セイ　斉

斉唱，一斉

セイ　政

政治，行政，家政

セイ　星

星座，流星，衛星

セイ　牲

犠牲

セイ　省

反省，内省，帰省

セイ　○凄

凄惨，凄絶

セイ　逝

逝去，急逝，長逝

セイ　清

清潔，清算，粛清

セイ　情

風情（フゼイ）

セイ　盛

盛大，隆盛，全盛

セイ　婿

女婿

セイ　晴

晴天，晴雨，快晴

セイ　勢

勢力，優勢，情勢

セイ　聖

聖書，聖人，神聖

セイ　誠

誠実，誠意，至誠

セイ　歳

歳暮

セイ　精

精米，精密，精力

セイ　製

製造，製鉄，鉄製

セイ　誓

誓約，誓詞，宣誓

セイ　静

静止，静穏，安静

セイ　請

請求，請願，申請

セイ　整

整理，整列，調整

セイ　○醒

覚醒

せい　背　上背

ゼイ　税

税金，免税，関税

ゼイ　説

遊説

セイギョ　制御

制御装置

せいくらべ　背比べ

セイする　制する

騒ぎを制する，死命を制する

セイする　征する

敵国を征する

セイする　製する

家具を製する

セイトン　整○頓

セイボ　歳暮

せおいなげ　背負い投げ

せおう　背負う

せおよぎ　背泳ぎ

ぜがヒでも　是が非でも

セキ　夕

今夕，一朝一夕

セキ　斥

斥候，排斥

セキ　石

石材，岩石，宝石

セキ　赤

赤道，赤貧，発赤

セキ　昔

昔日，昔年，昔時

セキ　析

析出，分析，解析

セキ　隻

隻手，数隻

セキ　席

席上，座席，出席

セキ　○脊

脊髄，脊柱

セキ　惜

惜敗，痛惜，愛惜

セキ　責

責務，責任，職責

セキ　寂

寂然（「セキゼン」又は「ジャクネン」）

セキ　○戚　親戚

セキ　跡

追跡，旧跡，遺跡

セキ　積

積雪，蓄積，面積

セキ　績

紡績，成績，業績

セキ　籍

書籍，戸籍，本籍

せき　関

関取，関の山

セキがし　席貸し

セキチュウ　○脊柱

セキツイ　○脊○椎

セキとして　寂として

せきどめ　せき止め

せきとめる　せき止める

せきとり　関取

せきのやま　関の山

せきもり　関守り

セチ　節

お節料理

セツ　切

切除，切断，切迫，親切

セツ　折

折衷，折衝，屈折

セツ　○刹

刹那

セツ　拙

拙劣，拙速，巧拙

セツ　窃

窃盗，窃取

セツ　殺

殺生

セツ　接

接触，接待，直接

セツ　設

設立，設備，建設

セツ　雪

雪辱，降雪，積雪

セツ　摂

摂取，摂生

セツ　節

節約，季節，関節

セツ　説

説明，小説，演説

ゼツ　舌

舌端，弁舌，筆舌

ゼツ　絶

絶妙，絶食，断絶

せっかく　せっかく

せっかくのおいで，せっかく来たのに

セッキョクテキ　積極的

セッケン　せっけん

セッショウ　殺生

セッショウ　摂政

セッする　接する

国境を接する，急報に接する

セッする　摂する

政事を摂する

セッする　節する

食を節する

ゼッする　絶する

言語に絶する，想像を絶する苦心

セツナ　○刹○那

セツない　切ない

セツに　切に（副詞）

切に祈る

せとびき　瀬戸引き

せなかあわせ　背中合わせ

ぜに　銭

小銭

ぜにいれ　銭入れ

せのび　背伸び

せばまる　狭まる

せばめる　狭める

ゼヒ　是非

是非を論ずる，是非とも，是非お願いする

せぶみ　瀬踏み

せまい　狭い

せまくるしい　狭苦しい

せまる　迫る

せめ　責め

せめいる　攻め入る

せめおとす　攻め落とす

せめこむ　攻め込む

せめドウグ　責め道具

せめほろぼす　攻め滅ぼす

せめよせる　攻め寄せる

せめる　攻める

敵を攻める

せめる　責める

過失を責める

せりあい　競り合い

せりあう　競り合う

せりいち　競り市

せりうり　競り売り

せる　競る

セワずき　世話好き

セワやき　世話焼き

セン　千

千円，千人力，千差万別

セン　川

川柳，河川

セン　仙

仙骨，仙人，酒仙

セン　占

占拠，占星術，独占

セン　先

先方，先生，率先

セン　宣

宣言，宣誓，宣伝

セン　専

専門，専属，専用

セン　泉

泉水，源泉，温泉

セン　浅

浅薄，浅学，深浅

セン　洗

洗面，洗練，洗剤，洗浄

セン　染

染色，染料，汚染

セン　扇

扇子，扇風機，扇状地，扇動

セン　栓

栓，給水栓，消火栓

セン　旋

旋回，旋律，周旋

セン　船

船舶，乗船，汽船

セン　戦

戦争，苦戦，論戦

セン　○煎

煎茶

セン　○羨

羨望

セン　○腺

前立腺，涙腺

セン　○詮

詮索，所詮

セン　践

実践

セン　○箋

処方箋，便箋

セン　銭

銭湯，金銭

セン　●銑

セン　潜

潜水，潜在的，沈潜

セン　線

線路，点線，光線

セン　遷

遷延，遷都，変遷

セン　選

選択，選挙，選考，当選

セン　薦

推薦，自薦

セン　繊

繊細，繊維，化繊

セン　鮮

鮮魚，鮮明，新鮮

ゼン　全

全部，全国，完全

ゼン　前

前後，以前，空前

ゼン　善

善悪，善処，慈善

ゼン　然

当然，自然，必然，寂然（「セキゼン」又は「ジャクネン」）

ゼン　禅

禅宗，禅寺，座禅

ゼン　漸

漸次，漸進的，東漸

ゼン　○膳

配膳，箸1膳

ゼン　繕

修繕，営繕

ゼンカイ　全壊

センぎり　千切り

センベイ　○煎○餅

センぬき　栓抜

センマイどおし　千枚通し

—ソ・そ—

ソ　○狙

狙撃

ソ　阻

阻止，阻害，険阻

ソ　祖

祖父，祖述，元祖

ソ　租

租税，公租公課

ソ　素

素材，元素，平素

ソ　措

措置，措辞，挙措

ソ　粗

粗密，粗野，精粗

ソ　組

組織，組成，改組

ソ　疎

疎密，疎外，疎明，親疎

ソ　訴

訴訟，告訴，哀訴

ソ　想

愛想

ソ　塑

塑像，彫塑，可塑性

ソ　礎

礎石，基礎，定礎

ソ　○遡

遡及，遡上

ゾ　○曽

未曽有

そいね　添い寝

ソウ　双

双肩，双方，無双

ソウ　壮

壮大，壮健，強壮

ソウ　早

早期，早晩，早急（「ソウキュウ」又は「サッキュウ」）

ソウ　争

争議，競争，紛争

ソウ　走

走行，競走，滑走

ソウ　宗

宗家，宗匠

ソウ　奏

奏楽，演奏，合奏

ソウ　相

相当，相談，真相

ソウ　荘

荘厳（ソウゴン），荘重，別荘

ソウ　草

草案，雑草，牧草

ソウ　送

送別，放送，運送

ソウ　倉

倉庫，穀倉

ソウ　捜

捜索，捜査

ソウ　挿

挿入，挿話

ソウ　桑

桑園

ソウ　掃

掃除（ソウジ），清掃，一掃

ソウ　曹

法曹，法曹会，陸曹

ソウ　○曽

曽祖父，曽孫

ソウ　巣

営巣，卵巣，病巣

ソウ　○爽

爽快

ソウ　窓

車窓，同窓，深窓

ソウ　創

創造，独創，刀創

ソウ　喪

喪失

ソウ　○痩

痩身

ソウ　葬

葬儀，埋葬，会葬

ソウ　装

装置，装丁，服装，変装

ソウ　僧

僧院，高僧，尼僧

ソウ　想

想像，感想，予想

ソウ　層

層雲，高層，断層

ソウ　総

総合，総意，総括

ソウ　遭

遭遇，遭難

ソウ　槽

水槽，浴槽

ソウ　○踪

失踪

ソウ　操

操縦，操作，節操

ソウ　燥

乾燥，焦燥，高燥

ソウ　霜

霜害，晩霜

ソウ　騒

騒動，騒音，物騒

ソウ　藻

藻類，海藻，詞藻

ソウ　贈

寄贈（「キソウ」又は「キゾウ」）

そう　沿う

意見に沿う

そう　添う

影の形に添うように，連れ添う

そう　そう

御希望にそう

そう　そう（副詞）

そうしてください

ゾウ　造

造船，造花，構造

ゾウ　象

象眼，巨象

ゾウ　像

肖像，現像，想像

ゾウ　増

増減，増加，激増

ゾウ　憎

憎悪，愛憎

ゾウ　雑

雑炊，雑木林，雑兵

ゾウ　蔵

蔵書，貯蔵，土蔵

ゾウ　贈

贈与，贈呈，贈答，寄贈（「キゾウ」又は「キソウ」）

ゾウ　臓

臓器，内臓，心臓

ソウがかり　総掛かり

ソウキュウ　早急（「サッキュウ」とも）

ゾウゲぼり　象○牙彫り

ソウコあらし　倉庫荒らし

ソウゴウ　総合

ソウサイ　相殺

ソウジ　掃除

そうして　そうして（接続詞）

ソウじて　総じて（副詞）

ソウゾウしい　騒々しい

ソウソウたる　そうそうたる

そうそうたる学者

ソウソウに　早々に

早々に御連絡願います

ぞうり　草履

そうろう　候

候文，居候

そえがき　添え書き

そえぢ　添え乳

そえてがみ　添え手紙

そえもの　添え物

そえる　添える

ソキュウ　○遡及

ソク　即

即応，即席，即興

ソク　束

束縛，結束，約束

ソク　足

足跡，遠足，補足

ソク　促

促進，促成，催促

ソク　則

法則，鉄則，変則

ソク　息

休息，消息，子息

ソク　○捉　捕捉

ソク　速

速度，敏速，時速

ソク　側

側面，側近，側壁

ソク　○塞

脳梗塞，閉塞

ソク　測

測量，目測，推測

ゾク　俗

俗事，風俗，民俗

ゾク　族

一族，家族，民族

ゾク　属

属性，従属，金属

ゾク　賊

賊軍，盗賊

ゾク　続

続出，続行，連続

ゾクうけ　俗受け

ソクジばらい　即時払い

ソクする　即する

現状に即する，事実に即して

ソクする　則する

法に則する

ゾクする　属する

保守党に属する議員

そこ　底

そこ　そこ（代名詞）

そこづみ　底積み

そこで　そこで（接続詞）

そこなう　損なう

健康を損なう，見損なう

そこぬけ　底抜け

そこねる　損ねる

そこびえ　底冷え

そこびかり　底光り

そして　そして（接続詞）

そそぐ　注ぐ

そそのかす　唆す

そだち　育ち

そだつ　育つ

そだておや　育て親

そだてる　育てる

ソチ　措置

必要な措置を講ずる

ソツ　卒

卒業，卒中，兵卒

ソツ　率

率先，引率，軽率

そで　○袖

そと　外

そとがこい　外囲い

そとがまえ　外構え

そとまわり　外回り

そなえ　備え

老後の備え

そなえ　供え

神前の供え物

そなえおき　備置き

そなえおく　備え置く

そなえつけ　備付け

そなえつけヒン　備付品

そなえつける　備え付ける

そなえもの　供え物

そなえる　備える

台風に備える，調度品を備える

そなえる　供える

お神酒を供える

そなわる　備わる

必要品は備わっている，人徳が備わる

その　園

学びの園，花園

その　その（連体詞）

そのタ　その他

そのヘン　その辺

そのホウ　その方

その方がよい

そのほか　そのほか

そば　そば

机のそば

そびえる　そびえる

そびやかす　そびやかす

肩をそびやかす

ソマツな　粗末な

そまる　染まる

そむく　背く

そむける　背ける

そめ　初め

書き初め，出初め式

そめ　染め

染め色，染め粉，白髪染め

そめ　…染（工芸品）

型絵染，京染

そめあがり　染め上がり

そめあがる　染め上がる

そめあげる　染め上げる

そめかえ　染め替え

そめかえし　染め返し

そめかえす　染め返す

そめかえる　染め替える

そめつけ　染め付け

そめなおす　染め直す

そめぬく　染め抜く

そめもの　染物

そめる　初める

咲き初める，見初める

そめる　染める

それそれ　そもそも

そら　空

空，空色，青空

そらあい　空合い

そらす　反らす

身を反らす

そらす　そらす

視線をそらす，質問をそらす

そらだのみ　空頼み

そらなき　空泣き

そらよろこび　空喜び

そり　反り

そる　反る

それ　それ（代名詞）

それぞれ　それぞれ

それゆえ　それゆえ

そろう　そろう

委員がそろったので

そろえる　そろえる

資料をそろえる

そわる　添わる

ソン　存

存在，存続，既存

ソン　村

村長，村落，農村

ソン　孫

子孫，嫡孫

ソン　尊

尊敬，尊大，本尊

ソン　損

損失，欠損，破損

ソン　○遜

謙遜，不遜

ゾン　存

存分，保存

ゾンじ　存じ

御存じの…

そんじる　損じる

機嫌を損じる

ソンする　存する

この世に存する限り

ゾンずる　存ずる

それがよいと存じます

—タ・た—

タ　太

丸太

タ　他

他国，自他，排他的

タ　多

多少，多数，雑多

タ　○汰

沙汰

た　手

手綱

た　田

田植

ダ　打

打撃，打破，乱打

ダ　妥

妥当，妥結，妥協

ダ　○唾

唾液，唾棄

ダ　蛇

蛇行，蛇足，長蛇

ダ　堕

堕落

ダ　惰

惰眠，惰気，怠惰

ダ　駄

駄菓子，駄作，無駄

タイ　大

大衆

タイ　太

太陽，太鼓，皇太子

タイ　代

代謝，交代

タイ　台

台風，台頭，舞台

タイ　対

対立，絶対，反対

タイ　体

体格，人体，主体

タイ　耐

耐久，耐火，忍耐

タイ　待

待機，待遇，期待

タイ　怠

怠惰，怠慢

タイ　胎

胎児，受胎，母胎

タイ　退

退却，退屈，進退

タイ　帯

携帯，地帯，連帯

タイ　泰

泰然，泰斗，安泰

タイ　○堆

堆積

タイ　袋

風袋，郵袋

タイ　逮

逮捕，逮夜

タイ　替

代替

タイ　貸

貸借，貸与，賃貸

タイ　隊

隊列，軍隊，部隊

タイ　滞

滞在，滞貨，沈滞

タイ　態

態勢，形態，容態

タイ　○戴

戴冠，頂戴

たい　…たい（助動詞）

願いたい，おいでくだされたく

ダイ　大

大小，大臣，大胆，拡大

ダイ　内

内裏，参内，境内（ケイダイ）

ダイ　代

代理，世代，現代

ダイ　台

台地，灯台，一台

ダイ　弟

兄弟（「キョウダイ」又は「ケイテイ」）

ダイ　第

第一，第三者，及第

ダイ　題

題名，問題，出題

タイあたり　体当たり

ダイオンジョウ　大音声

タイガイ　大概

ダイがわり　代替わり

ダイキンひきかえ　代金引換

タイした　大した

大したことはない

タイして　大して（副詞）

大して参考にならない

ダイジョウブ　大丈夫

欠席しても大丈夫だ

タイする　対する

相手に対する態度

タイする　体する

意を体する

タイする　帯する

重大な使命を帯して

ダイする　題する

「戦争と平和」と題する小説

タイセイヨウ　大西洋

タイセキ　○堆積

タイセツ　大切

タイソウ　大層

大層明るい

ダイタイ　大体

大体のところは，大体良い

タイテイ　大抵

大抵のことは分かる

タイトウ　台頭

ダイブ　大分（「ダイブン」とも）

タイヘイヨウ　太平洋

タイヘン　大変

大変な人出，大変努力する

たいらかだ　平らかだ

たいらげる　平らげる

たいらだ　平らだ

平らな土地

たうえ　田植

たえしのぶ　堪え忍ぶ，耐え忍ぶ

たえず　絶えず（副詞）

絶えず行き来する

たえま　絶え間

たえる　堪える

任に堪える，鑑賞に堪えない，遺憾に堪えない

たえる　耐える

重圧に耐える，風雪に耐える，困苦欠乏に耐える

たえる　絶える

家系が絶える，心配が絶えない

たおす　倒す

たおれる　倒れる

たか　高

売上高

たかい　高い

たがい　互い

たがいちがい　互い違い

たがいに　互いに（副詞）

たかがり　たか狩り

たかダイ　高台

たかとび　高跳び　走り高跳び

たかとび　高飛び

犯人が高飛びする

たかぶる　高ぶる

たかまり　高まり

たかまる　高まる

たかめる　高める

たがやす　耕す

たから　宝

宝船，子宝

たからかだ　高らかだ

たかわらい　高笑い

たき　滝

滝つぼ

だきあう　抱き合う

だきあげる　抱き上げる

だきあわせ　抱き合わせ

だきあわせる　抱き合わせる

だきおこす　抱き起こす
たきぎ　薪
だきこみ　抱き込み
たきこむ　炊き込む
だきしめる　抱き締める
だきこむ　抱き込む
たきだし　炊き出し
たきつけ　たき付け
タク　宅
　宅地，自宅，帰宅
タク　択
　選択，採択，二者択一
タク　沢
　光沢，潤沢
タク　卓
　卓越，卓球，食卓
タク　拓
　拓本，開拓
タク　度
　支度
タク　託
　託宣，委託，結託
タク　濯
　洗濯
ダク　諾
　諾否，承諾，快諾
ダク　濁
　濁流，濁音，清濁
たく　炊く
　御飯を炊く
たく　たく
　香をたく，石炭をたく
だく　抱く
タクあつかい　宅扱い
たぐい　△類い
　針葉樹の類い，類いまれな宝石
タクサン　たくさん
たくみ　巧み
たくみだ　巧みだ
　巧みな術
たぐる　手繰る
たくわえ　蓄え
たくわえる　蓄える
たけ　丈
　背丈，思いの丈を述べる
たけ　竹
　竹やぶ，さお竹
たけ　岳
　○○岳
だけ　…だけ（助詞）
　調査しただけである
たし　足し
　生活費の足しにする
だし　山車
だしあう　出し合う
だしいれ　出し入れ
だしおくれる　出し遅れる
だしおしみ　出し惜しみ
たしか　確か
たしかさ　確かさ

たしかだ　確かだ
たしかに　確かに
たしかめる　確かめる
だしぬく　出し抜く
だしもの　出し物
たす　足す
だす　出す
たすかる　助かる
　命が助かる
たすけ　助け
たすけあう　助け合う
たすけぶね　助け船
たすける　助ける
たずさえる　携える
たずさわる　携わる
たずねびと　尋ね人
たずねる　尋ねる
　道を尋ねる，由来を尋ねる
たずねる　訪ねる
　知人を訪ねる，史跡を訪ねる
ただ　ただ
　ただの人，ただ……としては
たたかい　戦い
たたかい　闘い
たたかう　戦う
　敵と戦う
たたかう　闘う
　病気と闘う
たたきあう　たたき合う
たたきあげる　たたき上げる
たたきおとす　たたき落とす
たたきこむ　たたき込む
たたく　たたく
ただし　ただし（接続詞）
　ただし，一部例外がある
ただしい　正しい
ただしがき　ただし書
ただしさ　正しさ
ただす　正す
　姿勢を正す，誤りを正す
ただす　ただす
　罪をただす，疑問点をただす
ただちに　直ちに（副詞）
たたみ　畳
　畳表，青畳
たたみがえ　畳替え
たたむ　畳む
　折り畳む
ただよう　漂う
ただよわす　漂わす
たち　…たち（接尾語）
　私たち，若者たち（㊟「ともだち」は「友達」と書く。）
たち　太刀
たちあい　立会い
たちあいエンゼツ　立会演説
たちあいニン　立会人
たちあう　立ち会う
たちあがり　立ち上がり
たちあがる　立ち上がる

たちい　立ち居
たちいた　裁ち板
たちいたる　立ち至る
たちいふるまい　立ち居振る舞い
たちいり　立入り
たちいりキンシ　立入禁止
たちいりケンサ　立入検査
たちいる　立ち入る
たちうち　太刀打ち
たちうり　立ち売り
たちオウジョウ　立ち往生
たちおくれ　立ち後れ
たちおよぎ　立ち泳ぎ
たちがれ　立ち枯れ
たちき　立ち木
たちぎえ　立ち消え
たちぎき　立ち聞き
たちきる　断ち切る
たちぐい　立ち食い
たちぐされ　立ち腐れ
たちさる　立ち去る
たちつくす　立ち尽くす
たちつづけ　立ち続け
たちどころに　立ち所に
たちどまる　立ち止まる
たちなおり　立ち直り
たちなおる　立ち直る
たちならぶ　立ち並ぶ
たちのき　立ち退き
たちのきさき　立ち退き先
たちのく　立ち退く
たちぬい　裁ち縫い
たちば　立場
たちばさみ　裁ちばさみ
たちはたらく　立ち働く
たちばなし　立ち話
たちバン　立ち番
たちまち　たちまち
たちまわり　立ち回り
　立ち回り先
たちまわる　立ち回る
たちみ　立ち見
たちみセキ　立見席
たちむかう　立ち向かう
たちもどる　立ち戻る
たちもの　裁ち物
たちヤク　立ち役
たちよみ　立ち読み
たちよる　立ち寄る
タツ　達
　達人，調達，伝達
たつ　竜
　竜巻
たつ　建つ
　家が建つ
たつ　断つ
　退路を断つ，快刀乱麻を断つ
たつ　裁つ
　生地を裁つ，紙を裁つ

たつ　絶つ

命を絶つ，縁を絶つ，消息を絶つ，後を絶たない

たつ　立つ

演壇に立つ，席を立つ，使者に立つ，危機に立つ，見通しが立つ

たつ　たつ

時間がたつ

ダツ　脱

脱衣，脱出，脱漏，虚脱

ダツ　奪

奪回，奪取，争奪

たづくり　田作り

タッする　達する

目的を達する

ダッする　脱する

窮地を脱する

たつせ　立つ瀬

たっとい　尊い（「とうとい」とも）

尊い神，尊い犠牲を払う

たっとい　貴い（「とうとい」とも）

貴い資料，貴い体験

たっとぶ　尊ぶ（「とうとぶ」とも）

たっとぶ　貴ぶ（「とうとぶ」とも）

たづな　手綱

たつまき　竜巻

たて　盾

後ろ盾，優勝の盾

たて　縦

たて　立て…

立て看板，立て役者

たて　…たて

塗りたての壁，出きたてのパン

だて　…立て

四頭立ての馬車，義理立て

だて　…建て

二階建ての家，一戸建て

たていた　立て板

たてうり　建て売り

たてかえ　立替え

たてかえ　建て替え

たてかえキン　立替金

たてかえばらい　立替払

たてかえる　立て替える

たてかえる　建て替える

たてがき　縦書き

たてかける　立て掛ける

たてカンバン　立て看板

たてグ　建具

たてこむ　立て込む

たてつけ　立て付け

たてつづけ　立て続け

たてつぼ　建坪

たてなおし　立て直し

たてなおし　建て直し

たてなおす　立て直す

たてなおす　建て直す

たてね　建値

たてば　立て場，建て場

たてびき　立て引き

たてひざ　立て○膝

たてふだ　立札

たてまえ　建前

……という建前，本音と建前

たてまし　建て増し

たてまつる　奉る

たてもの　建物

たてヤクシャ　立て役者

たてる　立てる

柱を立てる，顔を立てる，計画を立てる，手柄を立てる

たてる　建てる

ビルを建てる，銅像を建てる

たてる　たてる

茶をたてる

たとい　たとい（「たとえ」とも）

たとい……とも（ても）

たとえ　例え

例え話

たとえ　たとえ（「たとい」とも）

たとえ雨が降っても

たとえば　例えば（副詞）

たとえる　例える

たどる　たどる

野道をたどる，記憶をたどる

たな　棚

棚，戸棚，大陸棚

たなあげ　棚上げ

たなおろし　棚卸し

たなおろしシサン　棚卸資産

たなばた　七夕

たに　谷

谷川

たね　種

菜種，一粒種

たねあかし　種明かし

たねぎれ　種切れ

たねとり　種取り

たねまき　種まき

たのしい　楽しい

たのしがる　楽しがる

たのしげだ　楽しげだ

たのしさ　楽しさ

たのしみ　楽しみ

たのしむ　楽しむ

たのみ　頼み

たのみこむ　頼み込む

たのむ　頼む

たのもしい　頼もしい

たば　束

花束

たばこ　たばこ

たばこ屋

たばさむ　手挟む

たばねる　束ねる

たび　…たび

……するたび

たび　度

度重なる，度々，この度

たび　旅

旅先，船旅

たび　足袋

たびだち　旅立ち

たびだつ　旅立つ

たびづかれ　旅疲れ

タブン　多分

多分……であろう

たべかけ　食べかけ

たべざかり　食べ盛り

たべすぎ　食べ過ぎ

たべのこし　食べ残し

たべのこす　食べ残す

たべもの　食べ物

たべる　食べる

たま　玉

目玉，玉にきず，玉を磨く

たま　球

電気の球，球を投げる

たま　弾

ピストルの弾

たま　霊

霊屋，霊祭り

たまご　卵　卵焼き

たましい　魂

負けじ魂

だます　だます

たまつき　玉突き

たまのり　玉乗り

たまもの　たまもの

努力のたまもの

だまりこむ　黙り込む

だまる　黙る

たまわる　賜る

たみ　民

たむけ　手向け

ため　ため

……のため中止となった

ダめ　駄目

駄目になる

ためいけ　ため池

ダめおし　駄目押し

ためし　試し

ためす　試す

切れ味を試す

ためなおす　矯め直す

ためる　矯める

角を矯めて牛を殺す

ためる　ためる

水をためる，金をためる

たもつ　保つ

たやす　絶やす

たより　便り

初便り，花便り

たより　頼り

たよる　頼る

たらいまわし　たらい回し

たらす　垂らす

たりる　足りる

たる　足る

だれ　○誰（代名詞）

たれる　垂れる

たわむれ　戯れ

たわむれる　戯れる

たわら　俵

米俵

タン　丹

丹念，丹精

タン　反

反物

タン　○旦

一旦，元旦

タン　担

担当，担架，負担

タン　単

単独，単位，簡単

タン　炭

炭鉱，木炭，石炭

タン　胆

大胆，落胆，魂胆

タン　探

探求，探訪，探知，探偵

タン　淡

淡水，濃淡，冷淡

タン　短

短歌，短冊，短所，長短

タン　嘆

嘆息，嘆願，驚嘆

タン　端

端正，末端，極端

タン　○綻

破綻

タン　誕

誕生，生誕

タン　鍛

鍛錬

タン　壇

土壇場

ダン　○旦

旦那

ダン　団

団結，団地，集団

ダン　男

男子，男女，男性

ダン　段

段落，階段，手段

ダン　断

断絶，断定，断食，判断

ダン　弾

弾力，弾圧，爆弾

ダン　暖

暖流，暖房，温暖

ダン　談

談話，談判，相談

ダン　壇

壇上，花壇，文壇

ダンじて　断じて（副詞）

断じて行かぬ

タンじる　嘆じる

ダンじる　　断じる

ダンじる　　談じる

ダンじる　　弾じる

タンずる　　嘆ずる

身の不運を嘆ずる

ダンずる　　断ずる

優劣を断ずる

ダンずる　　談ずる

将来について友と談ずる

ダンずる　　弾ずる

琴を弾ずる

ダンちがい　　段違い

ダンどり　　段取り

ダンナ　　○旦○那

タンなる　　単なる

単なる推測にすぎない

タンに　　単に

単に君だけの問題ではない

タンノウ　　堪能（「カンノウ」とも）

—チ・ち—

チ　　地

地下，天地，境地

チ　　池

貯水池，電池

チ　　知

知識，知人，通知

チ　　治

治安，治水，治癒，自治

チ　　値

価値，数値，絶対値

チ　　恥

恥辱，無恥，破廉恥

チ　　致

誘致，合致，風致

チ　　遅

遅延，遅刻，遅速

チ　　痴

痴情，愚痴

チ　　稚

稚魚，稚拙，幼稚

チ　　置

位置，放置，処置

チ　　質

言質

チ　　○緻

緻密，精緻

ち　　千

千草，千鳥，千々に

ち　　血

血筋，血煙，鼻血

ち　　乳

乳首（「ちくび」又は「ちちくび」），乳飲み子

ちいさい　　小さい

ちいさな　　小さな（連体詞）

チエくらべ　　知恵比べ

ちかい　　誓い

ちかい　近い

ちがい　違い

ちかいあう　誓い合う

ちかいごと　誓い言

ちがいだな　違い棚

ちかう　誓う

ちがう　違う

ちがえる　違える

見違える，間違える

ちかく　近く

ちかごろ　近○頃

ちかしい　近しい

ちかぢか　近々

ちかづき　近づき

ちかづく　近づく

ちかづける　近づける

ちかまわり　近回り

ちかみち　近道

ちかよる　近寄る

ちから　力

力仕事，底力

ちからおとし　力落とし

ちからくらべ　力比べ

ちからぞえ　力添え

ちからづける　力付ける

ちからまかせ　力任せ

ちからまけ　力負け

ちからもち　力持ち

ちぎり　契り

ちぎる　契る

チク　竹

竹林，竹馬の友，爆竹

チク　畜

畜産，牧畜，家畜

チク　逐

逐次，逐一，駆逐

チク　蓄

蓄積，蓄電池，貯蓄

チク　築

築港，建築，改築

ちけむり　血煙

ちご　稚児

ちち　父

父親，父と母

ちち　乳

乳首（「ちちくび」又は「ちくび」）

チチとして　遅々として

審議が遅々として進まない

ちぢに　千々に

ちちばなれ　乳離れ

ちぢまる　縮まる

ちぢむ　縮む

ちぢめる　縮める

ちぢらす　縮らす

ちぢれげ　縮れ毛

ちぢれる　縮れる

チツ　秩

秩序

チツ　窒

窒息，窒素

ちつづき　血続き

ちどめ　血止め

ちのみご　乳飲み子

ちなみに　ちなみに

ちなみにこれまでの例では……

ちなむ　ちなむ

記念日にちなんで

ちばなれ　乳離れ

ちまつり　血祭り

ちまなこ　血眼

ちまよう　血迷う

チャ　茶

茶色，茶入れ，茶断ち，茶番劇，番茶

チャク　着

着用，着手，土着，愛着（「アイチャク」又は「アイジャク」）執着（「シュウチャク」又は「シュウジャク」）

チャク　嫡

嫡子，嫡流

チャクばらい　着払い

チャづけ　茶漬け

チャつみ　茶摘み

チャのみ　茶飲み

茶飲み友達，茶飲み話

チャばなし　茶話

チャワンむし　茶わん蒸し

チュウ　中

中央，中傷，中毒，胸中

チュウ　仲

仲介，仲裁，伯仲

チュウ　虫

虫類，幼虫，害虫

チュウ　沖

沖積層，沖天

チュウ　宙

宙返り，宇宙

チュウ　忠

忠実，忠勤，誠忠

チュウ　抽

抽出，抽象

チュウ　注

注入，注文，注意，発注

チュウ　昼

昼夜，昼食，白昼

チュウ　柱

支柱，円柱，電柱

チュウ　衷

衷心，折衷，苦衷

チュウ　○酎

焼酎

チュウ　鋳

鋳造，鋳鉄，改鋳

チュウ　駐

駐車，駐在，進駐

チュウがえり　宙返り

チュウする　沖する

天を沖する黒煙

チュウセン　抽選

チュウチョ　ちゅうちょ

決定をちゅうちょする

チュウトン　駐屯

チョ　著

著名，著作，顕著

チョ　貯

貯蓄，貯金，貯水池

チョ　緒

情緒（「ジョウチョ」又は「ジョウショ」）

チョウ　丁

丁数，落丁，二丁目

チョウ　弔

弔問，弔辞，慶弔

チョウ　庁

庁舎，官庁，県庁

チョウ　兆

兆候，前兆，億兆

チョウ　町

町会，市町村

チョウ　長

長女，長所，成長

チョウ　挑

挑戦，挑発

チョウ　重

重畳，慎重，貴重

チョウ　帳

帳面，帳簿，通帳

チョウ　張

張力，拡張，主張

チョウ　彫

彫刻，彫塑，木彫

チョウ　眺

眺望

チョウ　釣

釣果，釣魚，釣艇

チョウ　頂

頂上，頂点，絶頂

チョウ　鳥

鳥類，野鳥，一石二鳥

チョウ　朝

朝食，早朝，今朝（「コンチョウ」又は「けさ」）

チョウ　●脹

チョウ　超

超越，超過，入超

チョウ　○貼

貼付（「チョウフ」又は「テンプ」）

チョウ　腸

腸炎，大腸，胃腸

チョウ　跳

跳躍

チョウ　徴

徴収，特徴，象徴

チョウ　○嘲

嘲笑，自嘲

チョウ　潮

潮流，満潮，風潮

チョウ　澄

清澄

チョウ　調

調和，調査，好調

チョウ　聴

聴覚，聴衆，傍聴

チョウ　懲

懲罰，懲戒，懲役

チョウけし　帳消し

チョウシュウずみガク　徴収済額

チョウじり　帳○尻

チョウづけ　帳付け（「チョウつけ」とも）

チョウづめ　腸詰め

ちょうど　ちょうど（副詞）

ちょうど始まったところ

チョウむすび　ちょう結び

ちょう結びのネクタイ

チョク　直

直立，直接，実直

チョク　勅

勅語，勅使，詔勅

チョク　○捗

進捗

ちょっと　ちょっと（副詞）

ちょっと行ってくる

ちらかす　散らかす

ちらかる　散らかる

ちらしがき　散らし書き

ちらしがみ　散らし髪

ちらす　散らす

ちらばる　散らばる

ちりぢりに　散り散りに

ちりとり　ちり取り

ちりばめる　ちりばめる

宝石をちりばめた箱

ちる　散る

チン　沈

沈滞，沈黙，沈殿，浮沈

チン　珍

珍客，珍重，珍妙

チン　朕

チン　陳

陳列，陳謝，開陳

チン　賃

賃金，運賃

チン　鎮

鎮座，鎮静，重鎮

チンあげ　賃上げ

チンがし　賃貸し

チンがり　賃借り

チンデンチ　ちんでん池

—ツ・つ—

ツ　通

通夜

ツ　都

都合，都度

つ　津

津波，津々浦々

ツイ　対
　対句，一対
ツイ　追
　追跡，追放，訴追
ツイ　○椎
　椎間板，脊椎
ツイ　墜
　墜落，墜死，撃墜
ついえ　費え
ついえる　費える
ついたち　一日
ついて　…（に）ついて
　これについて考慮する
ついで　次いで（副詞）
ついでに　ついでに
　ついでにこの仕事も
ついては　ついては（接続詞）
ついに　ついに（副詞）
　ついに完成した
ついやす　費やす
ツウ　通
　通行，通読，通訳人，普通
ツウ　痛
　痛快，苦痛，心痛
ツウコウどめ　通行止め
ツウジョウばらい　通常払い
ツウじる　通じる
　電話が通じる
ツウずる　通ずる
　ローマに通ずる道

つか　塚
　塚，貝塚
つかい　使い
つかい　遣い
　心遣い，金遣い，小遣い銭，仮名遣い，言葉遣い
つかいかた　使い方
つかいこなす　使いこなす
つかいこみ　使い込み
つかいこむ　使い込む
つかいすて　使い捨て
つかいて　使い手
つかいはたす　使い果たす
つかいふるす　使い古す
つかいわけ　使い分け
つかいわける　使い分ける
つかう　使う
　重油を使う，機械を使って仕事をする
つかう　遣う
　気を遣う，心を遣う
つかえる　仕える
つかさどる　つかさどる
つかす　尽かす
　愛想を尽かす
つかまえる　捕まえる
つかまる　捕まる
つかみあい　つかみ合い
つかみあう　つかみ合う
つかみだす　つかみ出す

つかみどり　つかみ取り
つかみとる　つかみ取る
つからす　▲疲らす
つかる　漬かる
つかれ　疲れ
つかれる　疲れる
つかれはてる　疲れ果てる
つかわす　遣わす
差し遣わす
つき　月
月見，三日月
つき　突き
一突き
つき　…つき
顔つき，目つき，体つき
つき　…付き
折り紙付き，尾頭付き
つき　…付…
条件付採用，原動機付自転車
つぎ　次
次に，次々と，次の間，次のとおり
つぎ　継ぎ
継ぎ手，継ぎ目，継ぎを当てる
つきあい　付き合い
つきあう　付き合う
つきあげる　突き上げる
つきあたり　突き当たり
つきあたる　突き当たる
つきあわせる　突き合わせる
つぎあわせる　継ぎ合わせる
つきおくれ　月後れ，月遅れ
つきおとす　突き落とす
つきがけ　月掛
つきがけチョキン　月掛貯金
つぎき　接ぎ木
つきぎめ　月ぎめ
つきくずす　突き崩す
つぎこむ　つぎ込む
つきさす　突き刺す
つきそい　付添い
つきそいニン　付添人
つきそう　付き添う
つぎたし　継ぎ足し
つぎたす　継ぎ足す
つきだす　突き出す
つきたらず　月足らず
つぎつぎと　次々と
つぎつぎに　次々に
つきつける　突き付ける
つきつめる　突き詰める
つぎて　継ぎ手
つきでる　突き出る
つきとおす　突き通す
つきとばす　突き飛ばす
つきとめる　突き止める
つきなかば　月半ば
つきなみ　月並み
つぎに　次に
つきぬける　突き抜ける
つきはじめ　月初め

つきはてる　尽き果てる

つきはなす　突き放す

つきばらい　月払

つきまとう　付きまとう

つぎめ　継ぎ目

つきやま　築山

つきる　尽きる

つきわり　月割り

つく　付く

気が付く，味方に付く，利息が付く，墨が顔に付く

つく　突く

棒で突く，底を突く

つく　着く

席に着く，手紙が着く，東京に着く

つく　就く

床に就く，緒に就く，職に就く

つく　つく

ため息をつく，王位につく，明かりがつく，餅をつく，不意をつく

つぐ　次ぐ

取り次ぐ，事件が相次ぐ，富士山に次ぐ山

つぐ　接ぐ

木を接ぐ，骨を接ぐ

つぐ　継ぐ

布を継ぐ，引き継ぐ，跡を継ぐ

つぐ　つぐ

酒をつぐ

つくえ　机

つくす　尽くす

力を尽くす，手段を尽くす

つぐない　償い

つぐなう　償う

つくり　つくり

偏とつくり

つくり　作り

生け作り

つくり　造り

数寄屋造り，造り酒屋

つくりかた　作り方

つくりごと　作り事

つくりざかや　造り酒屋

つくりつけ　作り付け

つくりなおし　作り直し

つくりばなし　作り話

つくりもの　作り物

つくりわらい　作り笑い

つくる　作る

米を作る，規則を作る，詩を作る，まぐろを刺身に作る

つくる　造る

船を造る，酒を造る，庭園を造る

つくる　△創る

新しい文化を創（作）る，画期的な商品を創（作）り出す

つくろい　繕い

つくろいもの　繕い物

つくろう　繕う

つけ　付け

付けで買う，付けを払う

つけ　…付け

作り付け，買い付け，行き付け

づけ　…付け

4月1日付け

つけあわせる　付け合わせる

つげぐち　告げ口

つけくわえる　付け加える

つけたし　付け足し

つけとどけ　付け届け

つけな　漬け菜

つけもの　漬物

つけやき　付け焼き

つけやきば　付け焼き刃

つける　付ける

名を付ける，気を付ける，条件を付ける，付け加える

つける　就ける

役に就ける

つける　着ける

船を岸に着ける，仕事に手を着ける，衣服を身に着ける

つける　漬ける

野菜を漬ける

つげる　告げる

ツゴウ　都合

都合で，都合30名

つじつま　つじつま

つじつまが合わない

つたう　伝う

つたえ　伝え

言い伝え

つたえきく　伝え聞く

つたえる　伝える

つたない　△拙い

拙い文章

つたわる　伝わる

つち　土

赤土

つちかう　培う

つちけむり　土煙

つちはこび　土運び

つつ　筒

つっかえす　突っ返す

つつがなく　つつがなく

つつがなく旅を終える

つづき　続き

つづきもの　続き物

つっきる　突っ切る

つづく　続く

つづける　続ける

つっこむ　突っ込む

つつしみ　慎み

つつしむ　慎む

身を慎む，酒を慎む，言葉を慎む

つつしむ　謹む

つつしんで　謹んで（副詞）

謹んで聞く，謹んで祝意を表する

つつぬけ　筒抜け

つっぱる　突っ張る

つつみ　堤

つつみ　包み

つづみ　鼓

小鼓

つつみかくす　包み隠す

つつみがみ　包み紙

つつみこむ　包み込む

つつむ　包む

つづる　つづる

文書をつづる，書類をつづり込む

ツド　都度

その都度

つどい　集い

つどう　集う

つとまる　△務まる

主役は務まらないだろう，会長が務まるかどうか不安だ

つとまる　勤まる

私にはこの会社は勤まらない，彼にも十分勤（務）まる仕事だ

つとめ　務め

主婦の務めを果たす

つとめ　勤め

永年勤め上げた人，本堂でお勤めをする

つとめぐち　勤め口

つとめさき　勤め先

つとめて　努めて（副詞）

努めて早起きする

つとめニン　勤め人

つとめる　努める

完成に努める，解決に努める

つとめる　務める

議長を務める，主役を務める

つとめる　勤める

会社に勤める

つな　綱

横綱

つながり　つながり

つながる　つながる

つなぎ　つなぎ

つなぐ　つなぐ

つなひき　綱引き

つなみ　津波

つなわたり　綱渡り

つね　常

世の常，常々

つねに　常に（副詞）

つの　角

角笛，角突き合い

つのる　募る

つば　○唾（「つばき」とも）

眉唾

つばき　○唾（「つば」とも）

つばさ　翼

つぶ　粒

豆粒

つぶさに　つぶさに

実情をつぶさに調査する

つぶす　○潰す

暇を潰す

つぶやく　つぶやく

小声でつぶやく

つぶれる　○潰れる

つぼ　坪

坪数，建坪

つぼやき　つぼ焼き

つま　○爪

爪先，爪弾く

つま　妻

人妻

つまずく　つまずく

石につまずく，計画がつまずく

つまびく　○爪弾く

つまびらか　つまびらか

つまびらかに説明する

つまみぐい　つまみ食い

つまる　詰まる

行き詰まる

つみ　罪

つみ　詰み

つみ　摘み

摘み草

つみ　積み

積み木，積み金，積み肥

つみあげる　積み上げる

つみおろし　積卸し

つみおろしシセツ　積卸施設

つみかえ　積替え

つみかえる　積み替える

つみかさなる　積み重なる

つみかさねる　積み重ねる

つみき　積み木

つみキン　積み金

つみくさ　摘み草

つみごえ　積み肥

つみこみ　積込み

つみこむ　積み込む

つみだし　積出し

つみだしチ　積出地

つみだす　積み出す

つみたて　積立て

つみたて　積立…

積立金，積立保険

つみたてる　積み立てる

つみつくり　罪作り

つみつけ　積付け

つみに　積荷

つみのこし　積み残し

つみのこす　積み残す

つみほろぼし　罪滅ぼし

つむ　●錘

つむ　摘む

つむ　積む

つむ　詰む

つむぐ　紡ぐ

つむじまがり　つむじ曲がり

つめ　○爪

生爪

つめあわせ　詰め合わせ

つめあわせる　詰め合わせる
つめえり　詰め襟
つめかえ　詰め替え
つめかえる　詰め替える
つめかける　詰め掛ける
つめこみ　詰め込み
つめこむ　詰め込む
つめショ　詰所
つめショウギ　詰め将棋
つめたい　冷たい
つめたさ　冷たさ
つめばら　詰め腹
つめもの　詰め物
つめよる　詰め寄る
つめる　詰める
つもり　積もり
つもる　積もる
　雪が積もる
ツヤ　通夜
つや　○艶
　色艶
つゆ　露
つゆ　梅雨
つゆあけ　梅雨明け
つゆいり　梅雨入り
つゆはらい　露払い
つゆばれ　梅雨晴れ
つよい　強い
つよがる　強がる
つよまる　強まる
つよみ　強み
つよめ　強め
つよめる　強める
つら　面
　面魂，鼻面
つらい　つらい
　仕事がつらい，つらい仕打ち
つらがまえ　面構え
つらなる　連なる
つらぬきとおす　貫き通す
つらぬく　貫く
つらねる　連ねる
つり　釣り
つりあい　釣合い
つりあう　釣り合う
つりあげる　釣り上げる
つりいと　釣り糸
つりがね　釣鐘
つりざお　釣りざお
つりセン　釣銭
つりだな　釣り棚
つりて　釣り手
つりドウグ　釣り道具
つりばり　釣針
つりぶね　釣り舟
つりぼり　釣堀
つる　弦
つる　○鶴
　千羽鶴（センばづる）
つる　釣る

魚を釣る，甘言で釣る

つるぎ　剣

つれ　連れ

親子連れ

つれあい　連れ合い

つれこ　連れ子

つれこむ　連れ込む

つれそう　連れ添う

つれだつ　連れ立つ

つれびき　連れ弾き

つれる　連れる

つれる　釣れる

―テ・て―

て　手

手柄，素手

デ　弟

弟子

てあい　手合い

であいがしら　出会い頭

であう　出会う

てあつい　手厚い

てあて　手当

手当を支給する，児童手当

てあて　手当て

傷の手当てをする

てあみ　手編み

てあらい　手洗い

てあらい　手荒い

てあらいショ　手洗い所

であるく　出歩く

てあわせ　手合わせ

テイ　丁

丁寧，丁字路，甲乙丙丁

テイ　低

低級，低気圧，高低

テイ　呈

呈上，進呈，贈呈

テイ　体

体裁，風体

テイ　廷

宮廷，法廷，出廷

テイ　弟

弟妹，義弟，子弟

テイ　定

定価，定年，定係港，安定，決定，改定

テイ　底

底流，海底，到底

テイ　抵

抵抗，抵触，大抵

テイ　邸

邸宅，邸内，私邸

テイ　亭

亭主，料亭

テイ　貞

貞淑，貞操，貞節

テイ　帝

帝王，帝国，皇帝

テイ　訂

訂正

テイ　　庭

庭園，校庭，家庭

テイ　　逓

逓信，逓送，逓減

テイ　　停

停止，停車，停泊，調停

テイ　　偵

偵察，探偵，内偵

テイ　　堤

堤防，防波堤

テイ　　提

提供，提案，提示，前提

テイ　　程

程度，日程，過程

テイ　　艇

艦艇，舟艇，競艇

テイ　　締

締結

テイ　　○諦

諦観，諦念

デイ　　泥

泥土，雲泥，拘泥

テイする　　呈する

活況を呈する

テイする　　ていする

身をていする

でいり　　出入り

でいりぐち　　出入口

ていれ　　手入れ

てうち　　手打ち

てうち　　手討ち

てうちそば　　手打ちそば

ておい　　手負い

ておくれ　　手後れ，手遅れ

ておしぐるま　　手押し車

ておどり　　手踊り

ており　　手織り

てがかり　　手掛かり，手懸かり

でがけ　　出掛け

でかける　　出掛ける

でかせぎ　　出稼ぎ

てがたい　　手堅い

でがたり　　出語り

てがる　　手軽

手軽に楽しめる，とても手軽だ，お手軽

テキ　　的

的中，目的，科学的

テキ　　笛

汽笛，警笛，牧笛

テキ　　摘

摘要，摘発，指摘

テキ　　滴

水滴，点滴，一滴

テキ　　適

適切，適度，快適

テキ　　敵

敵，敵意，匹敵

デキ　　○溺

溺愛，溺死

でき…　　出来…

出来心，出来事，出来具合

…でき　　…出来

上出来，不出来

できあい　　出来合い

できあがり　　出来上がり

できあがる　　出来上がる

できごころ　　出来心

できごと　　出来事

テキする　　適する

飲料に適する水

テキする　　敵する

テキセツ　　適切

できそこない　　出来損ない

できだかばらい　　出来高払

できばえ　　出来栄え

てきびしい　　手厳しい

テキメン　　てきめん

できる　　できる

利用できる，できるだけ……

てぎれ　　手切れ

てぎれキン　　手切れ金

てぎわ　　手際

手際が良い

てくばり　　手配り

てごたえ　　手△応え

でこぼこ　　凸凹

てごろ　　手○頃

手頃な大きさ

でさかり　　出盛り

てさぐり　　手探り

てさげ　　手提げ

デシ　　弟子

てずから　　手ずから

ですぎ　　出過ぎ

てずり　　手刷り

でぞめシキ　　出初め式

でそろう　　出そろう

てだし　　手出し

てだすけ　　手助け

てちがい　　手違い

てぢか　　手近

テツ　　迭

更迭

テツ　　哲

哲学，哲人，先哲

テツ　　鉄

鉄道，鉄筋，鋼鉄

テツ　　徹

徹底，徹夜，貫徹

テツ　　撤

撤去，撤回，撤兵

てつき　　手付き

てづくり　　手作り

てつけ　　手付け

てつけキン　　手付金

テッする　　徹する

骨身に徹する，不偏不党に徹する

テッする　　撤する

障害物を撤する
てつだい　手伝い
てつだう　手伝う
てつづき　手続
でっぱる　出っ張る
てづり　手釣り
てどり　手取り
てどりキン　手取り金
てなおし　手直し
でなおし　出直し
てなみ　手並み
てならい　手習い
てぬい　手縫い
てぬかり　手抜かり
てぬき　手抜き
てはい　手配
てはじめ　手始め
ではじめ　出始め
てはず　手はず
手はずを整える
てばなし　手放し
てばなす　手放す
ではらう　出払う
てびかえ　手控え
てびかえる　手控える
てびき　手引
指導の手引
てびき　手引き
強盗の手引きをする
てびきショ　手引書
てびろい　手広い
てぶり　手振り
てほどき　手ほどき
でまど　出窓
てまどる　手間取る
てまねき　手招き
てまわし　手回し
てまわり　手回り
てまわりヒン　手回品
でまわる　出回る
てむかい　手向かい
てむかう　手向かう
でむかえ　出迎え
でむかえる　出迎える
でむく　出向く
てもち　手持ち
てもちヒン　手持品
てもと　手元
手元に置く
てもり　手盛り
てら　寺
尼寺
てらう　てらう
奇をてらう
てらしあわす　照らし合わす
てらしあわせる　照らし合わせる
てらす　照らす
てらまいり　寺参り
てり　照り

日照り

てりかえし　照り返し

てりかえす　照り返す

てりはえる　照り映える

てりやき　照り焼き

てる　照る

でる　出る

てれる　照れる

てわけ　手分け

てわたし　手渡し

てわたす　手渡す

テン　天

天地，天然，雨天

テン　典

典拠，古典，式典

テン　店

店舗，開店，本店

テン　点

点線，点火，採点

テン　展

展示，展開，発展

テン　添

添加，添付，添削

テン　転

転出，転覆，回転，運転

テン　殿

御殿

テン　○塡　装塡，補塡

デン　田

田地，水田，油田

デン　伝

伝言，伝統，宣伝

デン　殿

殿堂，宮殿，貴殿

デン　電

電気，電報，発電

デンガクざし　田楽刺し

テンじる　点じる

テンじる　転じる

テンずる　点ずる

明かりを点ずる

テンずる　転ずる

方向を転ずる

テンノウ　天皇

テンびき　天引き

テンプ　○貼付（「チョウフ」とも）

デンプン　でん粉

てんません　伝馬船

テンマツ　てん末

—ト・と—

ト　土　土地

ト　斗

斗酒，北斗七星

ト　吐

吐露，吐血，音吐朗々

ト　図

図書，意図，壮図

ト　○妬　嫉妬

ト　度

法度（ハット）

ト　徒

徒歩，徒労，信徒

ト　途

途上，途絶，帰途，前途

ト　都

都会，都心，首都

ト　渡

渡航，渡河，譲渡

ト　登

登山，登城

ト　塗

塗布，塗装，塗料

ト　○賭

賭場，賭博

ト　頭

音頭

と　十

十色，十重

と　戸

戸板，雨戸（あまど）

ド　土

土木，土砂，国土，粘土

ド　奴

奴隷，守銭奴

ド　努

努力

ド　度

度胸，制度，限度

ド　怒

怒号，怒気，激怒

ドあい　度合い

とあみ　投網

とい　問い

といあわす　問い合わす

といあわせ　問合せ

問合せ状

といあわせる　問い合わせる

トいき　吐息

といただす　問いただす

といつめる　問い詰める

といや　問屋（「とんや」とも）

トウ　刀

刀剣，短刀，名刀

トウ　冬

冬季，冬至，越冬

トウ　灯

灯火，電灯，点灯

トウ　当

当惑，当然，当該，妥当

トウ　投

投資，投下，暴投

トウ　豆

豆腐，納豆（ナットウ）

トウ　東

東西，東国，以東

トウ　到

到着，到底，周到

トウ　逃

逃走，逃亡，逃避

トウ　倒

倒産，圧倒，傾倒

トウ　凍

凍結，凍死，冷凍

トウ　唐

唐本，唐突

トウ　島

島民，半島，列島

トウ　桃

桃源境，白桃，桜桃

トウ　討

討伐，討論，検討

トウ　透

透写，透明，浸透

トウ　党

党派，政党，徒党

トウ　納

出納（スイトウ）

トウ　悼

悼辞，哀悼，追悼

トウ　盗

盗難，盗用，強盗

トウ　陶

陶器，陶酔，薫陶

トウ　塔

五重の塔，石塔

トウ　搭

搭載，搭乗，搭乗券

トウ　棟

上棟，病棟

トウ　湯

湯治，熱湯，微温湯

トウ　痘

種痘，水痘，天然痘

トウ　登

登壇，登校，登記

トウ　答

答弁，応答，問答

トウ　等

等分，等級，平等

トウ　筒

封筒，水筒，円筒形

トウ　道

神道

トウ　統

統一，統計，伝統

トウ　稲

水稲，陸稲

トウ　踏

踏破，踏襲，高踏的

トウ　読

読点，句読点

トウ　糖

糖分，砂糖，製糖

トウ　頭

頭部，年頭，船頭

トウ　謄

謄写，謄本

トウ　○藤

葛藤

トウ　闘

闘争，闘志，戦闘

トウ　騰

騰貴，暴騰，沸騰

とう　問う

ドウ　同

同上，同情，異同，混同

ドウ　洞

洞穴，洞察，空洞

ドウ　胴

胴体，双胴船

ドウ　動

動物，活動，騒動

ドウ　堂

殿堂，母堂

ドウ　童

童話，童心，児童

ドウ　道

道路，道徳，報道

ドウ　働

労働，実働

ドウ　銅

銅器，銅像，青銅

ドウ　導

導入，指導，半導体

ドウ　○瞳

瞳孔

どう　どう（副詞）

どう作ればいいの，どういうわけで，どういたしまして，どうしたんだ

ドウあげ　胴上げ

トウカイ　倒壊

ドウグだて　道具立て

とうげ　峠　峠道

ドウケイ　○憧○憬（「ショウケイ」とも）

とうさん　父さん

お父さん

ドウシうち　同士討ち

ドウじめ　胴締め

トウじる　投じる

ドウじる　動じる

トウセイむき　当世向き

トウセン　当選

どうぞ　どうぞ

トウダイもり　灯台守

トウテイ　到底

到底できない

とうとい　尊い（「たっとい」とも）

尊い神，尊い犠牲を払う

とうとい　貴い（「たっとい」とも）

貴い資料，貴い体験

とうとう　とうとう

とうとう決定した

ドウドウ　堂々

堂々巡り，正々堂々，堂々と

とうとぶ　尊ぶ（「たっとぶ」とも）

とうとぶ　貴ぶ（「たっとぶ」とも）

トウどり　頭取

トウの　当の（連体詞）

ドウぶるい　胴震い

ドウまき　胴巻き

ドウまわり　胴回り

とえはたえ　十重二十重

とお　十

十日

とおあさ　遠浅

とおい　遠い

とおく　遠く

とおざかる　遠ざかる

とおざける　遠ざける

とおし　通し

通し切符，通し狂言

とおす　通す

とおで　遠出

とおのく　遠のく

とおのり　遠乗り

とおまき　遠巻き

とおまわし　遠回し

とおまわり　遠回り

とおり　通り

銀座通り

とおり　…（の）とおり

次のとおりである，通知どおり行う

とおりあめ　通り雨

とおりあわせる　通り合わせる

とおりがかり　通り掛かり

とおりかかる　通り掛かる

とおりこす　通り越す

とおりすぎる　通り過ぎる

とおりソウば　通り相場

とおりぬけ　通り抜け

とおりぬける　通り抜ける

とおりマ　通り魔

とおりみち　通り道

とおる　通る

トがき　ト書き

とかく　とかく

とかく……しがち

とかす　溶かす

とかす　解かす

とがめる　とがめる

とき　時

時の記念日，法律の定める年齢に達した時（㊟具体的に特定できる対象がある場合には「時」を用いる。）

とき　…（の）とき

困ったときには，事故のときは連絡する

ときあかす　説き明かす

ときおこす　説き起こす

ときおり　時折

ときかた　解き方

ときどき　時々

ときふせる　説き伏せる

ときめく　時めく

ときもの　解き物

どきょう　読経

トク　匿

匿名，隠匿

トク　特

特殊，特産，独特

トク　得

得意，会得，損得

トク　読

読本

トク　督

督促，督励，監督

トク　徳

徳義，徳用，道徳

トク　篤

篤農，危篤，懇篤

とく　溶く

絵の具を溶く

とく　解く

結び目を解く，包囲を解く，問題を解く，会長の任を解かれる

とく　説く

人の道を説く

とぐ　研ぐ

刀を研ぐ

ドク　毒

毒薬，毒舌，中毒

ドク　独

独立，独断，単独

ドク　読

読書，音読，購読

ドクけし　毒消し

トクする　得する

ドクする　毒する

ドクづく　毒づく

トクに　特に（副詞）

とけあう　溶け合う，解け合う

とけい　時計

とける　溶ける

砂糖が水に溶ける，地域社会に溶け込む

とける　解ける

ひもが解ける，疑いが解ける

とげる　遂げる

目的を遂げる

とこ　床

床の間，寝床

とこ　常

常夏

どこ　どこ（代名詞）

とこあげ　床上げ

とこかざり　床飾り

とこのま　床の間

ところ　所

台所，住む所

ところ　…（の）ところ

法律の定めるところにより，現在のところ差し支えない

ところが　ところが（接続詞）

ところがき　所書き

ところで　ところで（接続詞）

とざす　閉ざす

とし　年　年子，年寄り

としおいる　年老いる

としこし　年越し

とじこめる　閉じ込める

とじこもる　閉じ○籠もる

とじまり　戸締まり

としまわり　年回り

ドシャくずれ　土砂崩れ

ドシャぶり　土砂降り

としより　年寄り

とじる　閉じる

門を閉じる

とじる　とじる

紙をとじる

としわすれ　年忘れ

ドタンば　土壇場

とち　○栃

とちぎケン　○栃木県

トチク　と畜

トツ　凸

凸版，凸レンズ，凹凸

トツ　突

突然，突端，衝突

とつぎさき　嫁ぎ先

とつぐ　嫁ぐ

トッサ　とっさ

トツゼン　突然（副詞）

突然ひらめく

とっとりケン　鳥取県

とても　とても（副詞）

私にはとてもできない

とどく　届く

行き届く

とどけ　…届

欠席届，被害届

とどけ　届け

とどけさき　届け先

とどけショ　届け書

とどけずみ　届け済み

とどけで　届出

とどけでる　届け出る

とどける　届ける

とどこおり　滞り

とどこおる　滞る

ととのう　整う

準備が整う，整った文章

ととのう　調う

嫁入り道具が調う

ととのえる　整える

隊列を整える，身辺を整える，調子を整える

ととのえる　調える

晴れ着を調える，味を調える，費用を調える

とどまる　とどまる

思いとどまる

とどめる　とどめる

記録にとどめる

となえる　唱える
となり　隣　両隣
となりあう　隣り合う
となりあわせ　隣り合わせ
となりむら　隣村
との　殿
殿様，殿方
どの　殿
○○殿
どの　どの（連体詞）
どの品を差し上げますか
トバク　○賭博
とばす　飛ばす
とびあがる　飛び上がる
とびあがる　跳び上がる
とびいし　飛び石
とびいり　飛び入り
とびおきる　飛び起きる
とびおりる　飛び下りる，飛び降りる
とびかう　飛び交う
とびきり　飛び切り
とびこえる　飛び越える，跳び越える
とびこす　飛び越す，跳び越す
とびこみ　飛び込み
とびこむ　飛び込む
海に飛び込む
とびだしナイフ　飛び出しナイフ
とびだす　飛び出す
家を飛び出す
とびたつ　飛び立つ
とびチ　飛び地
とびちる　飛び散る
とびでる　飛び出る
とびドウグ　飛び道具
とびのる　飛び乗る
とびはねる　跳び跳ねる
とびひ　飛び火
とびまわる　飛び回る
ドヒョウいり　土俵入り
ドビンむし　土瓶蒸し
とびら　扉
とぶ　飛ぶ
鳥が空を飛ぶ，アフリカに飛ぶ，うわさが飛ぶ
とぶ　跳ぶ
溝を跳ぶ，かえるが跳ぶ
とぼしい　乏しい
とぼしさ　乏しさ
とます　富ます
とまどい　戸惑い
とまどう　戸惑う
とまり　止まり
行き止まり
とまり　泊まり
泊まりの番
とまり　留まり
歩留まり
とまりがけ　泊まり掛け

とまりぎ　　止まり木
とまりキャク　　泊まり客
とまりこみ　　泊まり込み
とまる　　止まる
交通が止まる，水道が止まる，笑いが止まらない
とまる　　泊まる
船が港に泊まる，宿直室に泊まる
とまる　　留まる
目に留まる
とみ　　富
とみさかえる　　富み栄える
とむ　　富む
とむらい　　弔い
とむらう　　弔う
とめ　　止め
通行止め，歯止め
とめ　　留め
局留め
とめおき　　留め置き
とめおきデンポウ　　留置電報
とめおく　　留め置く
とめばり　　留め針
とめる　　止める
息を止める
とめる　　泊める
友人を家に泊める
とめる　　留める
ボタンを留める，気に留める
とも　　友
とも　　共
共倒れ，共に（副詞），共々（副詞）
とも　　供
子供
とも　　…とも
説明するとともに，今後とも，二人とも
ども　　…ども（接尾語）
私ども
ともかせぎ　　共稼ぎ
ともぎれ　　共切れ
ともぐい　　共食い
ともだおれ　　共倒れ
ともだち　　友達
ともづり　　友釣り
ともども　　共々（副詞）
ともなう　　伴う
大きな犠牲が伴う，……に伴って
ともに　　共に（副詞）
ともばたらき　　共働き
ともまわり　　供回り
ドもり　　度盛り
寒暖計の度盛り
とやまケン　　富山県
ドヨウぼし　　土用干し
ドヨウやすみ　　土用休み
とら　　○虎
とら　　とら
とら年
とらえかた　　捕らえ方
獲物の捕らえ方

とらえかた　○捉え方

問題の捉え方

とらえる　捕らえる

犯人を捕らえる

とらえる　○捉える

要点を捉える

とらのまき　○虎の巻

とらわれる　捕らわれる

とり　鳥

とりあう　取り合う

とりあえず　取りあえず

取りあえず報告する

とりあげ　取上げ

とりあげる　取り上げる

とりあつかい　取扱い

とりあつかい　取扱…

取扱所，取扱注意，取扱高，取扱人，取扱品，取扱法

とりあつかう　取り扱う

とりあわせ　取り合わせ

とりい　鳥居

とりいそぐ　取り急ぐ

とりいる　取り入る

とりいれ　取り入れ

とりいれぐち　取入口

とりいれる　取り入れる

とりうち　鳥撃ち

とりえ　取り柄

何の取り柄もない

とりおこなう　執り行う

とりおさえる　取り押さえる

とりおろし　取卸し

とりかえ　取替え

とりかえし　取り返し

とりかえす　取り返す

とりかえヒン　取替品

とりかえる　取り替える

とりかかる　取り掛かる

とりかこむ　取り囲む

とりかたづける　取り片付ける

とりかわす　取り交わす

とりきめ　取決め

とりきめる　取り決める

とりくずし　取崩し

とりくずす　取り崩す

とりくち　取り口

とりくみ　取組

とりくむ　取り組む

とりけし　取消し

とりけしキジ　取消し記事

とりけしショブン　取消処分

とりけす　取り消す

とりこみ　取り込み

とりこむ　取り込む

とりこわし　取壊し

とりこわす　取り壊す

とりさげ　取下げ

とりさげる　取り下げる

とりさし　鳥刺し

とりザタ　取り○沙○汰

とりさる　取り去る
とりシきる　取り仕切る
とりしまり　取締り
とりしまりホウ　…取締法
麻薬取締法，毒物及び劇物取締法
とりしまりヤク　取締役
とりしまる　取り締まる
とりしらべ　取調べ
とりしらべる　取り調べる
とりそろえる　取りそろえる
とりだか　取り高
とりだす　取り出す
とりたて　取立て
とりたてキン　取立金
とりたてソショウ　取立訴訟
とりたてる　取り立てる
とりちがえる　取り違える
とりつぎ　取次ぎ
とりつぎ　取次…
取次店，取次業者
とりつぐ　取り次ぐ
とりつくす　取り尽くす
とりつくろう　取り繕う
とりつけ　取付け
とりつけコウジ　取付工事
とりつける　取り付ける
とりなおし　取り直し
とりなおす　取り直す
とりなわ　取り縄
とりのいち　とりの市
とりのこし　取り残し
とりのこす　取り残す
とりのぞく　取り除く
とりはからい　取り計らい
とりはからう　取り計らう
とりはこび　取り運び
とりはこぶ　取り運ぶ
とりはずし　取り外し
とりはずす　取り外す
とりはらい　取り払い
とりはらう　取り払う
とりひき　取引
とりひき　取引…
取引所，取引条件
とりブン　取り分
とりまき　取り巻き
とりまぎれる　取り紛れる
とりまく　取り巻く
とりまとめ　取りまとめ
とりまとめる　取りまとめる
とりみだす　取り乱す
とりもち　取り持ち
とりもつ　取り持つ
とりもどし　取戻し
とりもどしセイキュウケン　取戻請求権
とりもどす　取り戻す
とりもの　捕り物
とりやめ　取りやめ
とりやめる　取りやめる

とりよせる　取り寄せる

とりわけ　取り分け

とりわける　取り分ける

とる　取る

手に取る，着物の汚れを取る，資格を取る，メモを取る，連絡を取る，年を取る

とる　採る

血を採る，高校の卒業生を採る，会議で決を採る，必要な措置を採る

とる　執る

筆を執る，事務を執る，式を執り行う

とる　撮る

写真を撮る，映画を撮る

とる　捕る

ねずみを捕る，生け捕る

どれ　どれ（代名詞）

とれだか　取れ高

とれる　取れる

どろ　泥

泥，泥沼，泥棒

どろジあい　泥仕合

ドわすれ　度忘れ

トン　屯

駐屯，駐屯地

トン　団

布団

トン　豚

養豚

トン　○頓

頓着，整頓

とん　問

問屋（「とんや」又は「といや」）

ドン　○貪

貪欲

ドン　鈍

鈍感，鈍角，愚鈍

ドン　曇

曇天

どん　○丼

牛丼，天丼

どんぐりまなこ　どんぐり眼

ドンする　鈍する

どんぶり　○丼

丼飯

とんや　問屋（「といや」とも）

―ナ・な―

ナ　○那

刹那，旦那

ナ　○奈

奈落

ナ　南

南無

ナ　納

納屋

な　名

名前

な　菜

青菜

ナイ　内

内外，内容，家内

ない　亡い

亡き人（㊟多く文語の「亡き」で使う。）

ない　無い

無い物ねだり

ない　（…が）ない

欠点がない，金がない

ない　…ない（助動詞）

現地には行かない

ナイシ　ないし

1月ないし3月

なえ　苗

苗木

なえる　○萎える

なお　なお（副詞）

今でもなお貧しい，なお多くの人々，それならなおの事

なお　なお（接続詞）

なお，電話によるお問い合わせは御遠慮願います

なおし　直し

なおす　治す

風邪を治す

なおす　直す

誤りを直す，機械を直す，服装を直す，故障を直す

なおる　治る

けがが治る，治らない病気

なおる　直る

ゆがみが直る

なおれ　名折れ

なか　中

中庭，真ん中，箱の中，両者の中に入る

なか　仲

仲間，仲がいい，仲を取り持つ

ながい　長い

長い道，長い髪の毛，気が長い，枝が長く伸びる

ながい　永い

ついに永い眠りに就く，末永く契る

ながいき　長生き

なかがい　仲買

なかがいニン　仲買人

ながさ　長さ

ながし　流し

ながしこむ　流し込む

なかす　泣かす

なかす　鳴かす

ながす　流す

なかだちギョウ　仲立業

なかだちニン　仲立人

なかつぎ　中継ぎ

ながつづき　長続き

なかづみ　中積み

なかなおり　仲直り

なかなか　なかなか
なかなか現れない
なかば　半ば
半ば諦める
なかばたらき　仲働き
ながびく　長引く
ながめ　眺め
ながめる　眺める
ながら　…ながら
歩きながら話す
ながらえる　長らえる
ながれ　流れ
ながれこむ　流れ込む
ながれつく　流れ着く
ながれづくり　流れ造り
ながれぼし　流れ星
ながれる　流れる
ながわずらい　長患い
なかんずく　なかんずく
なかんずく彼は優秀だ
なき　泣き
なき　鳴き
なきがお　泣き顔
なきくらす　泣き暮らす
なきごえ　泣き声
なきごえ　鳴き声
なきごと　泣き言
なきさけぶ　泣き叫ぶ
なきしずむ　泣き沈む
なきジョウゴ　泣き上戸
なきねいり　泣き寝入り
なきひと　亡き人
なきふす　泣き伏す
なきまね　鳴きまね
なきむし　泣き虫
なきやむ　泣きやむ
なきやむ　鳴きやむ
なきわかれ　泣き別れ
なきわらい　泣き笑い
なく　泣く
なく　鳴く
なぐさみ　慰み
なぐさむ　慰む
なぐさめ　慰め
なぐさめる　慰める
なくす　亡くす
父を亡くす
なくす　無くす
元も子も無くす
なくなる　亡くなる
なくなる　無くなる
なぐりあい　殴り合い
なぐりあう　殴り合う
なぐりこみ　殴り込み
なぐりこむ　殴り込む
なぐる　殴る
なげあし　投げ足
なげいれ　投げ入れ
なげいれる　投げ入れる
なげうり　投売り

なげうりヒン　投売品
なげうる　投げ売る
なげかける　投げ掛ける
なげかわしい　嘆かわしい
なげき　嘆き
なげく　嘆く
なげこむ　投げ込む
なげすて　投げ捨て
なげすてる　投げ捨てる
なげだす　投げ出す
なげつける　投げ付ける
なげとばす　投げ飛ばす
なげやり　投げやり
なげる　投げる
なこうど　仲人
なごむ　和む
なごやか　和やか
なごやかだ　和やかだ
なごり　名残
名残が尽きない，名残惜しい
なさけ　情け
情けない
なざし　名指し
なざす　名指す
なし　○梨
なし　無し
なしとげる　成し遂げる
なす　成す
形を成す，意味を成さない
なす　なす
……となす，なすすべもない
なぜ　なぜ
なぞ　○謎
なだかい　名高い
なだれ　雪崩
ナッ　納
納得，納豆
なつ　夏
夏服，真夏
なつかしい　懐かしい
なつかしむ　懐かしむ
なつく　懐く
なづけ　名付け
名付け親
なつける　懐ける
餌を与えて犬を懐ける
なづける　名付ける
なつまけ　夏負け
なつむき　夏向き
なつやすみ　夏休み
など　など（㊟「等」は「トウ」と読むときに用いる。）
資料などを用意する
なとり　名取り
なな　七
七月目
ななつ　七つ
七つ道具
ななひかり　七光り
ななまがり　七曲がり
ななめ　斜め
ななめに　斜めに

なに　何

何者，何事

なにとぞ　何とぞ

何とぞよろしく

なにブン　何分

何分よろしく

なの　七

なのか　七日（「なぬか」とも）

なのる　名のる

なべ　○鍋

鍋料理

なま　生

生の野菜，生水

なまあげ　生揚げ

なまあたたかい　生暖かい

なまえ　名前

なまけもの　怠け者

なまける　怠ける

なまなましい　生々しい

なまにえ　生煮え

なまやけ　生焼け

なまよい　生酔い

なまり　鉛

鉛色

なみ　波

波立つ，荒波

なみ　並

並木，足並み，並の品

なみあし　並足

なみうちぎわ　波打ち際

なみうつ　波打つ

なみき　並木

なみだ　涙

なみだぐましい　涙ぐましい

なみだぐむ　涙ぐむ

なみだつ　波立つ

なみなみ　並々

並々ならぬ努力

なめらか　滑らか

なめらかだ　滑らかだ

ナや　納屋

なやましい　悩ましい

なやます　悩ます

なやみ　悩み

なやむ　悩む

ならい　習い

手習い

ならう　習う

見習う，先生にピアノを習う

ならう　倣う

前例に倣う

ならケン　○奈良県

ならす　鳴らす

ならす　慣らす

ならび　並び

ならびダイミョウ　並び大名

ならびたつ　並び立つ

ならびたてる　並び立てる

ならびに　並びに（接続詞）

（A並びにB）

ならぶ　並ぶ

ならべる　並べる

ならわし　習わし

なり　鳴り

耳鳴り

なりあがり　成り上がり

なりあがる　成り上がる

なりキン　成金

なりさがる　成り下がる

なりたち　成り立ち

なりたつ　成り立つ

なりひびく　鳴り響く

なりものいり　鳴り物入り

なりゆき　成り行き

なる　成る

本表と付表とから成る

なる　鳴る

なる　なる

合計すると１万円になる

なるこ　鳴子

なるべく　なるべく

なるべく早くする

なるほど　なるほど

なれ　慣れ

なれあい　なれ合い

なれる　慣れる

なわ　縄

なわ　苗

苗代

なわあみ　縄編み

なわつき　縄付き

なわとび　縄跳び

なわばり　縄張

ナン　男

長男，美男，善男善女

ナン　南

南北，南端，指南

ナン　納

納戸

ナン　軟

軟化，軟弱，硬軟

ナン　難

難易，困難，非難

なん　何

何本，何十，何点，何でもない，何にも，何のことか

ナンど　納戸

なんら　何ら

何らの疑いもない

なんらか　何らか

何らかの処分

—ニ・に—

ニ　二

二番目，二分，十二月

ニ　仁

仁王

ニ　尼

尼僧，修道尼

ニ　弐

　弐万円

ニ　児

　小児科

に　荷

　荷物，初荷

にあい　似合い

にあう　似合う

にあげ　荷揚げ

にあつかいば　荷扱場

にい　新

　新妻，新盆

にいさん　兄さん

にうけ　荷受け

にうけニン　荷受人

にえ　煮え

　生煮え

にえかえる　煮え返る

にえたつ　煮え立つ

にえゆ　煮え湯

にえる　煮える

におい　○匂い

　梅の花の匂い

におい　△臭い

　魚の腐った臭い

におう　○匂う

　香水がほのかに匂う

におう　△臭う

　生ごみが臭う

にがい　苦い

ニカイだて　二階建て

ニカイづくり　二階造り

にがお　似顔

　似顔絵

にがす　逃がす

にがにがしい　苦々しい

にがみ　苦み

にがむし　苦虫

にかよう　似通う

にがりきる　苦り切る

にがわらい　苦笑い

にぎり　握り

　一握り

にぎりこぶし　握り○拳

にぎりしめる　握り締める

にぎりずし　握りずし

にぎりつぶす　握り○潰す

にぎりめし　握り飯

にぎる　握る

にぎやか　にぎやか

にぎわう　にぎわう

　祭でにぎわう

ニク　肉

　肉類，肉薄，筋肉

にくい　憎い

にくい　…にくい

　実行しにくい，言いにくい

ニクいり　肉入り

ニクいれ　肉入れ

ニクきり　肉切り

にくげ　憎げ

にくさ　憎さ

にくしみ　憎しみ

ニクづき　肉付き

にくまれぐち　憎まれ口

にくみ　憎み

にくむ　憎む

にくらしい　憎らしい

にげ　逃げ

夜逃げ

にげあし　逃げ足

にげおくれる　逃げ遅れる

にげコウジョウ　逃げ口上

にげごし　逃げ腰

にげこむ　逃げ込む

にげまどう　逃げ惑う

にげジタク　逃げ支度

にげだす　逃げ出す

にげのびる　逃げ延びる

にげまわる　逃げ回る

にげみち　逃げ道

にげる　逃げる

にごす　濁す

にこみ　煮込み

にこむ　煮込む

にごらす　濁らす

にごり　濁り

にごりざけ　濁り酒

にごりみず　濁り水

にごる　濁る

にし　西

西日

にじ　○虹

虹色

にしき　○錦

錦絵

にしジンおり　西陣織

にじみでる　にじみ出る

にじむ　にじむ

にしむき　西向き

にせ　偽

偽物，偽札

にせる　似せる

にだしじる　煮出し汁

にたつ　煮立つ

ニダンぬき　二段抜き

ニチ　日

日時，日光，日食，毎日

につかわしい　似つかわしい

にづくり　荷造り

にづくりキ　荷造機

にづくりヒ　荷造費

につけ　煮付け

につまる　煮詰まる

にづみ　荷積み

につめる　煮詰める

ニトウだて　二頭立て

になう　担う

双肩に担う

ニのあし　二の足

ニのく　二の句
ニのかわり　二の替わり
ニのつぎ　二の次
ニのまい　二の舞
にぶい　鈍い
にぶさ　鈍さ
にぶらす　鈍らす
にぶる　鈍る
にぼし　煮干し
ニホンだて　二本立て
ニャク　若
老若（「ロウニャク」又は「ロウジャク」）
にやす　煮やす
業を煮やす
ニュウ　入
入学，侵入，収入
ニュウ　乳
乳児，乳液，牛乳
ニュウ　柔
柔和，柔弱
ニョ　女
女人，天女，善男善女
ニョ　如
如実，如来，不如意
ニョウ　女
女房
ニョウ　尿
尿意，尿素，夜尿症
ニョジツ　如実
により　似寄り
にらみ　にらみ
にらみ合わせる
にらむ　にらむ
にる　似る
にる　煮る
にわ　庭
庭先
にわか　にわか
にわか雨
にわかに　にわかに
にわかに解決に向かう
にわかジこみ　にわか仕込み
にわづくり　庭作り，庭造り
にわづたい　庭伝い
にわとり　鶏
ニン　人
人間，人情，人形
ニン　任
任意，任務，責任
ニン　妊
妊娠，懐妊，不妊
ニン　忍
忍者，忍耐，残忍
ニン　認
認識，承認，否認
ニンキとり　人気取り
ニンじる　任じる
ニンズウ　人数（「ニンズ」とも）

ニンずる　　任ずる

課長補佐に任ずる

—ヌ・ぬ—

ぬい　　縫い

縫い糸

ぬいあげ　　縫い上げ

ぬいあげる　　縫い上げる

ぬいいと　　縫い糸

ぬいかえし　　縫い返し

ぬいかえす　　縫い返す

ぬいかた　　縫い方

ぬいこみ　　縫い込み

ぬいこむ　　縫い込む

ぬいしろ　　縫い代

ぬいとり　　縫い取り

ぬいめ　　縫い目

ぬいもの　　縫い物

ぬいモン　　縫い紋

ぬう　　縫う

ぬかす　　抜かす

ぬかよろこび　　ぬか喜び

ぬかり　　抜かり

ぬかる　　抜かる

ぬきあし　　抜き足

ぬきうち　　抜き打ち，抜き撃ち

ぬきえり　　抜き襟

ぬきがき　　抜き書き

ぬきさし　　抜き差し

ぬぎすてる　　脱ぎ捨てる

ぬきずり　　抜き刷り

ぬきだす　　抜き出す

ぬきて　　抜き手（「ぬきで」とも）

ぬきとり　　抜取り

ぬきとる　　抜き取る

ぬきみ　　抜き身

ぬきよみ　　抜き読み

ぬきんでる　　ぬきんでる

才能がぬきんでる

ぬく　　抜く

ぬぐ　　脱ぐ

ぬぐいとる　　○拭い取る

ぬぐう　　○拭う

汗を拭う

ぬくもり　　ぬくもり

肌のぬくもり

ぬけあな　　抜け穴

ぬけがけ　　抜け駆け

ぬけがら　　抜け殻

ぬけかわる　　抜け替わる

ぬけげ　　抜け毛

ぬけだす　　抜け出す

ぬけみち　　抜け道

ぬけめ　　抜け目

ぬける　　抜ける

ぬげる　　脱げる

ぬし　　主

地主

ぬすみ　　盗み

ぬすみあし　盗み足

ぬすみぎき　盗み聞き

ぬすみぐい　盗み食い

ぬすみとる　盗み取る

ぬすみよみ　盗み読み

ぬすむ　盗む

ぬの　布

布地，布目

ぬま　沼

沼地

ぬらす　ぬらす

涙で頬をぬらす

ぬり　塗り

塗りが悪い，ペンキ塗り

ぬり　…塗（工芸品）

春慶塗，輪島塗

ぬりあげる　塗り上げる

ぬりエ　塗り絵

ぬりかえ　塗り替え

ぬりかえる　塗り替える

ぬりかた　塗り方

ぬりぐすり　塗り薬

ぬりゲタ　塗りげた

ぬりたてる　塗り立てる

ぬりづくえ　塗り机

ぬりつける　塗り付ける

ぬりつぶす　塗り○潰す

ぬりボン　塗り盆

ぬりもの　塗り物

ぬる　塗る

ぬるい　ぬるい

茶がぬるい

ぬるむ　ぬるむ

水ぬるむ春

ぬれる　ぬれる

雨にぬれる

—ネ・ね—

ね　音

音色，本音，弱音

ね　根

根強い，屋根

ね　値

値段，高値，安値

ねあがり　値上がり

ねあげ　値上げ

ネイ　寧

安寧，丁寧

ねいりばな　寝入りばな

ねいる　寝入る

ねうち　値打ち

ねえさん　姉さん

ねおき　寝起き

ねおし　寝押し

ねがい　願い

ねがい　…願

休暇願，退職願

ねがいあげる　願い上げる

ねがいごと　願い事

ねがいさげ　願い下げ
ねがいさげる　願い下げる
ねがいで　願い出
ねがいでる　願い出る
ねがう　願う
ねがえり　寝返り
ねかす　寝かす
ねかせる　寝かせる
ねがわくは　願わくは
ねがわしい　願わしい
ねぎらい　ねぎらい
ねぎらう　ねぎらう
　今までの苦労をねぎらう
ねぎる　値切る
ねくずれ　値崩れ
ねぐるしい　寝苦しい
ねこ　猫
ねごと　寝言
ねこみ　寝込み
ねこむ　寝込む
ねころぶ　寝転ぶ
ねさがり　値下がり
ねさげ　値下げ
ねざす　根ざす
ねざや　値ざや
ねじきる　ねじ切る
ねじこむ　ねじ込む
ねしずまる　寝静まる
ねじふせる　ねじ伏せる
ねじまげる　ねじ曲げる
ねじまわし　ねじ回し
ねすぎる　寝過ぎる
ねすごす　寝過ごす
ねずみとり　ねずみ取り
ねたむ　○妬む
　他人の成功を妬む
ねだやし　根絶やし
ネツ　熱
　熱病，熱湯，情熱
ねつき　寝付き
ネッする　熱する
ねづもり　値積もり
ねづよい　根強い
ねどこ　寝床
ねとまり　寝泊まり
ねばり　粘り
ねばりづよい　粘り強い
ねばりづよさ　粘り強さ
ねばりぬく　粘り抜く
ねばる　粘る
ねびえ　寝冷え
ねびき　値引き
ねぶみ　値踏み
ねぼける　寝ぼける
ねほりはほり　根掘り葉掘り
ねまき　寝巻き
ねまわし　根回し
ねむい　眠い
ねむがる　眠がる
ねむケ　眠気

ねむたい　眠たい
ねむらす　眠らす
ねむり　眠り
ねむりぐすり　眠り薬
ねむりこむ　眠り込む
ねむる　眠る
ねらい　○狙い
ねらいうち　○狙い撃ち
ねらう　○狙う
　隙を狙う
ねり　練り
ねりあるく　練り歩く
ねりあわせる　練り合わせる
ねりいと　練り糸
ねりぎぬ　練り絹
ねりなおし　練り直し
ねりなおす　練り直す
ねりはみがき　練歯磨
ねりヨウカン　練りようかん
ねる　寝る
ねる　練る
ねれる　練れる
ねわけ　根分け
ネン　年
　年代，少年，豊年
ネン　念
　念願，信念，断念
ネン　○捻
　捻挫，捻出
ネン　粘
　粘土，粘液，粘着
ネン　然
　天然，寂然（「ジャクネン」又は「セキゼン」）
ネン　燃
　燃焼，燃料，可燃性
ネンいり　念入り
ねんごろ　懇ろ
ねんごろだ　懇ろだ
ネンザ　○捻○挫
ネンシュツ　○捻出
ネンじる　念じる
ネンずる　念ずる
　成功を念ずる
ネンのため　念のため
　念のため申し添えます

—ノ・の—

の　野
　野原
のあそび　野遊び
のあらし　野荒らし
ノウ　悩
　悩殺，苦悩，煩悩（ボンノウ）
ノウ　納
　納入，納涼，収納
ノウ　能
　能力，芸能，効能
ノウ　脳

脳髄，脳裏，首脳，頭脳

ノウ　　農

農業，農具，酪農

ノウ　　濃

濃厚，濃紺，濃淡

ノウがき　　能書き

ノウコウソク　　脳○梗○塞

ノウフずみキカン　　納付済期間

のがす　　逃す

見逃す

のがれる　　逃れる

のき　　軒

軒先

のきなみ　　軒並み

のける　　のける

物をのける

のこし　　残し

食べ残し

のこす　　残す

のこらず　　残らず

のこり　　残り

のこりおしい　　残り惜しい

のこりもの　　残り物

のこる　　残る

のしあがる　　のし上がる

一介の商人から財閥にのし上がる

のせる　　乗せる

母を飛行機に乗せて帰す，電波に乗せる，計略に乗せる

のせる　　載せる

自動車に貨物を載せる，棚に本を載せる，雑誌に広告を載せる

のぞきこむ　　のぞき込む

のぞきみる　　のぞき見る

のぞく　　除く

18歳未満を除く

のそだち　　野育ち

のぞましい　　望ましい

のぞみ　　望み

のぞみうすだ　　望み薄だ

のぞむ　　望む

のぞむ　　臨む

のち　　後

後の世

のちぞい　　後添い

のちほど　　後ほど

後ほど連絡する

のっとる　　乗っ取る

飛行機を乗っ取る

のっとる　　のっとる

法令にのっとって

のど　　○喉

喉元

ののしる　　○罵る

のばす　　伸ばす

手足を伸ばす，勢力を伸ばす

のばす　　延ばす

出発を延ばす，開会を延ばす

のばなし　　野放し

のび　　伸び

背伸び

のび　延び

のびあがる　伸び上がる

のびちぢみ　伸び縮み

のびなやみ　伸び悩み

のびなやむ　伸び悩む

のびのび　伸び伸び

伸び伸びと育つ

のびのび　延び延び

支払いが延び延びになる

のびリツ　伸び率

のびる　伸びる

草が伸びる，身長が伸びる，学力が伸びる

のびる　延びる

地下鉄が郊外まで延びる，寿命が延びる

のべ　延べ

のべがね　延べ金

のベジンイン　延べ人員

のべつぼ　延べ坪

のベニッスウ　延べ日数

のべばらい　延べ払い

のベボウ　延べ棒

のべる　△伸べる

手を伸べて助け起こす，救いの手を伸べる

のべる　延べる

出発の期日を延べる，布団を延べる

のべる　述べる

のぼす　上す

のぼせる　上せる

のぼらす　上らす

のぼり　上り

上り列車

のぼり　登り

登り坂，木登り，山登り

のぼり　のぼり

のぼりを立てる

のぼりくだり　上り下り

のぼりくち　登り口（「のぼりぐち」とも）

のぼりざか　上り坂

のぼりつめる　上り詰める

最高の地位に上り詰める

のぼりつめる　登り詰める

頂上まで登り詰めると，……

のぼる　上る

川を上る，坂を上る，水銀柱が上る，損害が一億円に上る

のぼる　登る

山に登る，木に登る，演壇に登る

のぼる　昇る

日が昇る，天に昇る

のみあかす　飲み明かす

のみあるく　飲み歩く

のみかけ　飲みかけ

のみくい　飲み食い

のみぐすり　飲み薬

のみこむ　飲み込む

のみたおす　飲み倒す

のみて　飲み手

のみにげ　飲み逃げ

のみほす　飲み干す

のみみず　飲み水

のみもの　飲物

のみや　飲み屋

のむ　飲む

水を飲む

のむ　のむ

条件をのむ

のら　野良

のり　のり

のり巻き，のりで紙をはる

のりあい　乗り合い

のりあいぶね　乗合船

のりあいリョカク　乗合旅客

（「のりあいリョキャク」とも）

のりあげる　乗り上げる

のりあわせる　乗り合わせる

のりいれ　乗り入れ

のりいれる　乗り入れる

のりうつる　乗り移る

のりおえる　乗り終える

のりおくれる　乗り遅れる

のりおり　乗り降り

のりおわる　乗り終わる

のりかえ　乗換え

のりかえ　乗換…

乗換駅，乗換券，乗換案内

のりかえる　乗り換える

のりかかる　乗り掛かる

のりキ　乗り気

のりきる　乗り切る

のりくみ　乗組み

のりくみ　乗組…

乗組員，乗組基準

のりくむ　乗り組む

のりこえる　乗り越える

のりごこち　乗り心地

のりこし　乗り越し

のりこす　乗り越す

のりこなす　乗りこなす

のりこむ　乗り込む

のりすごす　乗り過ごす

のりすてる　乗り捨てる

のりそこなう　乗り損なう

のりだす　乗り出す

のりつぎ　乗り継ぎ

のりつぐ　乗り継ぐ

のりづけ　のり付け

のりつづける　乗り続ける

のりづめ　乗りづめ

一昼夜列車に乗りづめで疲れる

のりて　乗り手

のりと　祝詞

のりにげ　乗り逃げ

のりまき　のり巻き

のりまわす　乗り回す

のりもの　乗り物

のる　乗る

馬に乗る，時流に乗る，相談に乗る，風に乗って飛ぶ，電車に乗って行く

のる　載る

新聞に載る，机に載っている本

のろう　○呪う

人を呪わば穴二つ

のろわしい　○呪わしい

呪わしい運命

のんびり　のんびり（副詞）

―ハ・は―

ハ　把

把握，把持，一把（イチワ），三把（サンバ），十把（「ジッパ」又は「ジュッパ」）（㊟「把（ハ）」は，前に来る音によって「ワ」，「バ」，「パ」になる。）

ハ　波

波浪，波及，電波

ハ　派

派遣，派生，流派

ハ　破

破壊，破棄，破産，撃破

ハ　覇

覇権，覇者，制覇

は　刃

刃物，両刃

は　歯　入れ歯

は　羽

白羽の矢，一羽（わ），三羽（ば），六羽（ぱ）（㊟「羽（は）」は，前に来る音によって「わ」，「ば」，「ぱ」になる。）

は　葉

枯れ葉，落ち葉

は　端

端数，半端，軒端

バ　馬

馬車，競馬，乗馬

バ　婆

老婆，産婆役

バ　○罵

罵声，罵倒

ば　場

場所，広場

ばあい　場合

ハアク　把握

ばあたり　場当たり

ハイ　拝

拝見，拝礼，崇拝

ハイ　杯

祝杯，銀杯，一杯

ハイ　背

背後，背景，腹背

ハイ　肺

肺臓，肺炎，肺活量

ハイ　俳

俳優，俳句，俳味

ハイ　配

配布，配分，交配，心配

ハイ　排

排斥，排気，排除

ハイ　敗

敗北，腐敗，失敗

ハイ　廃

廃止，廃物，荒廃

ハイ　輩

輩出，同輩，先輩

はい　灰

灰色，火山灰

バイ　売

売買，売品，売春，商売

バイ　倍

倍率，倍加，二倍

バイ　梅

梅園，梅雨，紅梅

バイ　培

培養，栽培

バイ　陪

陪席，陪食，陪審

バイ　媒

媒介，媒体，触媒

バイ　買

買収，売買，購買

バイ　賠　賠償

バイエン　ばい煙

ハイスイのジン　背水の陣

ハイする　拝する

ハイする　配する

ハイする　排する

ハイする　廃する

ハイセツ　排せつ

はいだす　はい出す

はいでる　はい出る

ハイトウつき　配当付き

はいとり　はい取り　はい取り紙

はいふき　灰吹き

ハイフ　配布

ハイフ　配付（㊟法令では，「交付税及び譲与税配付金特別会計」のような特別な場合のみに用いる。）

バイまし　倍増し　倍増し料金

はいまわる　はい回る

はいる　入る

はいれ　歯入れ

はえ　栄え

見事な出来栄え，見栄えがする

はえ　映え　夕映え

はえある　栄えある

栄えある勝利

はえかわる　生え変わる

はえぬき　生え抜き

はえる　生える　芽生える

はえる　栄える

アカデミー賞受賞に栄える作品

はえる　映える

紅葉が夕日に映える

はおり　羽織

はおる　羽織る

はか　墓

はがいじめ　羽交い締め

はがき　はがき

郵便はがき

はがす　○剥がす

ばかす　化かす

はかせ　博士

はかたおり　博多織

はかどる　はかどる

仕事がはかどる

はかない　はかない

はかない夢

はがね　鋼

はかまいり　墓参り

はからい　計らい

はからう　計らう

はからずも　図らずも

図らずも受賞の栄に浴し……

はかり　計り

計り知れない恩恵

はかり　測り

はかり　量り　量り売り

はかり　はかり　はかり目

ばかり　…ばかり

こればかり，……するばかり

はかる　図る

合理化を図る，解決を図る，便宜を図る

はかる　計る

時間を計る，まんまと計られる

はかる　測る

水深を測る，標高を測る，距離を測る，面積を測る，測定器で測る

はかる　量る

目方を量る，升で量る，容積を量る

はかる　謀る

暗殺を謀る，悪事を謀る

はかる　諮る

審議会に諮る

はがれる　○剥がれる

ハキ　破棄

はききよめる　掃き清める

はきケ　吐き気

はきだし　吐き出し

はきだす　吐き出す

はきだす　掃き出す

はきたて　掃き立て

はきだめ　掃きだめ

はきもの　履物

はぎれ　歯切れ

歯切れの良い言葉

ハク　白

白髪（「ハクハツ」又は「しらが」），紅白，明白

ハク　伯

伯仲，画伯

ハク　拍

拍手，拍車，一拍

ハク　　泊

宿泊，停泊，外泊

ハク　　迫

迫害，脅迫，切迫

ハク　　○剥

剥製，剥奪，剥離

ハク　　舶　　舶来，船舶

ハク　　博

博識，博覧，博士号

ハク　　薄

薄情，薄謝，軽薄

はく　　吐く

はく　　掃く

はく　　履く

はぐ　　○剥ぐ

バク　　麦

麦芽，麦秋，精麦

バク　　漠

漠然，広漠，砂漠

バク　　博

博労，博徒

バク　　幕

幕府，幕末，幕僚

バク　　暴

暴露

バク　　縛

束縛，捕縛

バク　　爆

爆発，爆弾，原爆

はぐくむ　　△育む

ひなを育む，自由の精神を育む

ハクする　　博する

好評を博する

バクゼン　　漠然

漠然としている

バクダイ　　ばくだい

ばくだいな資産

ハクダツ　　○剥奪

はげしい　　激しい

はげしさ　　激しさ

はげまし　　励まし

はげます　　励ます

はげみ　　励み

はげむ　　励む

ばけもの　　化け物

はげる　　○剥げる

ばける　　化ける

はこ　　箱

箱庭，小箱

はこいり　　箱入り

箱入り娘

はこがき　　箱書き

はこづめ　　箱詰め

はこび　　運び

はこぶ　　運ぶ

はさまる　　挟まる

はさみうち　　挟み打ち，挟み撃ち

はさみこむ　　挟み込む

はさむ　挟む

はし　端

片端

はし　○箸

箸箱

はし　橋

丸木橋

はじ　恥

生き恥

はじいる　恥じ入る

はしがき　端書き

はじきだす　はじき出す

はじさらし　恥さらし

はしぢか　端近

はしづめ　橋詰め

はしなくも　はしなくも

はしなくも原因が判明した

はじまり　始まり

はじまる　始まる

会が始まる

はじめ　初め

初めこう思った

はじめ　始め

始めと終わり，御用始め，…を始め

はじめて　初めて（副詞）

初めて経験する

はじめる　始める

仕事を始める

はしら　柱

帆柱，大黒柱

はじらい　恥じらい

はじらう　恥じらう

はしらせる　走らせる

はしり　走り

はしりがき　走り書き

はしりたかとび　走り高跳び

はしりだす　走り出す

はしりづかい　走り使い

はしりはばとび　走り幅跳び

はしりまわる　走り回る

はしりよる　走り寄る

はしる　走る

先走る

はじる　恥じる

はず　はず

できるはずだ，5時に到着するはずだ

はスウ　端数

はずかしい　恥ずかしい

はずかしめ　辱め

はずかしめる　辱める

はずす　外す

踏み外す

はずみ　弾み

はずむ　弾む

はずれ　外れ

はずれる　外れる

戸が外れる，予想が外れる

はせサンじる　はせ参じる

はた　畑

畑作，田畑

はた　　機

機織り

はた　　旗

旗色，手旗

はた　　端

川端，道端

はだ　　肌

肌，肌色，地肌

はだあい　　肌合い

はたあげ　　旗揚げ

はだあれ　　肌荒れ

はたおり　　機織り

はだか　　裸

丸裸

はたけ　　畑

麦畑

はたけちがい　　畑違い

はだざむい　　肌寒い

はだざわり　　肌触り

はたしあい　　果たし合い

はたしジョウ　　果たし状

はたして　　果たして（副詞）

果たして……だ

はたす　　果たす

責任を果たす，有り金を使い果たす

はたち　　二十，二十歳

はだぬぎ　　肌脱ぎ

はたもち　　旗持ち

はたらかす　　働かす

はたらき　　働き

はたらきざかり　　働き盛り

はたらきて　　働き手

はたらきばち　　働き○蜂

はたらく　　働く

ハタン　　破○綻

ハチ　　八

八月，八方

ハチ　　鉢

鉢，植木鉢

はち　　○蜂　　蜜蜂

バチ　　罰

罰当たり

ハチあわせ　　鉢合わせ

ハチうえ　　鉢植え

はちきれる　　はち切れる

ハチまき　　鉢巻き

ハッ　　法

法度（ハット）

ハツ　　発

発明，発射，突発

ハツ　　髪

頭髪，白髪（「ハクハツ」又は「しらが」），整髪

ハツ　　鉢

衣鉢

はつ　　初

初雪，初耳，初の受賞

バツ　　末

末子（「バッシ」又は「マッシ」），末

弟（「バッテイ」又は「マッテイ」）

バツ　　伐

伐採，征伐，殺伐

バツ　　抜

抜群，選抜

バツ　　罰

罰金，処罰，天罰

バツ　　閥

門閥，財閥，派閥

はつか　　二十日

はつこい　　初恋

ハッコウずみかぶしき　　発行済株式

はつごおり　　初氷

はつずり　　初刷り

ハッする　　発する

奇声を発する，声明を発する，使者を発する

バッする　　罰する

違反者を罰する

はつだより　　初便り

ハット　　法度

はつもうで　　初○詣

はつらつ　　はつらつ

はつらつとした若者

はて　　果て

地の果て

ハで　　派手

派手な服装

はてしない　　果てしない

はてる　　果てる

はとば　　波止場

はどめ　　歯止め

はな　　花

花火，花の都，花形，花も実もない

はな　　華

華やか，華々しい

はな　　鼻

鼻血，小鼻

はなあわせ　　花合わせ

はなぐもり　　花曇り

はなざかり　　花盛り

はなし　　話

話，昔話，立ち話

はなしあい　　話合い

はなしあいて　　話し相手

はなしあう　　話し合う

はなしがい　　放し飼い

はなしかた　　話し方

はなしずき　　話好き

はなして　　話し手

はなす　　放す

鳥を放す，見放す

はなす　　話す

はなす　　離す

間を離す，手を離す

はなたて　　花立て

はなだより　　花便り

はなつ　　放つ

はなづくし　　花尽くし

はなづくり　花作り

はなつみ　花摘み

はなはだ　甚だ（副詞）

甚だ迷惑だ

はなはだしい　甚だしい

はなばなしい　華々しい

はなび　花火

はなびえ　花冷え

はなびら　花びら

はなふぶき　花吹雪

はなまつり　花祭り

はなみ　花見

はなむこ　花婿

はなむすび　花結び

はなもよう　花模様

はなやかだ　華やかだ

はなやぐ　華やぐ

はなよめ　花嫁

はならび　歯並び

はなれ　離れ

はなれうま　放れ馬

はなれざしき　離れ座敷

はなれじま　離れ島

はなれや　離れ家

はなれる　放れる

矢が弦を放れる

はなれる　離れる

遠く離れた町，職を離れる，離れ離れになる

はなれわざ　離れ業

はぬけ　歯抜け

はね　羽

鳥の羽

はね　羽根

赤い羽根

はねあがる　跳ね上がる

はねあげる　跳ね上げる

はねおきる　跳ね起きる

はねかえす　跳ね返す

はねかえる　跳ね返る

はねかざり　羽根飾り

はねとばす　跳ね飛ばす

はねまわる　跳ね回る

はねる　跳ねる

はは　母

母親

はば　幅

横幅

はばかる　はばかる

人目をはばかる

はばたく　羽ばたく

はばとび　幅跳び

はばひろい　幅広い

はばむ　阻む

はびこる　はびこる

粗悪品がはびこる

はぶく　省く

はま　浜

浜辺，砂浜

はまき　葉巻

はまづたい　浜伝い
はまやき　浜焼き
はみがき　歯磨き
はみがきこ　歯磨粉
はみだす　はみ出す
はみでる　はみ出る
はむかう　刃向かう
はめこみ　はめ込み
はめこむ　はめ込む
はやい　早い
時期が早い，気が早い，早く起きる
はやい　速い
流れが速い，球が速い，テンポが速い
はやうち　早打ち，早撃ち
はやうまれ　早生まれ
はやおき　早起き
はやがえり　早帰り
はやガテン　早合点（「はやガッテン」とも）
はやがわり　早変わり
はやくち　早口
はやさ　速さ
車の速さ
はやざき　早咲き
はやし　林
松林
はやじに　早死に
はやしたてる　はやし立てる
はやす　生やす
はやまる　早まる
出発時間が早まる，順番が早まる，早まった行動
はやまる　△速まる
回転のスピードが速まる，脈拍が速まる
はやめる　早める
はやめる　速める
はやりすたり　はやり廃り
はら　原
野原，松原
はら　腹
腹芸，太っ腹
はらあて　腹当て
はらい　払い
はらいこみ　払込み
はらいこみ　払込…
払込金，払込用紙
はらいこむ　払い込む
はらいさげ　払下げ
はらいさげヒン　払下品
はらいさげる　払い下げる
はらいだし　払出し
はらいだしキン　払出金
はらいだす　払い出す
はらいもどし　払戻し
はらいもどしキン　払戻金
はらいもどしショウショ　払戻証書
はらいもどす　払い戻す

はらいもの　　払い物
はらいわたし　　払渡し
はらいわたしキン　　払渡金
はらいわたしずみ　　払渡済み
はらいわたしユウビンキョク
払渡郵便局
はらいわたす　　払い渡す
はらう　　払う
はらおび　　腹帯
はらがけ　　腹掛け
はらきり　　腹切り
はらくだし　　腹下し
はらぐろい　　腹黒い
はらごしらえ　　腹ごしらえ
はらごなし　　腹ごなし
はらす　　晴らす
恨みを晴らす
はらす　　○腫らす
泣き腫らす
はらだたしい　　腹立たしい
はらだち　　腹立ち
はらちがい　　腹違い
はらづもり　　腹積もり
はり　　針
針金
はり　　張り
張りのある声
はり　　○貼り
タイル貼（張）り
はりあい　　張り合い
はりかえ　　張り替え
はりかえる　　張り替える
はりきる　　張り切る
はりこ　　張り子
はりこみ　　張り込み
はりこむ　　張り込む
はりさける　　張り裂ける
はりさし　　針刺し
はりだし　　張り出し
はりだしこむすび　　張出小結
はりだす　　張り出す
はりつけ　　○貼付け
はりつける　　○貼り付ける
切手を貼り付ける
はりつめる　　張り詰める
はりめぐらす　　張り巡らす
はる　　春
春めく
はる　　張る
氷が張る，テントを張る
はる　　○貼る
ポスターを貼る
ばる　　…ばる　　形式ばる
はるか　　はるか
はるかな旅，はるか昔，はるかに大きい
はるさめ　　春雨
はるめく　　春めく
はれ　　晴れ
はれ　　○腫れ

はれがましい　晴れがましい

はれぎ　晴れ着

はれすがた　晴れ姿

はれて　晴れて

はれま　晴れ間

はれやかだ　晴れやかだ

はれる　晴れる

空が晴れる，疑いが晴れる

はれる　○腫れる

指が腫れる

はわたり　刃渡り

ハン　凡

凡例

ハン　反

反映，反対，反論，違反

ハン　半

半分，半面，大半

ハン　○氾

氾濫

ハン　犯

犯罪，共犯，侵犯

ハン　○汎

汎用

ハン　帆

帆船，帆走，出帆

ハン　伴

同伴，随伴

ハン　判

判定，判明，裁判

ハン　○阪

阪神，京阪

ハン　坂

急坂

ハン　板

乾板，鉄板

ハン　版

版画，写真版，出版

ハン　班

班長，救護班

ハン　畔

湖畔

ハン　般

諸般，一般，先般

ハン　販

販売，販路，市販

ハン　○斑

斑点

ハン　飯

御飯，炊飯，赤飯

ハン　搬

搬入，搬出，運搬

ハン　煩

煩雑

ハン　頒

頒布，頒価

ハン　範

範囲，師範，模範

ハン　繁

繁栄，繁茂，繁殖，繁華街

ハン　藩

藩主，廃藩

バン　万

万国，万端，万全

バン　伴

伴奏，伴食

バン　判　A判，大判

バン　板

黒板，掲示板

バン　晩

晩夏，今晩，早晩

バン　番

番人，番付，番組，順番

バン　蛮

蛮行，蛮人，野蛮

バン　盤

基盤，円盤，碁盤

ハンする　反する

意思に反する

バンぐみ　番組

バンくるわせ　番狂わせ

ハンごろし　半殺し

バンづけ　番付

ハンとりチョウ　判取り帳

ハンノウ　反応

ハンヨウ　○汎用

ハンラン　○氾濫

—ヒ・ひ—

ヒ　比

比較，比例，無比

ヒ　皮

皮膚，皮相，樹皮

ヒ　妃

妃殿下，王妃

ヒ　否

否定，適否，安否

ヒ　批

批判，批評，批准

ヒ　彼

彼我，彼岸

ヒ　披

披見，披露（ヒロウ），直披

ヒ　泌　泌尿器

ヒ　肥

肥大，肥料，施肥

ヒ　非

非難，非常，是非

ヒ　卑

卑近，卑屈，卑下

ヒ　飛

飛行，飛躍，雄飛

ヒ　疲

疲労，疲弊

ヒ　秘

秘密，秘書，神秘

ヒ　被

被服，被害，被告，被災

ヒ　悲

悲喜，悲劇，慈悲

ヒ　扉

開扉，門扉

ヒ　費

費用，消費，旅費

ヒ　碑

碑銘，石碑，記念碑

ヒ　罷

罷業，罷免

ヒ　避

避難，逃避，不可避

ひ　干

干物，潮干狩り

ひ　日

日付，日陰，月曜日

ひ　火

火花，炭火，火が燃える，火に掛ける，火を見るより明らか

ひ　氷

氷雨

ひ　灯

灯がともる，遠くに町の灯が見える

ビ　尾

尾行，首尾，末尾

ビ　○眉

眉目，焦眉

ビ　美

美醜，美術，賛美

ビ　備

備考，守備，準備

ビ　微

微細，微笑，衰微

ビ　鼻

鼻音，鼻孔，耳鼻科

ひあがる　干上がる

ひあそび　火遊び

ひあたり　日当たり

ひいては　ひいては（副詞）

ひいては国のために……

ひいでる　秀でる

ひいれ　火入れ

火入れ式

ひうちいし　火打ち石

ひえ　冷え

冷え性，底冷え

ひえこみ　冷え込み

ひえこむ　冷え込む

ひえる　冷える

ひかえ　控え

ひかえシツ　控室

ひかえめ　控え目

ひがえり　日帰り

ひかえる　控える

ひがけ　日掛け

ひかされる　引かされる

ひがし　東

東側

ひかす　引かす

ひからす　光らす

ひかり　光

稲光

ひかりかがやく　光り輝く
ひかる　光る
ひき　匹
　数匹，匹で買う
ひき　引き
　引きが悪い
びき　…引き
　三割引き，値引き
ひきあい　引き合い
ひきあう　引き合う
ひきあげ　引上げ
ひきあげ　引揚げ
ひきあげシャ　引揚者
ひきあげる　引き上げる
　給与を引き上げる，金利を引き上げる
ひきあげる　引き揚げる
　外国から引き揚げる，沈没船を引き揚げる
ひきあてキン　引当金
ひきあわせ　引き合わせ
ひきあわせる　引き合わせる
ひきいる　率いる
ひきいれる　引き入れる
ひきうけ　引受け
ひきうけ　引受…
　引受時刻，引受人
ひきうける　引き受ける
ひきうつし　引き写し
ひきうつす　引き写す
ひきおこし　引起し
ひきおこす　引き起こす
ひきおとす　引き落とす
ひきおろす　引き降ろす
ひきかえ　引換え
ひきかえ　引換…
　引換券
ひきかえ　…引換
　代金引換
ひきかえす　引き返す
ひきかえる　引き換える
ひきがたり　弾き語り
ひきがね　引き金
ひきこみ　引込み
ひきこみセン　引込線（「ひっこみセン」とも）
ひきこむ　引き込む
ひきこもる　引き○籠もる
ひきころす　ひき殺す
ひきさがる　引き下がる
ひきさく　引き裂く
ひきさげ　引下げ
ひきさげる　引き下げる
ひきザン　引き算
ひきしお　引き潮
ひきしぼる　引き絞る
ひきしまる　引き締まる
ひきしめ　引締め
ひきしめる　引き締める
ひきすえる　引き据える

ひきずる　引きずる

ひきたおす　引き倒す

ひきだし　引き出し

ひきだす　引き出す

ひきたて　引き立て

ひきたてる　引き立てる

ひきつぎ　引継ぎ

ひきつぎジギョウ　引継事業

ひきつぎチョウショ　引継調書

ひきつぐ　引き継ぐ

ひきつける　引き付ける

ひきつづき　引き続き

ひきつづく　引き続く

ひきづな　引き綱

ひきつれる　引き連れる

ひきて　引き手

ひきて　弾き手

ひきでもの　引き出物

ひきど　引き戸

ひきとめサク　引き止め策

ひきとめる　引き止める

ひきとり　引取り

ひきとりケイヒ　引取経費

ひきとりゼイ　引取税

ひきとりニン　引取人

ひきとる　引き取る

ひきぬき　引き抜き

ひきぬく　引き抜く

ひきのばし　引き伸ばし

ひきのばし　引き延ばし

ひきのばす　引き伸ばす

写真を引き伸ばす

ひきのばす　引き延ばす

回答を引き延ばす

ひきはなす　引き離す

ひきはらう　引き払う

ひきマク　引き幕

ひきまゆ　引き○眉

ひきまわし　引き回し

ひきまわす　引き回す

ひきみず　引き水

ひきもどす　引き戻す

ひきもの　引き物

ひきやぶる　引き破る

ひきよせる　引き寄せる

ひきわけ　引き分け

ひきわける　引き分ける

ひきわたし　引渡し

ひきわたし　引渡…

引渡人，引渡命令

ひきわたす　引き渡す

ひく　引く

綱を引く，線を引く，例を引く，車を引く

ひく　弾く

ピアノを弾く，ショパンの曲を弾く

ひく　ひく

車で人をひく，人目をひく，木をひく

ひくい　低い

ひくさ　低さ

ひくまる　低まる

ひくめる　低める

ひぐれ　日暮れ

ひけ　引け

ひけし　火消し

ひけどき　引け時

ひけめ　引け目

ひける　引ける

ひごと　日ごと

ひごろ　日○頃

ひざ　○膝

膝頭

ひざかり　日盛り

ひざし　日ざし

ひさしい　久しい

ひさしぶり　久しぶり

ひさびさ　久々

ひざまずく　ひざまずく

神殿にひざまずく

ひさめ　氷雨

ひじ　○肘

肘掛け

ひぜめ　火攻め

城を火攻めにする

ひぜめ　火責め

火責めの拷問

ビゼンやき　備前焼

ひそまる　潜まる

ひそむ　潜む

ひそめる　潜める

ひたい　額

ひたす　浸す

ひたすら　ひたすら（副詞）

ひたすらおわび申し上げる

ひだり　左

ひだりきき　左利き

ひだりまき　左巻き

ひたる　浸る

ヒツ　匹

匹敵，匹夫，馬匹

ヒツ　必

必然，必死，必要

ヒツ　泌

分泌（「ブンピツ」又は「ブンピ」）

ヒツ　筆

筆力，筆記，毛筆

ヒッキョウ　ひっきょう（副詞）

ひっきょう中止することに決まる

びっくりする　びっくりする

ひづけ　日付

日付変更線

ひっかえす　引っ返す

ひっかかり　引っ掛かり

ひっかかる　引っ掛かる

ひっかける　引っ掛ける

ひっこし　引っ越し

ひっこす　引っ越す

ひっこみ　引っ込み

ひっこみジアン　引っ込み思案

ひっこむ　引っ込む
ひつじ　羊
ひつじかい　羊飼い
ひったてる　引っ立てる
ひっぱりだこ　引っ張りだこ
ひっぱりまわす　引っ張り回す
ひっぱる　引っ張る
ひでり　日照り
ひと　一
　一重，一息，一筋，一月目
ひと　人
　人手，旅人
ひとあつめ　人集め
ひとうち　一打ち
ひとえに　ひとえに（副詞）
　ひとえに努力のたまものだ
ひとおもい　一思い
ひとかかえ　一抱え
ひとかげ　人影
ひとかさね　一重ね
ひとかたならぬ　一方ならぬ
　一方ならぬお世話
ひとぎき　人聞き
ひときれ　一切れ
ひとごみ　人△混み，人込み
ひとごろし　人殺し
ひとさわがせ　人騒がせ
ひとしい　等しい
ひとしお　ひとしお
　ひとしお強くなる
ひとしく　ひとしく
　全員ひとしく賛成した
ひとじに　人死に
ひとしれず　人知れず
ひとずき　人好き
ひとすじ　一筋
ひとそろい　一そろい
ひとだすけ　人助け
ひとだのみ　人頼み
ひとたび　一たび
ひとちがい　人違い
ひとつ　一つ
ひとづかい　人使い
ひとつき　一突き
ひとづきあい　人付き合い
ひとづくり　人づくり
ひとつづき　一続き
ひとどおり　一通り
ひとどおり　人通り
ひととび　一飛び
ひとなかせ　人泣かせ
ひとなみ　人並み
ひとにぎり　一握り
ひとねいり　一寝入り
ひとねむり　一眠り
ひとばらい　人払い
ひとべらし　人減らし
ひとまかせ　人任せ
ひとまず　ひとまず
　ひとまず……しておく

ひとまわり　一回り

ひとみ　○瞳

ひとみしり　人見知り

ひとむれ　一群れ

ひとめぐり　一巡り

ひとやすみ　一休み

ひとよせ　人寄せ

ひとり　一人

一人一人，一人っ子

ひとり　独り

独り者，独り……ばかりでなく

ひどり　日取り

ひとりごと　独り言

ひとりじめ　独り占め

ひとりだち　独り立ち

ひとりもの　独り者

ひとわたり　ひとわたり

ひとわたり見回す

ひなあそび　ひな遊び

ひなが　日永

ひなまつり　ひな祭り

ひのケ　火の気

ひのべ　日延べ

ひのまる　日の丸

ひびかす　響かす

ひびき　響き

ひびく　響く

ひびわれ　ひび割れ

ひま　暇

暇な時

ひめ　姫

姫松，舞姫

ひめる　秘める

ひもとく　ひもとく

歴史をひもとく

ひもの　干物

ひや　冷や

ひやあせ　冷や汗

ひやかし　冷やかし

ひやかす　冷やかす

ヒャク　百

百貨店，百科全書，数百

ビャク　白

黒白

ひやざけ　冷や酒

ひやす　冷やす

ひやとい　日雇

ひやみず　冷や水

ひやむぎ　冷や麦

ひやめし　冷や飯

ひややかだ　冷ややかだ

ヒョウ　氷

氷点，氷山，結氷

ヒョウ　兵

兵糧（ヒョウロウ），雑兵

ヒョウ　拍

拍子

ヒョウ　表

表面，表記，表示，代表，発表

ヒョウ　俵

一俵，土俵
ヒョウ　票
票決，投票，伝票
ヒョウ　評
評価，評判，定評
ヒョウ　漂
漂着，漂白，漂流
ヒョウ　標
標準，標本，標記，目標
ビョウ　平
平等
ビョウ　苗
種苗，痘苗
ビョウ　秒
秒針，秒速，寸秒
ビョウ　病
病気，病根，看病
ビョウ　描
描写，素描，点描
ビョウ　猫
愛猫
ヒョウする　表する
敵意を表する
ヒョウする　評する
ひより　日和
ひら　平
平手，平謝り
ひらあやまり　平謝り
ひらおよぎ　平泳ぎ
ひらき　開き
ひらきど　開き戸
ひらきなおる　開き直る
ひらきフウ　開き封
ひらく　開く
ひらける　開ける
ひらたい　平たい
ひらに　平に
ひらやだて　平屋建て，平家建て
ひる　干る
潮が干る
ひる　昼
昼寝，真昼
ひるがえす　翻す
ひるがえる　翻る
ひるさがり　昼下がり
ひるすぎ　昼過ぎ
ひるむ　ひるむ
相手の勢いにひるむ
ひるやすみ　昼休み
ひろい　広い
ひろいぬし　拾い主
ひろいもの　拾い物
ひろいよみ　拾い読み
ひろう　拾う
ひろがり　広がり
ひろがる　広がる
ひろげる　広げる
ひろば　広場
ひろびろと　広々と

ひろまる　広まる

ひろめる　広める

ヒワイ　卑わい

ひわり　日割り

ひわりケイサン　日割計算

ヒン　品

品評，作品，上品

ヒン　浜

海浜

ヒン　貧

貧富，貧弱，清貧

ヒン　賓

賓客，主賓，来賓

ヒン　頻

頻度，頻発，頻繁

ビン　便

便乗，郵便，定期便

ビン　敏

敏速，機敏，鋭敏

ビン　瓶

瓶，花瓶

ビン　貧

貧乏，貧乏揺すり

ビンづめ　瓶詰

—フ・ふ—

フ　不

不当，不利，不賛成

フ　夫

夫妻，農夫，凡夫

フ　父

父母，父兄，祖父

フ　付

付記，付与，付録，交付，給付，添付，意見を付す，条件を付す

フ　布

布陣，配布，綿布，分布

フ　扶

扶助，扶養，扶育

フ　府

府県，首府，政府

フ　怖

恐怖

フ　附

附属，寄附，附則，附帯，附置

フ　歩

フ　○訃

訃報

フ　負

負担，負傷，勝負

フ　赴

赴任

フ　風

風情（フゼイ），中風

フ　浮

浮沈，浮力，浮薄

フ　婦

婦人，夫婦（フウフ），主婦

フ　符

符号，切符，音符

フ　富

富強，富裕，貧富

フ　普

普通，普遍，普請（フシン）

フ　腐

腐心，腐敗，陳腐

フ　敷

敷設

フ　膚

皮膚，完膚

フ　賦

賦役，月賦，天賦

フ　譜

系譜，楽譜，年譜

フ　○阜

岐阜県

ブ　不

不作法，不用心

ブ　分

一分一厘，五分

ブ　歩

歩合，日歩

ブ　侮

侮辱，軽侮

ブ　武

武力，武士，文武

ブ　奉

奉行

ブ　部

部分，全部，本部

ブ　無

無事，無礼，無愛想

ブ　舞

舞踏，舞台，鼓舞

ブあい　歩合

フイうち　不意打ち，不意討ち

フいり　不入り

フウ　夫

夫婦，工夫

フウ　封

封鎖，封書，密封

フウ　風

風力，風俗，強風，洋風

フウ　富

富貴（「フウキ」又は「フッキ」）

ふう　…ふう

こういうふうに造る，知らないふうをする

フウがわり　風変わり

フウカン　封かん

フウきり　封切り

フウきりカン　封切館

フウじこめる　封じ込める

フウじめ　封じ目

フウじる　封じる

フウフづれ　夫婦連れ

ふえ　笛　口笛

フえて　不得手

ふえる　増える

人数が増える，水かさが増える
ふえる　殖える
財産が殖える
ふかい　深い
ふかいり　深入り
ふかおい　深追い
ふかす　更かす
夜を更かす
ふかす　吹かす
たばこを吹かす
ふかす　ふかす
まんじゅうをふかす
ふかなさけ　深情け
ふかまる　深まる
ふかみ　深み
ふかめる　深める
ふきあげる　吹き上げる
ふきあげる　噴き上げる
ふきあれる　吹き荒れる
ふきおろす　吹き下ろす，吹き降ろす
ふきかえ　吹き替え
ふきけす　吹き消す
ふきこみ　吹き込み
ふきこむ　吹き込む
ふきさらし　吹きさらし
ふきだす　吹き出す
夕方になって風が吹き出す
ふきだす　噴き出す
火を噴き出す
ふきだまり　吹きだまり
ふきでもの　吹き出物
ふきとおし　吹き通し
ふきとばす　吹き飛ばす
ふきとぶ　吹き飛ぶ
ふきながし　吹き流し
ふきぬき　吹き抜き
ふきはらう　吹き払う
ふきぶり　吹き降り
ふきよせる　吹き寄せる
フク　伏
伏線，起伏，潜伏
フク　服
服装，服従，洋服
フク　副
副業，副作用，正副
フク　幅
幅員，振幅，全幅
フク　復
復活，往復，報復
フク　福
福祉，福徳，幸福
フク　腹
腹案，空腹，山腹
フク　複
複数，複雑，重複
フク　覆
覆面，転覆
ふく　吹く
風が吹く，笛を吹く

ふく　○拭く

汗を拭く

ふく　噴く

火山が煙を噴く

ふく　ふく

屋根をふく

フクおかケン　福○岡県

フクする　伏する

威に伏する

フクする　復する

旧状に復する

フクする　服する

刑に服する，喪に服する

フクびき　福引

フクびき　福引…

福引券，福引所

ふくまる　含まる

ふくみ　含み

ふくむ　含む

ふくめる　含める

ふくらみ　膨らみ

ふくらむ　膨らむ

ふくれる　膨れる

ふくろ　袋

紙袋

ふくろぬい　袋縫い

ふけヤク　老け役

ふける　老ける

老けて見える，老け込む

ふける　更ける

夜が更ける，秋が更ける

ふける　ふける

読書にふける，考えにふける

ふさ　房

一房，乳房

ふさがる　○塞がる

ふさぐ　○塞ぐ

ふさわしい　ふさわしい

ふし　節

節穴

ふじ　○藤

藤色

ふしおがむ　伏し拝む

ふしづけ　節付け

ふしまわし　節回し

ふしめ　伏し目

ふしめ　節目

フジュウブン　不十分

この調査は不十分である

ふす　付す

意見を付す，条件を付す，題名を付す，表示を付す，特約を付す，保険に付す

ふす　伏す

ふせぎ　防ぎ

ふせぐ　防ぐ

ふせジ　伏せ字

ふせる　伏せる

ふた　二

二重

ふた　○蓋

火蓋

ふた　双

双子，双葉

ふだ　札

名札

ぶた　豚

子豚

ふたえまぶた　二重まぶた

フたしかだ　不確かだ

ふたたび　再び（副詞）

ふたつ　二つ

二つ折り

ふだつき　札付き

ふたり　二人

フダン　不断

不断の努力，優柔不断

フダン　ふだん

ふだん考えている，ふだん着

ふち　縁

額縁

ふちどり　縁取り

フチョウ　符丁

フツ　払

払暁，払底

フツ　沸

沸騰，沸点，煮沸

ブツ　仏

仏事，仏像，念仏

ブツ　物

物質，人物，動物

ふつか　二日

ふつかよい　二日酔い

フッショク　払○拭

フつりあい　不釣合い

ふで　筆　筆先

ふでいれ　筆入れ

ふてくされる　ふて腐れる

ふでたて　筆立て

ふと　ふと（副詞）

ふと思い出す

ふとい　太い

ブドウがり　ぶどう狩り

ふとおり　太織り

ふところ　懐

懐手，内懐

フとどき　不届き

ぶどまり　歩留り

ふとる　太る

フトン　布団

ふな　舟

舟宿，舟歌

ふな　船

船旅，船賃

ふなあそび　舟遊び

ふなつき　船着き

ふなつきば　船着場

ふなづみ　船積み

ふなづみカモツ　船積貨物

ふなのり　船乗り

ふなよい　　船酔い

フなれ　　不慣れ

フにあい　　不似合い

フにおちない　　ふに落ちない

説明がふに落ちない

ふね　　舟

小舟，ささ舟，渡し舟，舟をこぐ

ふね　　船

大船，親船，船の甲板，船で帰国する

フばらい　　不払

フばらい　　賦払

ふぶき　　吹雪

ふまえる　　踏まえる

ふみ　　文

恋文

ふみあらす　　踏み荒らす

ふみいし　　踏み石

ふみいた　　踏み板

ふみかためる　　踏み固める

ふみきり　　踏切

踏切番

ふみきる　　踏み切る

ふみこえる　　踏み越える

ふみこむ　　踏み込む

ふみしめる　　踏み締める

ふみダイ　　踏み台

ふみたおす　　踏み倒す

ふみだす　　踏み出す

ふみダン　　踏み段

ふみつけ　　踏み付け

ふみつける　　踏み付ける

ふみとどまる　　踏みとどまる

ふみにじる　　踏みにじる

ふみぬく　　踏み抜く

ふみはずす　　踏み外す

ふむ　　踏む

フむき　　不向き

ふもと　　○麓

ふやす　　増やす

人数を増やす

ふやす　　殖やす

財産を殖やす

ふゆ　　冬

ふゆがれ　　冬枯れ

フゆきとどき　　不行き届き

ふらす　　降らす

ふり　　振り

バットの振り

ふり　　降り

ひどい降り

ふり　　ふり

見ないふり

ぶり　　…ぶり（接尾語）

三日ぶり，枝ぶり，説明ぶり

ふりあい　　振り合い

ふりあげる　　振り上げる

ふりあてる　　振り当てる

ふりおとす　　振り落とす

ふりかえ　　振替

ふりかえる　振り返る

ふりかえる　振り替える

ふりがな　振り仮名

ふりきる　振り切る

ふりこ　振り子

ふりこみキン　振込金

ふりこむ　振り込む

ふりすてる　振り捨てる

ふりそそぐ　降り注ぐ

ふりそで　振り○袖

ふりだし　振出し

ふりだし　振出…

振出人，振出局

ふりだす　振り出す

ふりつけ　振り付け

ふりつける　振り付ける

ふりつもる　降り積もる

ふりはなす　振り放す

ふりはらう　振り払う

ふりまく　振りまく

ふりまわす　振り回す

ふりむく　振り向く

ふりわけ　振り分け

ふりわける　振り分ける

ふる　振る

ふる　降る

ぶる　…ぶる（接尾語）

偉ぶる，もったいぶる

ふるい　古い

ふるい　震い

武者震い

ふるいおこす　奮い起こす

ふるいおとす　ふるい落とす

ふるいたつ　奮い立つ

ふるう　奮う

勇気を奮う，奮い立つ

ふるう　震う

声を震わせる

ふるう　振るう

士気が振るう，事業が振るわない，

刀を振るう，腕を振るう

ふるう　ふるう

砂をふるう

ふるえ　震え

震え声

ふるえる　震える

ふるかぶ　古株

ふるす　古す

使い古す

ふるす　古巣

古巣に帰る

ふるって　奮って（副詞）

奮って参加する

ふるびる　古びる

ふるまい　振る舞い

ふるまう　振る舞う

ふるめかしい　古めかしい

ふるわす　震わす

ふれ　触れ

触れ太鼓

ふれあう　　触れ合う

ふれダイコ　　触れ太鼓

ふれまわる　　触れ回る

ふれる　　△振れる

指針が振れる

ふれる　　触れる

法に触れる行為

フロしきづつみ　　風○呂敷包み

フわたり　　不渡り

フわたりてがた　　不渡手形

フン　　分

分別，分銅，三十分

フン　　粉

粉末，粉砕，粉飾

フン　　紛

紛失，紛争，内紛

フン　　雰

雰囲気

フン　　噴

噴火，噴出，噴水

フン　　墳

墳墓，古墳

フン　　憤

憤慨，義憤，発憤

フン　　奮

奮起，奮発，興奮

ブン　　分

分解，自分，水分

ブン　　文

文学，文化，作文

ブン　　聞

新聞，風聞，見聞

フンイキ　　雰囲気

ブンカツばらい　　分割払

ブンピツ　　分泌（「ブンピ」とも）

フンベツざかり　　分別盛り

―ヘ・ヘ―

べ　　辺

海辺，岸辺

ヘイ　　丙

丙種，甲乙丙

ヘイ　　平

平面，平和，公平

ヘイ　　兵

兵器，兵隊，撤兵

ヘイ　　併

併合，併用，合併

ヘイ　　並

並行，並列，並立

ヘイ　　柄

横柄，権柄ずく

ヘイ　　病

疾病

ヘイ　　陛

陛下

ヘイ　　閉

閉店，閉口，密閉

ヘイ　　塀

塀，板塀

ヘイ　　幣

貨幣，紙幣，御幣担ぎ

ヘイ　　弊

弊害，旧弊，疲弊

ヘイ　　○蔽

隠蔽

ヘイ　　○餅　　煎餅

ベイ　　米

米作，米価，米食

ヘイごし　　塀越し

ヘイソク　　閉○塞

ヘキ　　壁

壁面，壁画，岸壁

ヘキ　　癖

習癖，病癖，潔癖

ヘキ　　○璧

完璧，双璧

べき　　…べき（助動詞）

そうすべきである

ヘキチ　　へき地

へた　　下手

へだたり　　隔たり

へだたる　　隔たる

へだて　　隔て

へだてる　　隔てる

ベツ　　別

別離，区別，特別

ベツ　　○蔑

蔑視，軽蔑

ベツずり　　別刷り

ベツに　　別に

別に謝ることはない

べに　　紅

口紅

へび　　蛇

へや　　部屋

へやずまい　　部屋住まい

へやずみ　　部屋住み

へやわり　　部屋割り

へらす　　減らす

へり　　減り

減り具合，目減り

へり　　へり

畳のへり，川べり

へる　　減る

体重が減る

へる　　経る

年月を経る

ヘン　　片

紙片，破片，断片

ヘン　　辺

辺境，周辺，その辺

ヘン　　返

返却，返事，返礼

ヘン　　変

変化，異変，大変

ヘン　　偏

偏向，偏見，偏食

ヘン　　遍

遍歴，普遍，一遍

ヘン　編

編集，編成，長編

ベン　弁

弁償，花弁，雄弁

ベン　便

便利，便法，簡便

ベン　勉

勉強，勉学，勤勉

ヘンする　偏する

一方に偏する

ヘンずる　変ずる

姿を変ずる

ベンずる　弁ずる

一席弁ずる

—ホ・ほ—

ホ　歩

歩道，徒歩，進歩

ホ　保

保育，保管，保護，保存，担保

ホ　○哺

哺乳類

ホ　捕

捕獲，捕虜，逮捕

ホ　▲浦

ホ　補

補欠，補充，補助，補償，候補

ホ　舗

舗装，店舗

ほ　火

火影

ほ　帆

帆柱，帆前船

ほ　穂

稲穂（いなほ）

ボ　母

母性，父母，祖母

ボ　募

募金，募集，応募

ボ　墓

墓地，墓参，墓穴

ボ　慕

慕情，敬慕，思慕

ボ　暮

暮春，歳暮（セイボ），薄暮

ボ　模

規模

ボ　簿

簿記，名簿，帳簿

ホウ　方

方法，方角，地方

ホウ　包

包囲，包容力，内包

ホウ　芳

芳香，芳紀，芳志

ホウ　邦

邦楽，本邦，連邦

ホウ　奉

奉納，奉仕，信奉

ホウ　宝

宝石，国宝，財宝

ホウ　抱

抱負，抱懐，介抱

ホウ　放

放送，放棄，追放

ホウ　法

法律，文法，方法，法主（「ホウシュ」又は「ホッス」「ホッシュ」）

ホウ　泡

気泡，水泡，発泡

ホウ　封

封建的，素封家

ホウ　胞

胞子，同胞，細胞

ホウ　俸

俸給，年俸，本俸

ホウ　倣

模倣

ホウ　峰

秀峰，霊峰，連峰

ホウ　砲

砲撃，大砲，鉄砲

ホウ　崩

崩壊

ホウ　訪

訪問，来訪，探訪

ホウ　報

報酬，報告，情報

ホウ　○蜂　蜂起

ホウ　豊

豊作，豊満，豊富

ホウ　飽

飽和，飽食

ホウ　褒

褒章，褒美，過褒

ホウ　縫

縫合，縫製，裁縫

ボウ　亡

亡父，亡命，存亡

ボウ　乏

欠乏，貧乏，耐乏

ボウ　忙

忙殺，多忙，繁忙

ボウ　妄

妄言（「ボウゲン」又は「モウゲン」）

ボウ　坊

坊主，朝寝坊，赤ん坊

ボウ　妨

妨害

ボウ　忘

忘却，忘年会，備忘

ボウ　防

防備，堤防，予防

ボウ　房

独房，冷房，僧房

ボウ　肪　脂肪

ボウ　某

某氏，某国，某所

ボウ　冒

冒険，冒頭，感冒

ボウ　剖

解剖

ボウ　紡

紡績，混紡

ボウ　望

望郷，希望，人望，大望（「タイボウ」又は「タイモウ」）

ボウ　傍

傍線，傍聴，路傍

ボウ　帽

帽子，脱帽，無帽

ボウ　棒

棒グラフ，棒読み，鉄棒

ボウ　貿

貿易

ボウ　○貌

変貌，美貌

ボウ　暴

暴言，横暴，乱暴

ボウ　膨

膨大，膨脹

ボウ　謀

謀略，無謀，首謀者

ホウカイ　崩壊

ホウガンなげ　砲丸投げ

ホウじる　奉じる

ホウじる　報じる

ホウずる　奉ずる

命を奉ずる，職に奉ずる

ホウずる　報ずる

御恩に報ずる，急変を報ずる

ボウだち　棒立ち

ボウびき　棒引き

借金の棒引き

ほうむる　葬る

ボウよみ　棒読み

ほうりあげる　△放り上げる

ほうりだす　△放り出す

ほうる　△放る

ほお　○頬（「ほほ」とも）

ほおばる　○頬張る

ほか　ほか（㊟法令に倣い仮名書き。）

思いのほかに到着が早かった，想像のほかの事件が起こる，ほかの人，ほかを探す，そのほか，特別な場合を除くほか，○○氏ほか３名

ほかけぶね　帆掛け船

ほがらか　朗らか

ほがらかさ　朗らかさ

ほがらかだ　朗らかだ

ホク　北

北進，北方，敗北

ボク　木

木石，大木，土木

ボク　朴

純朴，素朴

ボク　目

面目（「メンボク」又は「メンモク」）

ボク　牧

牧場，牧師，遊牧

ボク　○睦

親睦，和睦

ボク　僕（代名詞）

公僕，僕とあなた

ボク　墨

筆墨，白墨，遺墨

ボク　撲

撲殺，撲滅，打撲

ほくそえむ　ほくそ笑む

ほこ　矛

矛先

ほこらしい　誇らしい

ほこり　誇り

ほこり　ほこり　砂ぼこり

ほこる　誇る

ほころびる　○綻びる

ほし　星

黒星

ほしい　欲しい

金が欲しい

ほしい　…（て）ほしい

見てほしい

ほしがき　干し○柿

ほしがる　欲しがる

ほしくさ　干し草

ほしざかな　干し魚

ほしまわり　星回り

ほしもの　干し物

ほす　干す

ほそい　細い

心細い

ほそうで　細腕

ホソク　捕○捉

ほそながい　細長い

ほそびき　細引き

ほそる　細る

ほたる　蛍

ほたるがり　蛍狩り

ホツ　発

発作，発端，発起

ホッ　法

法主（「ホッス」「ホッシュ」又は「ホウシュ」）

ボツ　没

没収，没交渉，出没

ボツ　○勃

勃興，勃発

ボッ　坊　坊ちゃん

ほっする　欲する

ボッする　没する

ほったてごや　掘っ建て小屋，掘っ立て小屋

ホテン　補○塡

ほど　程

程なく，程遠い，身の程

ほど　…ほど（助詞）

少ないほどよい，三日ほど経過した

ほとけ　仏

仏様，生き仏

ほどこし　施し

ほどこす　施す

ほどとおい　程遠い

ほとんど　ほとんど（副詞）

ほなみ　穂並み

ホニュウルイ　○哺乳類

ほね　骨

ほねおしみ　骨惜しみ

ほねおり　骨折り

ほねぐみ　骨組み

ほねつぎ　骨接ぎ

ほねぬき　骨抜き

ほのお　炎

ほのめかす　ほのめかす

ほほ　○頬（「ほお」とも）

ほぼ　ほぼ（副詞）

ほまれ　誉れ

ほめことば　褒め言葉

ほめる　褒める

ほら　洞　洞穴

ほり　彫り

木彫り，彫りの深い顔

ほり　…彫（工芸品）

鎌倉彫

ほり　堀

堀端，外堀，釣堀

ほりあげる　彫り上げる

ほりおこす　掘り起こす

ほりかえす　掘り返す

ほりさげる　掘り下げる

ほりだしもの　掘り出し物

ほりだす　掘り出す

ほりぬきいど　掘抜井戸

ほりもの　彫り物

ほりわり　掘り割り

ほる　彫る

仏像を彫る

ほる　掘る

地を掘る

ぼろ　ぼろ

ぼろの服

ほろびる　滅びる

ほろぶ　滅ぶ

ほろぼす　滅ぼす

ほろよい　ほろ酔い

ホン　反

謀反（ムホン）

ホン　本

本質，本来，資本

ホン　奔

奔走，奔放，出奔

ホン　翻

翻意，翻訳，翻刻

ボン　凡

凡人，凡百，平凡

ボン　盆

盆栽，盆地，旧盆

ボン　　煩

煩悩

ボンおどり　　盆踊り

ホンぎまり　　本決まり

ボンくれ　　盆暮れ

ホンショウづめ　　本省詰

ホンだな　　本棚

ホンテンづめ　　本店詰

ホントウ　　本当

本当の話，本当に困る

—マ・ま—

マ　　麻

麻薬，麻酔，亜麻

マ　　摩

摩擦，摩天楼

マ　　磨

研磨

マ　　魔

魔法，悪魔，邪魔

ま　　目

目深，目の当たり

ま　　間

客間

ま　　馬

馬子，絵馬

ま　　真

真南

まあたらしい　　真新しい

マイ　　毎

毎度，毎日，毎々

マイ　　米

精米，新米，白米

マイ　　妹

姉妹，義妹，令妹

マイ　　枚

枚数，枚挙，大枚

マイ　　○昧

曖昧，三昧

マイ　　埋

埋没，埋蔵，埋葬

まい　　舞

舞扇，舞子，舞姫

まいあがる　　舞い上がる

まいおさめ　　舞い納め

まいご　　迷子（㊟「まよいご」は「迷い子」と書く。）

まいこむ　　舞い込む

まいもどる　　舞い戻る

まいり　　参り

寺参り

まいる　　参る

神社に参る

まいる　　まいる

持ってまいります，……してまいりたい

まう　　舞う

まえ　　前

前足，駅前，名前

まえいわい　前祝い
まえうけキン　前受金
まえうり　前売り
まえおき　前置き
まえがき　前書き
まえかけ　前掛け
まえがし　前貸し
まえがしキン　前貸金
まえがり　前借り
まえばらい　前払
まえぶれ　前触れ
まえむき　前向き
まえもって　前もって
まえわたし　前渡し
まがいもの　まがい物
まがし　間貸し
まかす　負かす
まかす　任す
まかせる　任せる
まかない　賄い
まかなう　賄う
まがぬける　間が抜ける
まがり　曲がり
曲がり角
まがり　間借り
まかりでる　まかり出る
まかりとおる　まかり通る
まがりなり　曲がりなり
まがりニン　間借り人
まがる　曲がる

まき　牧
牧場
まき　巻
巻の一
まきあげキ　巻上機
まきあげる　巻き上げる
まきおこす　巻き起こす
まきがい　巻き貝
まきかえし　巻き返し
まきかえす　巻き返す
まきがみ　巻紙
まきがみ　巻き髪
まきこむ　巻き込む
まきじた　巻き舌
まきジャク　巻尺
まきぞえ　巻き添え
まきつく　巻き付く
まきつけ　巻付け
まきつける　巻き付ける
まきとり　巻取り
まきとる　巻き取る
まきもの　巻物
まぎらす　紛らす
まぎらわしい　紛らわしい
まぎらわす　紛らわす
まぎれ　紛れ
まぎれこむ　紛れ込む
まぎれる　紛れる
まぎわ　間際
出発する間際

マク　幕

幕切れ，天幕，暗幕

マク　膜

膜質，鼓膜，粘膜

まく　巻く

まく　まく

種をまく，水をまく

マクあき　幕開き

マクぎれ　幕切れ

まくら　○枕

枕元

まぐれあたり　まぐれ当たり

まけ　負け

まけいくさ　負け戦

まけおしみ　負け惜しみ

まけぐせ　負け癖

まけこし　負け越し

まけこす　負け越す

まけじだましい　負けじ魂

まけずぎらい　負けず嫌い

まげもの　曲げ物

まける　負ける

まげる　曲げる

まご　孫

まこと　誠

まことに　誠に（副詞）

誠に重要である

まごびき　孫引き

まさ　正

正夢

まさか　まさか（副詞）

まさかそんな事はあるまい，まさかの時の用意

まさしく　正しく（副詞）

正しく天才である

まさに　正に（副詞）

正に指摘のとおり

まさりおとり　勝り劣り

まざりもの　混ざり物

まさる　勝る

まざる　交ざる

麻が交ざっている

まざる　混ざる

酒に水が混ざる

まし　増し

水増し，割増し

まじえる　交える

まして　まして（副詞）

まして私には不可能です

まじめ　真面目

真面目な人

まじりけ　混じり気

まじりもの　混じり物

まじる　交じる

漢字と仮名が交じった文章

まじる　混じる

西洋の文化が混じる，異物が混じる，雑音が混じる

まじわり　交わり

友達との交わり

まじわる　交わる

ます　升

升目

ます　増す

まず　まず（副詞）

まず……をする，まず間違いない

まずしい　貧しい

まずしさ　貧しさ

ますます　ますます（副詞）

ますます増加する

まぜおり　交ぜ織り

まぜもの　混ぜ物

まぜる　交ぜる

まぜる　混ぜる

セメントに砂を混ぜる，絵の具を混ぜる

また　また（接続詞）

山また山

また　又

又の機会，又聞き

また　○股

内股，大股

まばたき　瞬き

またたく　瞬く

または　又は（接続詞）

A又はB

まち　町

町と村，町ぐるみの歓迎，町役場，下町

まち　街

街角，街を吹く風，学生の街，街の明かり

まちあい　待合…

待合室，待合茶屋

まちあわせ　待ち合わせ

待ち合わせ時間

まちあわせる　待ち合わせる

まちがい　間違い

まちがう　間違う

まちがえる　間違える

まぢか　間近

完成も間近だ，間近に迫る

まちかねる　待ち兼ねる

まちかまえる　待ち構える

まちこがれる　待ち焦がれる

まちどおしい　待ち遠しい

まちどおしさ　待ち遠しさ

まちなみ　街並み

まちのぞむ　待ち望む

まちはずれ　町外れ

まちびと　待ち人

まちぶせ　待ち伏せ

まちまち　まちまち

反応がまちまちだ

まちわびる　待ちわびる

マツ　末

末子（「マッシ」又は「バッシ」），末代，末弟（「マッテイ」又は「バッテイ」），本末，粉末

マツ　抹

抹殺，抹消，一抹の不安

まつ　　松

松原，門松

まつ　　待つ

まっか　　真っ赤

まつかざり　　松飾り

まっくろ　　真っ黒

まっさお　　真っ青

まっさかり　　真っ盛り

まっさき　　真っ先

まっしろ　　真っ白

まったく　　全く（副詞）

まっとうする　　全うする

まつり　　祭り

秋祭り

まつりあげる　　祭り上げる

まつりごと　　政

まつる　　祭る

まで　　…まで（助詞）

5日までに提出する

まと　　的

まど　　窓

窓口，出窓

まどい　　惑い

まどう　　惑う

まどかけ　　窓掛け

まとはずれ　　的外れ

まとめる　　まとめる

考えをまとめる，交渉をまとめる

まどり　　間取り

まどわす　　惑わす

まなこ　　眼

どんぐり眼，血眼

まなび　　学び

まなぶ　　学ぶ

まにあう　　間に合う

まにあわせ　　間に合わせ

まぬかれる　　免れる（「まぬがれる」とも）

まね　　まね

物まね

まねき　　招き

まねきねこ　　招き猫

まねく　　招く

まのあたり　　目の当たり

まのび　　間延び

まばたき　　まばたき

まばたく　　まばたく

まびき　　間引き

まびく　　間引く

まぶか　　目深

帽子を目深にかぶる

まぶしい　　まぶしい

まぼろし　　幻

まま　　まま

そのままとする

まむかい　　真向かい

まめ　　豆

豆粒，煮豆

まめしぼり　　豆絞り

まもなく　間もなく

間もなく出発する

まもり　守り

まもりぶくろ　守り袋

まもりふだ　守り札

まもる　守る

マヤクとりしまりホウ　麻薬取締法

まゆ　○眉　眉毛

まゆ　繭　繭玉

まゆずみ　○眉墨

まゆつば　○眉○唾

まよい　迷い

まよいご　迷い子（㊟「まいご」は「迷子」と書く。）

まよう　迷う

まよわす　迷わす

まる　丸

丸ごと，丸太，日の丸

まるあらい　丸洗い

まるい　丸い

背中が丸くなる，丸く治める

まるい　円い

円い窓，円く輪になる

まるさ　丸さ

まるさ　円さ

まるた　丸太

まるみ　丸み

まるみ　円み

まるめる　丸める

本を丸める，頭を丸める

まるやけ　丸焼け

まれ　まれ

世にもまれな話，近ごろまれな

まわしもの　回し者

まわす　回す

まわり　回り

身の回り，胴回り

まわり　周り

池の周り，周りの人

まわりあわせ　回り合わせ

まわりブタイ　回り舞台

まわりみち　回り道

まわりもち　回り持ち

まわる　回る

マン　万

万一，万年筆，巨万

マン　満

満月，満足，満了，充満

マン　慢

慢性，怠慢，自慢

マン　漫

漫画，漫歩，散漫

まんなか　真ん中

まんびき　万引き

―ミ・み―

ミ　未

未来，未満，前代未聞

ミ　味

味覚，意味，興味

ミ　○眉

眉間

ミ　魅

魅力，魅惑

み　三

三日月

み　身

身内，親身

み　実

木の実，実を結ぶ

み　み…（接頭語）

み心，み代

み　…み（接尾語）

弱み，有り難み

みあい　見合い

みあいケッコン　見合い結婚

みあきる　見飽きる

みあげる　見上げる

みあたる　見当たる

みあやまる　見誤る

みあわす　見合わす

みあわせ　見合せ

みあわせる　見合わせる

みいだす　見いだす

みいり　実入り

みいる　見入る

みうける　見受ける

みうごき　身動き

みうしなう　見失う

みうり　身売り

みえ　見え

みえがくれ　見え隠れ

みえすく　見え透く

みえボウ　見え坊

みえる　見える

みおくり　見送り

みおくる　見送る

みおさめ　見納め

みおとし　見落とし

みおとす　見落とす

みおとり　見劣り

みおぼえ　見覚え

みおろす　見下ろす

みかえし　見返し

みかえり　見返り

みかえる　見返る

みかえりブッシ　見返物資

みがきあげる　磨き上げる

みがきこ　磨き粉

みかぎる　見限る

みがく　磨く

靴を磨く

みかけ　見掛け

みかけだおし　見掛け倒し

みかける　見掛ける

みかねる　見兼ねる

みがまえ　身構え

みがまえる　身構える

みかわす　見交わす

みがわり　身代わり

みき　幹

　木の幹

みぎ　右

　右手，右左

みきき　見聞き

みきり　見切り

みぎり　みぎり

　上京のみぎり

みきりヒン　見切り品

みきわめる　見極める

みくだす　見下す

みくびる　見くびる

みくらべる　見比べる

みぐるしい　見苦しい

みごと　見事

　見事な出来栄え

みことのり　詔

みこみ　見込み

みこむ　見込む

みこみガク　見込額

みこみスウリョウ　見込数量

みこみちがい　見込み違い

みこみノウフ　見込納付

みごもる　身○籠もる

みごろ　見○頃

　桜の見頃

みごろ　身○頃

　前身頃，後ろ身頃

みごろし　見殺し

みさお　操

みさき　岬

みさげる　見下げる

みささぎ　陵

みさだめる　見定める

みじかい　短い

みじかよ　短夜

みじめ　惨め

みじめだ　惨めだ

みしりごし　見知り越し

みしる　見知る

みず　水

　水色，大水，井戸水

みずあそび　水遊び

みずあび　水浴び

みずあらい　水洗い

みずいれ　水入れ

みずうみ　湖

みすえる　見据える

みずかけロン　水掛け論

みすかす　見透かす

みずから　自ら

　自ら……する

みずけむり　水煙

みすごす　見過ごす

みずさし　水差し

みずしらず　見ず知らず

みずぜめ　水攻め

みずぜめ　水責め

みすてる　見捨てる
みずばりケンサ　水張検査
みずひき　水引
みずびたし　水浸し
みずまき　水まき
みずまし　水増し
みずもり　水盛り
ミする　魅する
みずわり　水割り
みせ　店
夜店
みせかけ　見せ掛け
みせがまえ　店構え
みせさきわたし　店先渡し
みせしめ　見せしめ
みせもの　見せ物
みせる　見せる
みぞ　溝
みそこなう　見損なう
みそめる　見初める
みだし　見出し
みたす　満たす
みだす　乱す
みたて　見立て
医者の見立て
みたてる　見立てる
みだら　○淫ら
みだらだ　○淫らだ
みだりに　みだりに
みだりに出入りしてはいけない

みだれ　乱れ
みだれがみ　乱れ髪
みだればこ　乱れ箱
みだれる　乱れる
みち　道
近道
みぢか　身近
身近な問題
みちがえる　見違える
みちしお　満ち潮
みちたりる　満ち足りる
みちづれ　道連れ
みちびき　導き
みちびきだす　導き出す
みちびく　導く
みちゆき　道行き
みちる　満ちる
ミツ　密
密約，厳密，秘密
ミツ　○蜜
蜜月
みつ　三つ
みつおり　三つ折り
みっか　三日
みつがさね　三つ重ね
みつぎもの　貢ぎ物
みつぐ　貢ぐ
みつぐみ　三つ組み
みづくろい　身繕い
みつける　見付ける

みっつ　三つ

ミツばち　○蜜○蜂

みつもり　見積り

みつもり　見積…

　見積書，見積額

みつもる　見積もる

みつゆび　三つ指

みとおし　見通し

みとおす　見通す

みとがめる　見とがめる

みとどける　見届ける

みとめ　認め

みとめイン　認め印

みとめる　認める

みどり　緑

　薄緑

みとりズ　見取図

みな　皆

　皆さん，皆の者

みなおす　見直す

みなげ　身投げ

みなしご　みなしご

　戦争のみなしご

みなす　みなす

　同一のものとみなす

みなと　港

みなみ　南　南向き

みなもと　源

みならい　見習

みならいコウ　見習工

みなれる　見慣れる

みにくい　見にくい

みにくい　醜い

みにくさ　醜さ

みぬく　見抜く

みね　峰

　剣が峰

みねごし　峰越し

みねつづき　峰続き

みのがす　見逃す

みのこす　見残す

みのほど　身の程

みのまわり　身の回り

みのり　実り

みのる　実る

みばえ　見栄え

みはからい　見計らい

みはからう　見計らう

みはじめ　見始め

みはなす　見放す

ミはらい　未払

ミはらいカンジョウ　未払勘定

ミはらいネンキン　未払年金

みはらし　見晴らし

　見晴らし台

みはらす　見晴らす

みはり　見張り

　見張り番

みはる　見張る

　倉庫を見張る

みはる　　みはる

目をみはる

みぶり　　身振り

みぶるい　　身震い

みまい　　見舞い

みまいヒン　　見舞品

みまう　　見舞う

みまちがい　　見間違い

みまちがえる　　見間違える

みまもる　　見守る

みまわす　　見回す

みまわり　　見回り

みまわる　　見回る

みみ　　耳

早耳

みみうち　　耳打ち

みみかざり　　耳飾り

みみざわり　　耳障り

みみなり　　耳鳴り

みみより　　耳寄り

耳寄りな話

みもち　　身持ち

みや　　宮

宮様

みやぎケン　　宮城県

ミャク　　脈

脈絡，動脈，山脈

みやげ　　土産

みやこ　　都

みやこいり　　都入り

みやこおち　　都落ち

みやこそだち　　都育ち

みやづかえ　　宮仕え

みやぶる　　見破る

みやまいり　　宮参り

ミョウ　　名

名字，本名，大名

ミョウ　　妙

妙案，奇妙，巧妙

ミョウ　　命

寿命

ミョウ　　明

明日（「ミョウニチ」又は「あす」），明後日，光明，灯明

ミョウ　　○冥

冥加，冥利

ミョウジョウ　　明星

みより　　身寄り

みる　　見る

遠くの景色を見る，エンジンの調子を見る，面倒を見る

みる　　診る

患者を診る，脈を診る

みる　　…（て）みる

見てみる

みわける　　見分ける

みわすれる　　見忘れる

みわたし　　見渡し

みわたす　　見渡す

ミン　　民

民族，民主的，国民

ミン　眠

不眠，安眠，睡眠

―ム・む―

ム　矛

矛盾

ム　武

武者人形，荒武者

ム　務

事務，職務，義務

ム　無

無名，無理，皆無

ム　夢

夢幻，夢中，悪夢

ム　謀

謀反（ムホン）

ム　霧

霧笛，濃霧，噴霧器

む　六

六月目

むい　六

六日

むかい　向かい

むかいあう　向かい合う

むかいあわせ　向かい合わせ

むかいあわせる　向かい合わせる

むかいかぜ　向かい風

むかう　向かう

むかえ　迎え

迎え火，出迎え，送り迎え

むかえうつ　迎え撃つ

むかえる　迎える

むかし　昔

昔話，大昔

むかしがたり　昔語り

むかしばなし　昔話

むき　向き

むぎ　麦

麦粉，小麦

むきあう　向き合う

むぎかり　麦刈り

むきなおる　向き直る

むく　向く

むくい　報い

むくいる　報いる

むけ　向け

顔向け，若者向け

むける　向ける

むこ　婿

花婿

むこいり　婿入り

むこう　向こう

向こう岸，向こう側

むこうみず　向こう見ず

むさぼる　○貪る

むし　虫

虫歯，毛虫

むしあつい　　蒸し暑い
むしかえし　　蒸し返し
むしかえす　　蒸し返す
むしガシ　　蒸し菓子
むしくい　　虫食い
むしくだし　　虫下し
むしずし　　蒸しずし
むしばむ　　むしばむ
　健康をむしばむ
むしブロ　　蒸し風○呂
むしぼし　　虫干し
むしやき　　蒸し焼き
むしる　　むしる
　草をむしる
むしろ　　むしろ（副詞）
　むしろこの方がよい
むす　　蒸す
むずかしい　　難しい（「むつかしい」とも）
むずかしさ　　難しさ（「むつかしさ」とも）
むすこ　　息子
むすび　　結び
　縁結び
むすびつき　　結び付き
むすびつく　　結び付く
むすびつける　　結び付ける
むすびめ　　結び目
むすぶ　　結ぶ
むすめ　　娘
　娘心，小娘
むせびなき　　むせび泣き
ムゾウサ　　無造作
　無造作に描く
ムダ　　無駄
　無駄話，時間の無駄
むちうつ　　むち打つ
むつ　　六つ
むつかしい　　難しい（「むずかしい」とも）
むつかしさ　　難しさ（「むずかしさ」とも）
むつぎり　　六つ切り
むっつ　　六つ
むとどけ　　無届け
むな　　胸
　胸板，胸毛
むな　　棟
　棟木
むなぐるしい　　胸苦しい
むなさわぎ　　胸騒ぎ
むなしい　　むなしい
むね　　旨
　その旨了承されたい
むね　　胸
　胸当て，胸三寸
むね　　棟
　別棟
むねあげ　　棟上げ
　棟上げ式

むねわりながや　棟割り長屋

ムホン　謀反

むやみ　むやみ

むやみに言い触らす

むら　村

村里，村芝居

むら　群

群すずめ，群千鳥

むらがる　群がる

むらさき　紫

紫色

むらす　蒸らす

ムリじい　無理強い

むれ　蒸れ

むれ　群れ

むれる　蒸れる

むれる　群れる

むろ　室

室咲きの花，室に入る

ムロン　無論（副詞）

無論正しい

―メ・め―

め　女

女神，女々しい

め　目

目先，目立つ，三日目，10番目

め　芽

木の芽，新芽

め　雌

雌花，雌牛，雌しべ

め　…め（接尾語）

少なめ，長め，細め

めあたらしい　目新しい

めあて　目当て

メイ　名

名誉，氏名，有名

メイ　命

命令，運命，生命

メイ　明

明暗，説明，鮮明

メイ　迷

迷路，迷惑，低迷

メイ　○冥

冥福

メイ　盟

加盟，同盟，連盟

メイ　銘

銘柄，碑銘

メイ　鳴

鳴動，悲鳴，雷鳴

メイギかきかえ　名義書換

メイじる　命じる

メイじる　銘じる

メイずる　命ずる

出張を命ずる

メイずる　銘ずる

肝に銘ずる

メイメイ　明々

明々白々

メイメイ　銘々

銘々の持ち物，銘々に分ける

メイリョウ　明○瞭

めうつり　目移り

めかくし　目隠し

めがける　目掛ける

的を目掛けて撃つ

めがね　眼鏡

めくばり　目配り

めぐまれる　恵まれる

めぐみ　恵み

めぐむ　恵む

めぐむ　芽ぐむ

めぐらす　巡らす

めぐりあい　巡り合い

めぐりあう　巡り合う

めぐりあるく　巡り歩く

めくる　めくる

ページをめくる

めぐる　巡る

池の周りを巡る

めぐる　めぐる

日本の将来をめぐる諸問題を検討する，地球温暖化問題をめぐって

めざし　目刺し

めざす　目指す

頂上を目指す

めざまし　目覚まし

めざめ　目覚め

めざめる　目覚める

めざわり　目障り

めし　飯

飯粒，五目飯

めしあがる　召し上がる

めしかかえる　召し抱える

めしたき　飯炊き

めしもの　召し物

めじり　目○尻

めじるし　目印

めじろおし　めじろ押し

めす　召す

めす　雌　雌犬

めずらしい　珍しい

めずらしがる　珍しがる

めずらしさ　珍しさ

めだつ　目立つ

メツ　滅

滅亡，消滅，絶滅

めつき　目つき

メッする　滅する

めった　めった

めった打ち，めったにない，めったやたらに

めでたい　めでたい

おめでとうございます

めど　めど

めどが立たない

めどおり　目通り

めぬき　目抜き

めぬきどおり　目抜き通り

めばえる　芽生える

めばり　目張り

めぶく　芽吹く

めべり　目減り

めぼしい　めぼしい

めまい　めまい

めまいがする

めまぐるしい　目まぐるしい

めめしい　女々しい

めもり　目盛り

めやす　目安

メン　免

免許，免除，放免

メン　面

面会，顔面，方面

メン　綿

綿布，綿密，綿羊，純綿

メン　○麺

麺類，製麺

メンじる　免じる

メンする　面する

海に面した地域

メンずる　免ずる

税を免ずる，職を免ずる

メンドウ　面倒

面倒を掛ける，面倒な仕事

メンヨウ　綿羊

メンヨウ　面○妖

―モ・も―

モ　茂

繁茂

モ　模

模範，模型，模倣

も　喪

喪服，喪主

も　藻

モウ　亡

亡者

モウ　毛

毛髪，毛細管，不毛

モウ　妄

妄言（「モウゲン」又は「ボウゲン」），妄信，妄想，迷妄

モウ　盲

盲点，盲従，文盲

モウ　耗（「モウ」は慣用音）

消耗

モウ　望

所望，大望（「タイモウ」又は「タイボウ」），本望

モウ　猛

猛烈，猛獣，勇猛

モウ　網

網膜，漁網，通信網

もうかる　もうかる

もうけ　設け

設けの席

もうけ　　もうけ

もうけ口，丸もうけ

もうける　　設ける

席を設ける

もうける　　もうける

株で金をもうける，一男一女をもうける

もうしあげる　　申し上げる

もうしあわせ　　申合せ

もうしあわせジコウ　　申合せ事項

もうしあわせる　　申し合わせる

もうしいれ　　申入れ

もうしいれる　　申し入れる

もうしうける　　申し受ける

もうしおくり　　申し送り

もうしおくる　　申し送る

もうしこみ　　申込み

もうしこみ　　申込…

申込書，申込期日

もうしこみずみ　　申込済み

もうしこむ　　申し込む

もうしたて　　申立て

もうしたてニン　　申立人

もうしたてる　　申し立てる

もうしつたえる　　申し伝える

もうしで　　申出

もうしでる　　申し出る

もうしのべる　　申し述べる

もうしひらき　　申し開き

もうしブン　　申し分

もうしわけ　　申し訳

申し訳ない

もうしわたし　　申し渡し

もうしわたす　　申し渡す

もうす　　申す

もうでる　　○詣でる

モウラ　　網羅

精鋭を網羅する

もえ　　燃え

もえあがる　　燃え上がる

もえさかる　　燃え盛る

もえつきる　　燃え尽きる

もえのこり　　燃え残り

もえひろがる　　燃え広がる

もえる　　燃える

モク　　木

木造，樹木，材木

モク　　目

目的，目前，項目，面目（「メンモク」又は「メンボク」）

モク　　黙

黙殺，暗黙，沈黙

モクする　　目する

将来を目される

モクする　　黙する

黙して語らず

モクト　　目途

年末完成を目途とする

もぐりこむ　潜り込む

もぐる　潜る

モクロみ　もくろみ

もくろみが外れる

モクロむ　もくろむ

もさ　猛者

もし　もし（副詞）

もし……ならば

モジ　文字（「モンジ」とも）

もしくは　若しくは（接続詞）

A若しくはB

もす　燃す

もたらす　もたらす

良い結果をもたらす

もち　○餅

餅屋，尻餅

もちあがる　持ち上がる

もちあげる　持ち上げる

もちあるく　持ち歩く

もちあわせ　持ち合わせ

もちあわせる　持ち合わせる

もちいえ　持家

もちいる　用いる

もちかぶ　持ち株

もちこし　持ち越し

もちこす　持ち越す

もちごま　持ち○駒

もちこみ　持込み

もちこみキンシ　持込禁止

もちこむ　持ち込む

もちだし　持ち出し

もちだす　持ち出す

もちなおす　持ち直す

もちにげ　持ち逃げ

もちぬし　持ち主

もちば　持ち場

もちはこび　持ち運び

もちはこぶ　持ち運ぶ

もちブン　持分

もちまえ　持ち前

もちまわり　持ち回り

持ち回り閣議

もちまわる　持ち回る

もちもの　持ち物

もちよる　持ち寄る

モチロン　もちろん（副詞）

モツ　物

食物，進物，禁物

もつ　持つ

もって　…（を）をもって

文書をもって通知する，博学をもって鳴る

もっと　もっと（副詞）

もっとも　最も（副詞）

最も大切だ

もっとも　もっとも

もっともな意見だ，ごもっとも，もっともその言い分にも一理はある

もっぱら　専ら（副詞）

専ら仕事に励む

もてあそぶ　○弄ぶ

もてあます　持て余す

もと　下

足下，法の下に平等，一撃の下に，連絡の下に，……の所轄の下に，……の指揮の下に

もと　元

元帳，家元，火の元，出版元，元が掛かる

もと　本

本を正す，本と末，旗本

もと　基

資料を基にする，基づく

もと　もと

ケーキのもと

もとい　基

国の基

もとうけ　元請

もとうりギョウシャ　元売業者

もどしいれ　戻入れ

もとじめ　元締

もどす　戻す

もとづく　基づく

もとどおり　元どおり

もとめ　求め

もとめる　求める

もとゆい　元結

もとより　もとより

そんなことはもとより分かっていた

もどる　戻る

もの　者

若者，18歳未満の者

もの　物

物語，品物，物を言う，所持する物

もの　…もの

正しいものと認める，目安を示すものである

ものいい　物言い

ものいみ　物忌み

ものいり　物入り

ものうい　物憂い

ものうり　物売り

ものおき　物置

ものおしみ　物惜しみ

ものおと　物音

ものおぼえ　物覚え

ものおもい　物思い

ものがたり　物語

ものがたる　物語る

ものぐるい　物狂い

ものさし　物指し，物差し

ものしり　物知り

ものずき　物好き

ものとり　物取り

ものほし　物干し

ものほしば　物干場

ものもち　物持ち

ものわかれ　物別れ

ものわすれ　物忘れ

ものわらい　物笑い

もみけし　もみ消し
もみけす　もみ消す
もめごと　もめ事
もみじ　紅葉
　紅葉狩り
もむ　もむ
　肩をもむ，気をもむ
もめん　木綿
もも　桃
　桃色
ももわれ　桃割れ
もやす　燃やす
もよおし　催し
もよおしもの　催物
もよおす　催す
もより　最寄り
　最寄りの駅
もらいなき　もらい泣き
もらう　もらう
　……してもらう，金をもらう
もらす　漏らす
もり　守
　お守り，子守，灯台守
もり　森
もり　漏り
　雨漏り
もり　盛り
もりあがり　盛り上がり
もりあがる　盛り上がる
もりあげる　盛り上げる
もりかえす　盛り返す
もりガシ　盛り菓子
もりきり　盛り切り
もりすな　盛り砂
もりつち　盛土
もりばな　盛り花
もる　盛る
もる　漏る
もれ　漏れ
もれる　漏れる
もろい　もろい
　刃がもろい，情にもろい
もろもろ　もろもろ
　もろもろの意見，その他もろもろ
モン　文
　文字（「モンジ」又は「モジ」），経文，天文学
モン　門
　門戸，門下生，専門
モン　紋
　紋章，指紋，波紋
モン　問
　問題，問答，訪問
モン　聞
　聴聞，前代未聞
モンがまえ　門構え
モンきりがた　紋切り型
モンゼンばらい　門前払い
モンつき　紋付き
もんめ　●匁

—ヤ・や—

ヤ　○冶

冶金，陶冶

ヤ　夜

夜半，深夜，昼夜

ヤ　野

野外，野性，分野

や　八

八重桜，八重歯

や　矢

矢印，矢面

や　○弥

や　屋

屋根，花屋，楽屋，屋敷

や　家

家主，家賃，借家，二階家

やえ　八重

八重桜

やおちょう　八百長

やおや　八百屋

やかた　△館

やがて　やがて（副詞）

やかましい　やかましい

やき　…焼（工芸品）

有田焼，備前焼

やき　焼き

焼きを入れる，焼きが回る，炭焼き

やきいも　焼き芋

やきイン　焼き印

やきうち　焼き打ち

やきがね　焼き金

やききる　焼き切る

やきぐり　焼きぐり

やきごて　焼きごて

やきざかな　焼き魚

やきじお　焼き塩

やきすてる　焼き捨てる

やきそば　焼きそば

やきたて　焼き立て

やきつく　焼き付く

やきつくす　焼き尽くす

やきつけ　焼付け

やきつける　焼き付ける

やきドウフ　焼き豆腐

やきとり　焼き鳥

やきなおし　焼き直し

やきなおす　焼き直す

やきニク　焼き肉

やきば　焼き刃

やきば　焼き場

やきはらう　焼き払う

やきまし　焼き増し

やきめし　焼き飯

やきもち　焼き○餅

やきもどし　焼き戻し

やきもの　焼き物

ヤク　厄

厄年，災厄

ヤク　役

役所，役目，荷役

ヤク　約

約束，約半分，節約

ヤク　疫

疫病神

ヤク　益

御利益

ヤク　訳

訳文，翻訳，通訳

ヤク　薬

薬剤，薬局，火薬

ヤク　躍

躍動，躍起，飛躍

やく　焼く

ヤクおとし　厄落とし

ヤクがえ　役替え

ヤクショづとめ　役所勤め

ヤクす　訳す

英語に訳す

ヤクする　約する

実行を約する，分数を約する

ヤクだつ　役立つ

ヤクだてる　役立てる

ヤクづき　役付き

ヤクにたつ　役に立つ

ヤクばらい　厄払い

ヤクビョウがみ　疫病神

ヤクまわり　役回り

ヤクわり　役割

やけ　焼け

夕焼け

やけ　やけ

やけを起こす

やけあと　焼け跡

やけいし　焼け石

やけおちる　焼け落ちる

やけこげ　焼け焦げ

やけしぬ　焼け死ぬ

やけだされる　焼け出される

やけつち　焼け土

やけの　焼け野

やけひばし　焼け火○箸

やけぶとり　焼け太り

やける　焼ける

やさがし　家捜し

やさしい　易しい

易しい問題

やさしい　優しい

優しい心遣い

やさしさ　易しさ

やさしさ　優しさ

やしき　屋敷

やしないおや　養い親

やしないご　養い子

やしなう　養う

やしろ　社

やすあがり　安上がり

やすい　安い

値段が安い

やすい　…やすい

読みやすい，くみしやすい

やすうけあい　安請け合い

やすうり　安売り

やすっぽい　安っぽい

やすまる　休まる

やすみ　休み

やすみヂャや　休み茶屋

やすみどころ　休み所

やすむ　休む

やすめる　休める

やすらかだ　安らかだ

やすんじる　安んじる

やすんずる　安んずる

やせおとろえる　△痩せ衰える

やせほそる　△痩せ細る

やせる　△痩せる

体が痩せる，痩せた土地

やたて　矢立て

やつ　八つ

やつあたり　八つ当たり

やつぎばや　矢継ぎ早

やつざき　八つ裂き

やっつ　八つ

やど　宿

宿屋

やとい　雇い

日雇い

やといいれ　雇入れ

やといいれケイヤク　雇入契約

やといいれる　雇い入れる

やといどめてあて　雇止手当

やといニン　雇人

やといぬし　雇主

やとう　雇う

やどす　宿す

やどり　宿り

雨宿り

やどりぎ　宿り木

やどる　宿る

やなぎ　柳

柳腰

やなみ　家並み

やなり　家鳴り

やねづたい　屋根伝い

やはり　やはり（副詞）

やはり思ったとおり

やぶ　やぶ

やぶ入り，やぶ蚊，竹やぶ

やぶる　破る

約束を破る

やぶれ　破れ

破れ傘

やぶれる　破れる

障子が破れる，平和が破れる

やぶれる　敗れる

競技に敗れる，勝負に敗れる，人生に敗れる

やま　山

やまい　病

やまがり　　山狩り

やまくずれ　　山崩れ

やまごえ　　山越え

やまぞい　　山沿い

やまだし　　山出し

やまづたい　　山伝い

やまつづき　　山続き

やまづみ　　山積み

やまと　　大和

　大和絵，大和魂

やまのぼり　　山登り

やまびらき　　山開き

やまぶし　　山伏

やまもり　　山盛り

やまやき　　山焼き

やまわけ　　山分け

やみ　　○闇

　闇夜，暗闇

やみあがり　　病み上がり

やみうち　　○闇討ち

やみつき　　病み付き

やむ　　病む

　肺を病む，気に病む

やむ　　やむ

　雨がやむ，倒れて後やむ

やむをえず　　やむを得ず

やむをえない　　やむを得ない

やめる　　辞める

　勤めを辞める

やめる　　病める

　病める人

やめる　　やめる

　旅行をやめる，酒をやめる

やや　　やや（副詞）

　やや明るい

ややもすれば　　ややもすれば

やよい　　○弥生

やりかた　　やり方

　やり方が分からない

やりこめる　　やり込める

やりすごす　　やり過ごす

やりそこなう　　やり損なう

やりとおす　　やり通す

やりとげる　　やり遂げる

やりとり　　やり取り

やりなおし　　やり直し

やりなおす　　やり直す

やりなげ　　やり投げ

やる　　やる

　やり方，やり直し，使いをやる

やる　　…（て）やる

　読んでやる

やわはだ　　柔肌

やわらか　　柔らか

やわらか　　軟らか

やわらかい　　柔らかい

　柔らかい毛布

やわらかい　　軟らかい

　表情が軟らかい，軟らかい話

やわらかだ　　柔らかだ

身のこなしが柔らかだ，物柔らかな態度

やわらかだ　　軟らかだ

土が軟らかだ

やわらかみ　　柔らかみ

柔らかみのある人柄

やわらぐ　　和らぐ

気持ちが和らぐ，和らいだ空気

やわらげる　　和らげる

—ユ・ゆ—

ユ　　由

由来，経由

ユ　　油

油脂，油田，石油

ユ　　遊

遊山

ユ　　○喩

比喩

ユ　　愉

愉快，愉悦

ユ　　諭

諭旨，教諭，説諭

ユ　　輸

輸出，輸送，運輸

ユ　　癒

癒着，治癒，平癒

ゆ　　湯

湯水，煮え湯

ゆあがり　　湯上がり

ユイ　　由

由緒

ユイ　　唯

唯一，唯物論，唯美主義

ユイ　　遺

遺言（「ユイゴン」又は「イゴン」）

ユイショ　　由緒

ゆいたて　　結い立て

ユウ　　友

友好，友情，親友

ユウ　　右

左右，座右

ユウ　　由

自由，理由，事由

ユウ　　有

有益，所有，特有

ユウ　　勇

勇敢，勇気，武勇

ユウ　　幽

幽境，幽玄，幽霊

ユウ　　悠

悠然，悠長，悠々

ユウ　　郵

郵便，郵送，郵券

ユウ　　○湧

湧水，湧出

ユウ　　猶

猶予

ユウ　　裕

裕福，富裕，余裕

ユウ　　遊

遊戯，遊離，交遊

ユウ　　雄

雄大，英雄，雌雄

ユウ　　誘

誘惑，誘発，勧誘

ユウ　　憂

憂愁，憂慮，一喜一憂

ユウ　　融

融解，融和，金融

ユウ　　優

優越，優柔，俳優

ゆう　　夕

夕方，夕日，朝夕

ゆう　　結う

ユウウツ　　憂○鬱

ゆうぐれ　　夕暮れ

ゆうすずみ　　夕涼み

ユウシュツ　　○湧出

ユウする　　有する

権利を有する

ゆうだち　　夕立

ユウに　　優に

優に１万人を超える観衆

ゆうばえ　　夕映え

ゆうべ　　夕べ

ゆうやけ　　夕焼け

夕焼け雲

ユウユウ　　悠々

悠々自適の暮らし

ゆえ　　故

故あって，故なく

ゆえ　　…（の）ゆえ

一部の反対のゆえにはかどらない

ゆえに　　ゆえに（接続詞）

ゆえん　　ゆえん

確信するゆえん

ゆか　　床

床下

ゆかた　　浴衣

ゆがむ　　ゆがむ

ゆがめる　　ゆがめる

真実をゆがめる

ゆき　　雪　　初雪

ゆき　　行き（「いき」とも）

ゆきあたり　　行き当たり

ゆきあたる　　行き当たる

ゆきおれ　　雪折れ

ゆきおろし　　雪下ろし，雪降ろし

ゆきかう　　行き交う

ゆきかえり　　行き帰り

ゆきがかり　　行き掛かり

ゆきがけ　　行き掛け

ゆきかた　　行き方

ゆきさき　　行き先

ゆきすぎ　　行き過ぎ

ゆきすぎる　　行き過ぎる

ゆきずり　　行きずり

ゆきだおれ　行き倒れ
ゆきちがい　行き違い
ゆきつく　行き着く
ゆきづまり　行き詰まり
ゆきづまる　行き詰まる
ゆきどけ　雪解け
ゆきとどく　行き届く
ゆきどまり　行き止まり
ゆきなげ　雪投げ
ゆきなやみ　行き悩み
ゆきなやむ　行き悩む
ゆきば　行き場
ゆきふり　雪降り
ゆきみち　行き道
ゆきもどり　行き戻り
ゆきわたる　行き渡る
ゆく　行く（「いく」とも）
　買物に行く
ゆく　逝く（「いく」とも）
　天寿を全うして逝く，○○氏逝く
ゆくえ　行方
　行方不明
ゆくさき　行く先
ゆくすえ　行く末
ゆくて　行く手
ゆくゆく　行く行く
　行く行くは家の跡を継がせる
ゆさぶる　揺さぶる
ゆざまし　湯冷まし
ゆざめ　湯冷め
ゆすぶる　揺すぶる
ゆすり　揺すり
　貧乏揺すり
ゆずり　譲り
　親譲り
ゆずりあう　譲り合う
ゆずりうけ　譲受け
ゆずりうけニン　譲受人
ゆずりうける　譲り受ける
ゆずりジョウ　譲り状
ゆずりわたし　譲渡し
ゆずりわたす　譲り渡す
ゆする　揺する
ゆずる　譲る
ゆたか　豊か
ゆたかだ　豊かだ
ゆだねる　△委ねる
　権限を委ねる
ゆづけ　湯漬け
ゆどおし　湯通し
ゆのみ　湯飲み
ゆび　指
　指先
ゆびさす　指さす
ゆみ　弓
　弓矢
ゆみとり　弓取り
ゆみはりづき　弓張り月
ゆめ　夢
　初夢

ゆめみる　夢見る

ゆらぐ　揺らぐ

ゆりうごかす　揺り動かす

ゆりおこす　揺り起こす

ゆりかえし　揺り返し

ゆりかご　揺り○籠

ゆる　揺る

ゆるい　緩い

ゆるがせ　ゆるがせ

ゆるがせにはできない

ゆるぎない　揺るぎない

ゆるぐ　揺るぐ

ゆるし　許し

ゆるしがたい　許し難い

ゆるす　許す

ゆるみ　緩み

ゆるむ　緩む

ゆるめる　緩める

ゆるやか　緩やか

ゆるやかだ　緩やかだ

ゆれ　揺れ

ゆれる　揺れる

ゆわえる　結わえる

ゆわかし　湯沸かし

ゆわかしキ　湯沸器

—ヨ・よ—

ヨ　与

与党，授与，関与

ヨ　予

予定，予備，猶予

ヨ　余

余剰，余地，残余

ヨ　誉

名誉，栄誉

ヨ　預

預金，預託

よ　四

四人，四月目

よ　代

神代

よ　世

世の中

よ　夜

夜風，月夜

よあかし　夜明かし

よあけ　夜明け

よあそび　夜遊び

よあるき　夜歩き

よい　宵

よい　良い

品質が良い，成績が良い，手際が良い

よい　善い

善い行い，世の中のために善いことをする

よい　酔い

二日酔い

よい　…（て）よい

連絡してよい

よいごこち　酔い心地

よいごし　宵越し

よいざめ　酔い覚め

よいだおれ　酔い倒れ

よいっぱり　宵っ張り

よいまつり　宵祭り

ヨウ　幼

幼児，幼虫，幼稚

ヨウ　用

用意，使用，費用

ヨウ　羊

羊毛，綿羊，牧羊

ヨウ　○妖

妖怪，妖艶

ヨウ　洋

洋楽，洋風，海洋

ヨウ　要

要点，要注意，重要

ヨウ　容

容易，容器，形容

ヨウ　庸

凡庸，中庸

ヨウ　揚

意気揚々，抑揚，掲揚

ヨウ　揺

動揺

ヨウ　葉

葉緑素，落葉，紅葉（「コウヨウ」又は「もみじ」）

ヨウ　陽

陽光，陰陽，太陽

ヨウ　溶

溶解，溶液，水溶液

ヨウ　腰

腰痛，腰部

ヨウ　様

様式，様子，模様

ヨウ　○瘍

潰瘍，腫瘍

ヨウ　踊

舞踊

ヨウ　窯

窯業

ヨウ　養

養育，養子，休養

ヨウ　擁

擁護，擁立，抱擁

ヨウ　謡

謡曲，民謡，歌謡

ヨウ　曜

曜日，七曜表，日曜

よう　酔う

よう　八

八日

ヨウエン　○妖○艶

ヨウずみ　用済み

ヨウする　要する

緊急を要する

ヨウする　擁する

大軍を擁する

ヨウするに　要するに（副詞）

要するに誠意の問題だ

ようだ　ようだ（助動詞）

……のようだ，このような計画

ヨウだてる　用立てる

ようち　夜討ち

ヨウむき　用向き

ようやく　ようやく（副詞）

ようやく認められた

ヨギない　余儀ない

それも余儀ない事だ

ヨク　抑

抑圧，抑制，抑揚

ヨク　○沃

肥沃

ヨク　浴

浴場，海水浴

ヨク　欲

欲望，食欲，無欲

ヨク　翌

翌春，翌年，翌々日

ヨク　翼

左翼，尾翼

よく　よく（副詞）

話はよく分かった，よく用いられる言葉

ヨクする　浴する

恩恵に浴する

よくする　よくする

書をよくする

ヨクばり　欲張り

ヨクばる　欲張る

ヨクぶかい　欲深い

ヨケイ　余計

費用が余計に掛かる

よこ　横

横顔

よこあい　横合い

よこがき　横書き

よこがみやぶり　横紙破り

よこぎる　横切る

よこしま　よこしま

よこしまな考え

よごす　汚す

よこたえる　横たえる

よこだおし　横倒し

よこだおれ　横倒れ

よこたわる　横たわる

よこづけ　横付け

よこどり　横取り

よこながし　横流し

よこながれ　横流れ

よこなぐり　横殴り

よこばい　横ばい

よこぶり　横降り

よこむき　横向き

よごれ　汚れ

よごれもの　汚れ物

よごれる　汚れる

よし　由

由ありげ，知る由もない，お元気の由何よりです

よしずばり　よしず張り

よすてびと　世捨て人

よせ　寄席

よせあつめ　寄せ集め

よせあつめる　寄せ集める

よせがき　寄せ書き

よせぎザイク　寄せ木細工

よせザン　寄せ算

よせなべ　寄せ○鍋

よせる　寄せる

よそおい　装い

よそおう　装う

よつ　四つ

よっか　四日

よつかど　四つ角

よつぎ　世継ぎ

よっつ　四つ

よって　よって（接続詞）

よって，私は……する

よって　よって

前例によって処理する

よっぱらい　酔っ払い

よっぱらう　酔っ払う

よつめがき　四つ目垣

よづり　夜釣り

よどおし　夜通し

よなき　夜泣き

よなき　夜鳴き

よにげ　夜逃げ

よのなか　世の中

よばわる　呼ばわる

よびあう　呼び合う

よびあつめる　呼び集める

よびいれる　呼び入れる

よびおこす　呼び起こす

よびかえす　呼び返す

よびかけ　呼び掛け

よびかける　呼び掛ける

よびかわす　呼び交わす

よびこ　呼び子

よびごえ　呼び声

よびこみ　呼び込み

よびこむ　呼び込む

よびすて　呼び捨て

よびだし　呼出し

よびだしデンワ　呼出電話

よびだしフゴウ　呼出符号

よびだす　呼び出す

よびつける　呼び付ける

よびつづける　呼び続ける

よびね　呼び値

よびもどす　呼び戻す

よびもの　呼び物

よびよせる　呼び寄せる

よびリン　呼び鈴

よぶ　呼ぶ

よふかし　夜更かし

よふけ　夜更け
よほど　よほど（副詞）
よほど難しい
よまつり　夜祭り
よまわり　夜回り
よみ　読み
秒読み，訓読み，読みが深い
よみあげる　読み上げる
よみあやまり　読み誤り
よみあやまる　読み誤る
よみあわせ　読み合わせ
よみおわる　読み終わる
よみかえ　読替え
よみかえキテイ　読替規定
よみかえる　読み替える
よみがえる　よみがえる
記憶がよみがえる
よみかき　読み書き
よみかけ　読みかけ
よみかた　読み方
よみきり　読み切り
よみきる　読み切る
よみくだす　読み下す
よみごたえ　読み△応え
よみこむ　読み込む
よみづらい　読みづらい
よみて　読み手
よみとおす　読み通す
よみとる　読み取る
よみはじめる　読み始める
よみふける　読みふける
よみふだ　読み札
よみもの　読み物
よむ　読む
本を読む，字を読む，人の心を読む
よむ　詠む
和歌を詠む，一首詠む
よめ　嫁
花嫁
よめいり　嫁入り
より　寄り
南寄りの風
より　…より（助詞）
私より小さい（㊟「より」は比較のときだけに使う。）
よりあい　寄り合い
寄り合い世帯
よりあう　寄り合う
よりあつまり　寄り集まり
よりあつまる　寄り集まる
よりあわせる　より合わせる
よりかかる　寄り掛かる
よりきり　寄り切り
よりきる　寄り切る
よりごのみ　より好み
よりすぐる　よりすぐる
よりどころ　よりどころ
よりどころとなる前例
よりどり　より取り
よりぬき　より抜き

よりみち　寄り道

よりわける　より分ける

よる　夜

夜昼

よる　寄る

近寄る

よる　よる

過失による事故，新聞報道によれば

よるべ　寄る辺

よろこばしい　喜ばしい

よろこばす　喜ばす

よろこび　喜び

よろこぶ　喜ぶ

よろしい　よろしい

よろしく　よろしく

よろしくお願いします

よロン　世論

世論調査

よわい　弱い

弱虫

よわたり　世渡り

よわまる　弱まる

よわみ　弱み

よわむし　弱虫

よわめる　弱める

よわよわしい　弱々しい

よわりきる　弱り切る

よわりはてる　弱り果てる

よわる　弱る

よん　四

四回，四階

—ラ・ら—

ラ　○拉　拉致

ラ　裸

裸身，裸体，赤裸々

ラ　羅

羅列，羅針盤，網羅

ら　…ら（接尾語）

これら，子供ら，何ら，我ら

ライ　来

来年，来歴，往来

ライ　雷

雷雨，雷名，魚雷

ライ　頼

依頼，信頼，無頼漢

ライ　礼

礼賛，礼拝（「ライハイ」又は「レイハイ」）

ラク　絡

連絡，脈絡

ラク　落

落語，落成，落盤，落涙，集落

ラク　楽

楽園，快楽，娯楽

ラク　酪

酪農

ラクイン　らく印

ラクがき　落書き

ラクやき　楽焼き

ラチ　○拉致

ラツ　○辣

辣腕，辛辣

ラン　乱

乱戦，混乱，反乱

ラン　卵

卵黄，鶏卵，産卵

ラン　覧

観覧，展覧，一覧

ラン　濫

濫伐，濫費，濫用，濫獲，濫作，濫造，濫読，濫立

ラン　○藍　出藍

ラン　欄

欄干，欄外，空欄

―リ・り―

リ　吏

吏員，官吏，能吏

リ　利

利益，鋭利，勝利

リ　里

里程，郷里，千里眼

リ　理

理科，理由，整理

リ　痢

疫痢，下痢，赤痢

リ　裏

裏面，表裏

リ　履

履歴，履行，弊履

リ　○璃

浄瑠璃

リ　離

離別，距離，分離

りあげ　利上げ

リキ　力

力量，力作，馬力

リキむ　力む

リク　陸

陸地，陸橋，着陸

リクあげ　陸揚げ

リクあげチ　陸揚地

リクあげリョウ　陸揚量

りぐい　利食い

リクツ　理屈

りする　利する

敵を利する行動

リチ　律　律儀

リツ　立

立案，起立，独立

リツ　律

律動，規律，法律

リツ　率

比率，能率，百分率

リツ　○慄

慄然，戦慄

りつき　利付き

リつきサイケン　利付債券

リづめ　理詰め

リッパ　立派

リまわり　利回り

リャク　略

略称，計略，侵略

リュウ　立

建立（コンリュウ）

リュウ　柳

花柳界，川柳

リュウ　流

流行，流動，電流

リュウ　留

留意，留学，保留

リュウ　竜

竜頭蛇尾，恐竜

リュウ　粒

粒子，粒々辛苦，微粒子

リュウ　隆

隆起，隆盛，興隆

リュウ　硫

硫安，硫酸，硫化銀

リョ　○侶

僧侶，伴侶

リョ　旅

旅行，旅情，旅券

リョ　虜

虜囚，捕虜

リョ　慮

遠慮，考慮，無慮

リョウ　了

了解，了承，完了，校了

リョウ　両

両親，両立，千両

リョウ　良

良好，良心，優良

リョウ　料

料金，料理，材料

リョウ　涼

涼味，清涼剤，納涼

リョウ　猟

猟師，狩猟，渉猟

リョウ　陵

陵墓，丘陵

リョウ　量

量産，測量，度量

リョウ　僚

僚友，官僚，同僚

リョウ　漁（「猟」の字音の転用）

漁師，大漁，不漁

リョウ　領

領土，要領，大統領

リョウ　寮

寮生，寮母，独身寮

リョウ　療

療養，医療，治療

リョウ　○瞭

明瞭

リョウ　糧

糧食，糧道，食糧

リョウ　霊　悪霊，死霊

リョウがえ　両替

リョウぎり　両切り

リョウだて　両建て

リョウトウづかい　両刀使い，両刀遣い

リョウどなり　両隣り

リョク　力

権力，努力，能力

リョク　緑

緑茶，緑陰，新緑

リン　林

林業，林立，山林

リン　厘

一分一厘

リン　倫

倫理，人倫，絶倫

リン　鈴

風鈴，呼び鈴

リン　輪

輪番，一輪，車輪

リン　隣

隣室，隣接，近隣

リン　臨

臨時，臨床，君臨

リンケン　臨検（㊟法令では，犯罪事件の調査の場合のみに用いる。）

―ル・る―

ル　流

流布，流転，流罪

ル　留

留守（ルス）

ル　○瑠　浄瑠璃

ルイ　涙

感涙，声涙，落涙

ルイ　累

累計，累積，係累

ルイ　塁

塁審，敵塁，土塁

ルイ　類

類型，種類，分類

ルイする　類する

展覧会又はこれに類する催し

るつぼ　るつぼ

―レ・れ―

レイ　令

令嬢，法令，命令

レイ　礼

礼儀，礼拝（「レイハイ」又は「ライハイ」），謝礼，無礼

レイ　冷

冷却，冷淡，寒冷

レイ　励

励行，奨励，精励

レイ　戻

戻入，返戻

レイ　例

例外，例年，用例

レイ　鈴

電鈴，振鈴，予鈴

レイ　零

零下，零細，零落

レイ　霊

霊感，霊魂，霊長類

レイ　隷

隷書，隷属，奴隷

レイ　齢

樹齢，年齢，妙齢

レイ　麗

麗人，端麗，美麗

レキ　暦

暦年，還暦，太陽暦

レキ　歴

歴史，歴訪，経歴

レツ　列

列外，列車，陳列

レツ　劣

劣等，卑劣，優劣

レツ　烈

烈火，壮烈，猛烈

レツ　裂

決裂，破裂，分裂

レッする　列する

会議に列する

レン　恋

恋愛，恋慕，失恋

レン　連

連係，連合，連続，連絡，関連

レン　廉

廉価，清廉，破廉恥

レン　練

練習，練乳，試練，熟練

レン　錬

錬金術，錬成，修錬，精錬，鍛錬

レンガ　れんが

レンガづくり　れんが造り

—ロ・ろ—

ロ　○呂

風呂

ロ　炉

炉辺，暖炉，原子炉

ロ　○賂

賄賂

ロ　路

路上，道路

ロ　露

露出，露店，雨露

ロウ　老

老巧，老人，長老

ロウ　労

労働，労力，疲労

ロウ　○弄

愚弄，翻弄

ロウ　郎

新郎

ロウ　朗

朗読，朗々と，明朗

ロウ　浪

浪費，波浪，放浪

ロウ　廊

廊下，回廊，画廊

ロウ　楼

楼閣，鐘楼，望楼

ロウ　漏

漏電，疎漏，脱漏

ロウ　糧

兵糧

ロウ　露

披露

ロウ　○籠

籠城

ロウエイ　漏えい

機密が漏えいする

ロウする　労する

心身を労する，労して功なし

ろうする　ろうする

策をろうする，耳をもろうする響き

ロウびき　ろう引き

ろう引きの包み紙

ロウニャクナンニョ　老若男女

ロウロウと　朗々と

ロク　六

六月，六法，丈六

ロク　緑

緑青（ロクショウ）

ロク　録

録音，記録，実録

ロク　○麓

山麓

ロクする　録する

歴史に録する

ロッぱ　六羽

ロテンぼり　露天掘り

ロびらき　炉開き

ロン　論

論証，論理，議論

ロンじる　論じる

是非を論じる

ロンずる　論ずる

物事の理を論ずる，論ずるに値しない問題

―ワ・わ―

ワ　和

和解，和服，柔和

ワ　話

話題，会話，童話

わ　我

我が国

わ　輪

首輪

ワイ　賄

収賄，贈賄

ワイキョク　　わい曲

事実をわい曲する

ワイセツ　　わいせつ

ワイロ　　○賄賂

わが　　我が（連体詞）

我が国，我が家

わかい　　若い

わかがえる　　若返る

わかじに　　若死に

わかしゆ　　沸かし湯

わかす　　沸かす

わかちあう　　分かち合う

わかちがき　　分かち書き

わかつ　　分かつ

わかづくり　　若作り

わかもの　　若者

わかやぐ　　若やぐ

わかる　　分かる　意味が分かる

わかれ　　別れ

わかればなし　　別れ話

わかれみち　　別れ道，分かれ道

わかれめ　　別れ目，分かれ目

わかれる　　分かれる

道が二つに分かれる，意見が分かれる

わかれる　　別れる

幼い時に両親と別れる，友と駅頭で別れる，家族と別れて住む

わかわかしい　　若々しい

わき　　○脇　脇腹，両脇

わき　　沸き

わきあがる　　沸き上がる

わきかえる　　沸き返る

わきたつ　　沸き立つ

わきまえる　　わきまえる

礼儀をわきまえる

わぎり　　輪切り

ワク　　惑

惑星，迷惑，誘惑

わく　　枠

枠内，窓枠

わく　　沸く

湯が沸く，風呂が沸く，すばらしい演技に場内が沸く

わく　　○湧く

温泉が湧く，勇気が湧く，盛大な拍手が湧（沸）く

わくぐみ　　枠組み

わくづくり　　枠作り

わくづけ　　枠付け

わけ　　訳

内訳，申し訳，訳がある

わけ　　…わけ

賛成するわけにはいかない

わけへだて　　分け隔て

わけまえ　　分け前

わけめ　　分け目

わける　　分ける

引き分ける

わこうど　　若人

わざ　技

柔道の技，技を磨く

わざ　業

仕業，早業，至難の業，離れ業，軽業，業師

わざと　わざと（副詞）

わざと……する，わざとらしい

わざわい　災い

わざわざ　わざわざ（副詞）

わずか　○僅か（副詞）

僅かの差，僅か１％上昇した

わずかだ　○僅かだ

わずらい　煩い

恋煩い

わずらい　患い

長患い

わずらう　煩う

思い煩う

わずらう　患う

胸を患う，三年ほど患う

わずらわしい　煩わしい

わずらわす　煩わす

人手を煩わす，心を煩わす

わすれ　忘れ

度忘れ，物忘れ

わすれがたみ　忘れ形見

わすれもの　忘れ物

わすれる　忘れる

わた　綿

真綿

わたいれ　綿入れ

わたうち　綿打ち

わたくし　私（代名詞）

私事，私たち，私の名前

わたくしする　私する

わたし　△私（代名詞）

わたし　渡し

わたしば　渡し場

わたしぶね　渡し船

わたす　渡す

わたって　…（に）わたって

１週間にわたって開催する

わたり　渡り

わたりあう　渡り合う

わたりぞめ　渡り初め

わたりどり　渡り鳥

わたりロウカ　渡り廊下

わたる　渡る

わなげ　輪投げ

わびずまい　わび住まい

わびる　わびる

無礼をわびる，おわびをする

わらい　笑い

大笑い

わらいがお　笑い顔

わらいごえ　笑い声

わらいジョウゴ　笑い上戸

わらいばなし　笑い話

わらう　笑う

わらづつみ　わら包み

わらべ　童

童歌

わり　割

五割，所得割

わりあい　割合

月に1回の割合，割合に速い

わりあて　割当て

わりあてガク　割当額

わりあてる　割り当てる

わりイン　割り印

わりがいい　割がいい

わりカン　割り勘

わりきる　割り切る

わりこむ　割り込む

わりザン　割り算

わりだか　割高

わりだす　割り出す

わりチュウ　割り注

割り注を入れる

わりつけ　割り付け

わりつける　割り付ける

わりに　割に（副詞）

割に容易である

わりハン　割り判

わりびき　割引

わりびく　割り引く

わりフ　割り符

わりふり　割り振り

わりふる　割り振る

わりまえ　割り前

わりまし　割増し

わりましキン　割増金

わりましキンつき　割増金付

わります　割り増す

わりむぎ　割り麦

わりもどし　割戻し

わりもどしキン　割戻金

わりもどす　割り戻す

わりやす　割安

わる　割る

わるい　悪い

わるさ　悪さ

わるもの　悪者

われ　我

我々，我ら

われ　割れ

仲間割れ，ひび割れ

われがちに　我勝ちに

われさきに　我先に

われながら　我ながら

われめ　割れ目

われもの　割れ物

われら　我ら

われる　割れる

われわれ　我々（代名詞）

ワン　湾

湾内，湾入，港湾

ワン　腕

腕章，腕力，敏腕

○公用文に関する参考資料

公用文における漢字使用等

注

ここに収録した「公用文における漢字使用等について」（平成22年内閣訓令第１号）は，各行政機関が作成する公用文における漢字使用の統一を図るため，平成22年11月30日付けで定めたものである。

「公用文における漢字使用等について」（内閣訓令）の要点

1　公用文における漢字使用は，「常用漢字表」（平成22年内閣告示第２号）の本表及び付表によるものとする。なお，字体については通用字体を用いる。

2　「常用漢字表」の本表に掲げる音訓によって語を書き表すに当たっては，代名詞，副詞・連体詞，接頭語，接尾語，接続詞，助詞・助動詞等の語に留意する。

3　公用文における送り仮名の付け方は，「送り仮名の付け方」（昭和48年内閣告示第２号）の通則１から通則６までの「本則」・「例外」，通則７によることを原則とする。ただし，活用のない「複合の語」で，読み間違えるおそれのないものについては，通則６の「許容」を適用して送り仮名を省く。

4　固有名詞は対象とせず，専門用語及び特殊用語など，特別な漢字使用を必要とする場合は，必要に応じて適切な配慮をする。

5　法令における取扱いは，内閣法制局からの通知による。

6　「「常用漢字表」の実施について」（昭和56年内閣訓令第１号）は廃止する。

○内閣訓令第１号

各行政機関

公用文における漢字使用等について

政府は，本日，内閣告示第２号をもって，「常用漢字表」を告示した。

今後，各行政機関が作成する公用文における漢字使用等については，別紙によるものとする。

なお，昭和56年内閣訓令第１号は，廃止する。

平成22年11月30日

内閣総理大臣　菅　直人

（別紙）

公用文における漢字使用等について

1　漢字使用について

⑴　公用文における漢字使用は，「常用漢字表」（平成22年内閣告示第２号）の本表及び付表（表の見方及び使い方を含む。）によるものとする。

なお，字体については通用字体を用いるものとする。

⑵　「常用漢字表」の本表に掲げる音訓によって語を書き表すに当たっては，次の事項に留意する。

ア　次のような代名詞は，原則として，漢字で書く。

例　俺　彼　誰　何　僕　私　我々

イ　次のような副詞及び連体詞は，原則として，漢字で書く。

例（副詞）

余り　至って　大いに　恐らく　概して　必ず　必ずしも　辛うじて　極めて　殊に　更に　実に　少なくとも　少し　既に　全て　切に　大して　絶えず　互いに　直ちに　例えば　次いで　努めて　常に　特に　突然　初めて　果たして　甚だ　再び　全く　無論　最も　専ら　僅か　割に

（連体詞）

明くる　大きな　来る　去る　小さな　我が（国）

ただし，次のような副詞は，原則として，仮名で書く。

例　かなり　ふと　やはり　よほど

ウ　次の接頭語は，その接頭語が付く語を漢字で書く場合は，原則として，漢字で書き，その接頭語が付く語を仮名で書く場合は，原則として，仮名で書く。

例　御案内（御＋案内）　御挨拶（御＋挨拶）

ごもっとも（ご＋もっとも）

エ　次のような接尾語は，原則として，仮名で書く。

例　げ（惜しげもなく）　ども（私ども）　ぶる（偉ぶる）

み（弱み）　め（少なめ）

オ　次のような接続詞は，原則として，仮名で書く。

例　おって　かつ　したがって　ただし　ついては　ところが

ところで　また　ゆえに

ただし，次の4語は，原則として，漢字で書く。

及び　並びに　又は　若しくは

カ　助動詞及び助詞は，仮名で書く。

例　ない（現地には，行かない。）

ようだ（それ以外に方法がないようだ。）

ぐらい（二十歳ぐらいの人）

だけ（調査しただけである。）

ほど（三日ほど経過した。）

キ　次のような語句を，（　）の中に示した例のように用いるときは，原則として，仮名で書く。

例　ある（その点に問題がある。）

いる（ここに関係者がいる。）

こと（許可しないことがある。）

できる（だれでも利用ができる。）

とおり（次のとおりである。）

とき（事故のときは連絡する。）
ところ（現在のところ差し支えない。）
とも（説明するとともに意見を聞く。）
ない（欠点がない。）
なる（合計すると１万円になる。）
ほか（そのほか…，特別の場合を除くほか…）
もの（正しいものと認める。）
ゆえ（一部の反対のゆえにはかどらない。）
わけ（賛成するわけにはいかない。）
………かもしれない（間違いかもしれない。）
………てあげる（図書を貸してあげる。）
………ていく（負担が増えていく。）
………ていただく（報告していただく。）
………ておく（通知しておく。）
………てください（問題点を話してください。）
………てくる（寒くなってくる。）
………てしまう（書いてしまう。）
………てみる（見てみる。）
………てよい（連絡してよい。）
………にすぎない（調査だけにすぎない。）
………について（これについて考慮する。）

2　送り仮名の付け方について

⑴　公用文における送り仮名の付け方は，原則として，「送り仮名の付け方」（昭和48年内閣告示第２号）の本文の通則１から通則６までの「本則」・「例外」，通則７及び「付表の語」（１のなお書きを除く。）によるものとする。

ただし，複合の語（「送り仮名の付け方」の本文の通則７を適用する語を除く。）のうち，活用のない語であって読み間違えるおそれのない語については，「送り仮名の付け方」の本文の通則６の「許容」を適用して送り仮名を省くものとする。なお，これに該当する語は，次のとおりとする。

明渡し　預り金　言渡し　入替え　植付け　魚釣用具　受入れ　受皿　受持ち　受渡し　渦巻　打合せ　打合せ会　打切り　内払　移替え　埋立て　売上げ　売惜しみ　売出し　売場　売払い　売渡し　売行き　縁組　追越し　置場　贈物　帯留　折詰　買上げ　買入れ　買受け　買換え　買占め　買取り　買戻し　買物　書換え　格付　掛金　貸切り　貸金　貸越し　貸倒れ　貸出し　貸付け　借入れ　借受け　借換え　刈取り　缶切　期限付　切上げ　切替え　切下げ　切捨て　切土　切取り　切離し　靴下留　組合せ　組入れ　組替え　組立て　くみ取便所　繰上げ　繰入れ　繰替え　繰越し　繰下げ　繰延べ　繰戻し　差押え　差止め　差引き　差戻し　砂糖漬　下請　締切り　条件付　仕分　据置き　据付け　捨場　座込み　栓抜　備置き　備付け　染物　田植　立会い　立入り　立替え　立札　月掛　付添い　月払　積卸し　積替え　積込み　積出し　積立て　積付け　釣合い　釣鐘　釣銭　釣針　手続　問合せ　届出　取上げ　取扱い　取卸し　取替え　取決め　取崩し　取消し　取壊し　取下げ　取締り　取調べ　取立て　取次ぎ　取付け　取戻し　投売り　抜取り　飲物　乗換え　乗組み　話合い　払込み　払下げ　払出し　払戻し　払渡し　払渡済み　貼付け　引上げ　引揚げ　引受け　引起し　引換え　引込み　引下げ　引締め　引継ぎ　引取り　引渡し　日雇　歩留り　船着場　不払　賦払　振出し　前払　巻付け　巻取り　見合せ　見積り　見習　未払　申合せ　申合せ事項　申入れ　申込み　申立て　申出　持家　持込み　持分　元請　戻入れ　催物　盛土　焼付け　雇入れ　雇主　譲受け　譲渡し　呼出し　読替え　割当て　割増し　割戻し

(2)　(1)にかかわらず，必要と認める場合は，「送り仮名の付け方」の本文の通則２，通則４及び通則６（(1)のただし書の適用がある場合を除く。）の「許容」並びに「付表の語」の１のなお書きを適用して差し支えない。

3　その他

(1)　１及び２は，固有名詞を対象とするものではない。

(2)　専門用語又は特殊用語を書き表す場合など，特別な漢字使用等を必要とする場合には，１及び２によらなくてもよい。

(3)　専門用語等で読みにくいと思われるような場合は，必要に応じて，振り仮名を用いる等，適切な配慮をするものとする。

4　法令における取扱い

法令における漢字使用等については，別途，内閣法制局からの通知による。

常 用 漢 字 表

注

ここに収録した「常用漢字表」（平成22年内閣告示第２号）は，平成22年６月７日に文化審議会が答申した「改定常用漢字表」の趣旨を尊重し，これを採択して実施に移すため，平成22年11月30日付けで定めたものである。

「常用漢字表」（内閣告示）の要点

1　この表は，旧「常用漢字表」（昭和56年内閣告示第１号）の字種1945字から５字を削除し，新たに196字を加え，2136字とし，更に音訓の追加や削除を行ったものである。

2　この表は，字種，字体，語例等を併せて示した総合漢字表である。

3　この表は，法令，公用文書，新聞，雑誌，放送など，一般の社会生活において，現代の国語を書き表す場合の漢字使用の目安を示すものである。なお，この表の目安という性格は，旧「常用漢字表」から引き継がれている。

4　この表は，科学，技術，芸術その他の各種専門分野や個々人の表記にまで及ぼそうとするものではなく，過去の著作や文書における漢字使用を否定するものではない。

5　この表は，都道府県名に用いる漢字及びそれに準じる漢字を除き，固有名詞を対象とするものではない。

6　旧「常用漢字表」（昭和56年内閣告示第１号）は廃止する。

○内閣告示第２号

一般の社会生活において現代の国語を書き表すための漢字使用の目安を，次の表のように定める。

なお，昭和56年内閣告示第１号は，廃止する。

平成22年11月30日

内閣総理大臣　菅　直人

常用漢字表

前　書　き

1　この表は，法令，公用文書，新聞，雑誌，放送など，一般の社会生活において，現代の国語を書き表す場合の漢字使用の目安を示すものである。

2　この表は，科学，技術，芸術その他の各種専門分野や個々人の表記にまで及ぼそうとするものではない。ただし，専門分野の語であっても，一般の社会生活と密接に関連する語の表記については，この表を参考とすることが望ましい。

3　この表は，都道府県名に用いる漢字及びそれに準じる漢字を除き，固有名詞を対象とするものではない。

4　この表は，過去の著作や文書における漢字使用を否定するものではない。

5　この表の運用に当たっては，個々の事情に応じて適切な考慮を加える余地のあるものである。

表の見方及び使い方（略）

（付）字体についての解説（略）

本　　表（抄）

【あ】

亜　ア
哀　アイ　あわれ　あわれむ
挨　アイ
愛　アイ
曖　アイ
悪　アク　オ　わるい
握　アク　にぎる
圧　アツ
扱　あつかう
宛　あてる
嵐　あらし
安　アン　やすい
案　アン
暗　アン　くらい

【い】

以　イ
衣　イ　ころも
位　イ　くらい
囲　イ　かこむ　かこう
医　イ
依　イ　エ
委　イ　ゆだねる
威　イ
為　イ
畏　イ　おそれる
胃　イ
尉　イ
異　イ　こと
移　イ　うつる　うつす
萎　イ　なえる
偉　イ　えらい
椅　イ
彙　イ
意　イ
違　イ　ちがう　ちがえる
維　イ
慰　イ　なぐさめる　なぐさむ
遺　イ　ユイ
緯　イ
域　イキ
育　イク　そだつ　そだてる　はぐくむ
一　イチ　イツ　ひと　ひとつ
壱　イチ
逸　イツ
茨　いばら
芋　いも
引　イン　ひく　ひける
印　イン　しるし
因　イン　よる
咽　イン
姻　イン
員　イン
院　イン
淫　イン　みだら
陰　イン　かげ　かげる
飲　イン　のむ
隠　イン　かくす　かくれる
韻　イン

【う】

右　ウ　ユウ　みぎ
宇　ウ
羽　ウ　は　はね
雨　ウ　あめ　あま
唄　うた
鬱　ウツ
畝　うね
浦　うら
運　ウン　はこぶ
雲　ウン　くも

【え】

永　エイ　ながい
泳　エイ　およぐ
英　エイ
映　エイ　うつる　うつす　はえる
栄　エイ　さかえる　はえ　はえる
営　エイ　いとなむ
詠　エイ　よむ
影　エイ　かげ
鋭　エイ　するどい
衛　エイ
易　エキ　イ　やさしい
疫　エキ　ヤク
益　エキ　ヤク
液　エキ
駅　エキ

悦	エツ
越	エツ こす こえる
謁	エツ
閲	エツ
円	エン まるい
延	エン のびる のべる のばす
沿	エン そう
炎	エン ほのお
怨	エン オン
宴	エン
媛	エン
援	エン
園	エン その
煙	エン けむる けむり けむい
猿	エン さる
遠	エン オン とおい
鉛	エン なまり
塩	エン しお
演	エン
縁	エン ふち
艶	エン つや

【お】

汚	オ けがす けがれる けがらわしい よごす よごれる きたない
王	オウ
凹	オウ
央	オウ
応	オウ こたえる
往	オウ
押	オウ おす おさえる
旺	オウ
欧	オウ
殴	オウ なぐる
桜	オウ さくら
翁	オウ
奥	オウ おく
横	オウ よこ
岡	おか
屋	オク や
億	オク
憶	オク
臆	オク
虞	おそれ
乙	オツ
俺	おれ
卸	おろす おろし
音	オン イン おと ね
恩	オン
温	オン あたたか あたたかい あたたまる あたためる
穏	オン おだやか

【か】

下	カ ゲ した しも もと さげる さがる くだる くだす くださる おろす おりる
化	カ ケ ばける ばかす
火	カ ひ ほ
加	カ くわえる くわわる
可	カ
仮	カ ケ かり
何	カ なに なん
花	カ はな
佳	カ
価	カ あたい
果	カ はたす はてる はて
河	カ かわ
苛	カ
科	カ
架	カ かける かかる
夏	カ ゲ なつ
家	カ ケ いえ や
荷	カ に
華	カ ケ はな
菓	カ
貨	カ
渦	カ うず
過	カ すぎる すごす あやまつ あやまち
嫁	カ よめ とつぐ
暇	カ ひま
禍	カ
靴	カ くつ
寡	カ
歌	カ うた うたう
箇	カ
稼	カ かせぐ
課	カ
蚊	か
牙	ガ ゲ きば
瓦	ガ かわら
我	ガ われ わ
画	ガ カク
芽	ガ め
賀	ガ
雅	ガ
餓	ガ
介	カイ
回	カイ エ まわる まわす

灰　カイ　はい
会　カイ　エ　あう
快　カイ　こころよい
戒　カイ　いましめる
改　カイ　あらためる　あらたまる
怪　カイ　あやしい　あやしむ
拐　カイ
悔　カイ　くいる　くやむ　くやしい
海　カイ　うみ
界　カイ
皆　カイ　みな
械　カイ
絵　カイ　エ
開　カイ　ひらく　ひらける　あく　あける
階　カイ
塊　カイ　かたまり
楷　カイ
解　カイ　ゲ　とく　とかす　とける
潰　カイ　つぶす　つぶれる
壊　カイ　こわす　こわれる
懐　カイ　ふところ　なつかしい　なつかしむ　なつく　なつける
諧　カイ
貝　かい
外　ガイ　ゲ　そと　ほか　はずす　はずれる
劾　ガイ
害　ガイ
崖　ガイ　がけ
涯　ガイ
街　ガイ　カイ　まち
慨　ガイ
蓋　ガイ　ふた
該　ガイ
概　ガイ
骸　ガイ
垣　かき
柿　かき
各　カク　おのおの
角　カク　かど　つの
拡　カク
革　カク　かわ
格　カク　コウ
核　カク
殻　カク　から
郭　カク
覚　カク　おぼえる　さます　さめる
較　カク
隔　カク　へだてる　へだたる
閣　カク
確　カク　たしか　たしかめる
獲　カク　える
嚇　カク
穫　カク
学　ガク　まなぶ
岳　ガク　たけ
楽　ガク　ラク　たのしい　たのしむ
額　ガク　ひたい
顎　ガク　あご
掛　かける　かかる　かかり
潟　かた
括　カツ
活　カツ
喝　カツ
渇　カツ　かわく
割　カツ　わる　わり　われる　さく
葛　カツ　くず
滑　カツ　コツ　すべる　なめらか
褐　カツ
轄　カツ
且　かつ
株　かぶ
釜　かま
鎌　かま
刈　かる
干　カン　ほす　ひる
刊　カン
甘　カン　あまい　あまえる　あまやかす
汗　カン　あせ
缶　カン
完　カン
肝　カン　きも
官　カン
冠　カン　かんむり
巻　カン　まく　まき
看　カン
陥　カン　おちいる　おとしいれる
乾　カン　かわく　かわかす
勘　カン
患　カン　わずらう
貫　カン　つらぬく
寒　カン　さむい
喚　カン
堪　カン　たえる

換	カン　かえる　かわる
敢	カン
棺	カン
款	カン
間	カン　ケン　あいだ　ま
閑	カン
勧	カン　すすめる
寛	カン
幹	カン　みき
感	カン
漢	カン
慣	カン　なれる　ならす
管	カン　くだ
関	カン　せき　かかわる
歓	カン
監	カン
緩	カン　ゆるい　ゆるやか　ゆるむ　ゆるめる
憾	カン
還	カン
館	カン　やかた
環	カン
簡	カン
観	カン
韓	カン
艦	カン
鑑	カン　かんがみる
丸	ガン　まる　まるい　まるめる
含	ガン　ふくむ　ふくめる
岸	ガン　きし
岩	ガン　いわ
玩	ガン
眼	ガン　ゲン　まなこ
頑	ガン
顔	ガン　かお
願	ガン　ねがう

【き】

企	キ　くわだてる
伎	キ
危	キ　あぶない　あやうい　あやぶむ
机	キ　つくえ
気	キ　ケ
岐	キ
希	キ
忌	キ　いむ　いまわしい
汽	キ
奇	キ
祈	キ　いのる
季	キ
紀	キ
軌	キ
既	キ　すでに
記	キ　しるす
起	キ　おきる　おこる　おこす
飢	キ　うえる
鬼	キ　おに
帰	キ　かえる　かえす
基	キ　もと　もとい
寄	キ　よる　よせる
規	キ
亀	キ　かめ
喜	キ　よろこぶ
幾	キ　いく
揮	キ
期	キ　ゴ
棋	キ
貴	キ　たっとい　とうとい　たっとぶ　とうとぶ
棄	キ
毀	キ
旗	キ　はた
器	キ　うつわ
畿	キ
輝	キ　かがやく
機	キ　はた
騎	キ
技	ギ　わざ
宜	ギ
偽	ギ　いつわる　にせ
欺	ギ　あざむく
義	ギ
疑	ギ　うたがう
儀	ギ
戯	ギ　たわむれる
擬	ギ
犠	ギ
議	ギ
菊	キク
吉	キチ　キツ
喫	キツ
詰	キツ　つめる　つまる　つむ
却	キャク
客	キャク　カク
脚	キャク　キャ　あし
逆	ギャク　さか　さからう
虐	ギャク　しいたげる
九	キュウ　ク　ここの　ここのつ
久	キュウ　ク　ひさしい
及	キュウ　およぶ　および　およぼす

弓	キュウ ゆみ
丘	キュウ おか
旧	キュウ
休	キュウ やすむ やすまる やすめる
吸	キュウ すう
朽	キュウ くちる
臼	キュウ うす
求	キュウ もとめる
究	キュウ きわめる
泣	キュウ なく
急	キュウ いそぐ
級	キュウ
糾	キュウ
宮	キュウ グウ ク みや
救	キュウ すくう
球	キュウ たま
給	キュウ
嗅	キュウ かぐ
窮	キュウ きわめる きわまる
牛	ギュウ うし
去	キョ コ さる
巨	キョ
居	キョ いる
拒	キョ こばむ
拠	キョ コ
挙	キョ あげる あがる
虚	キョ コ
許	キョ ゆるす
距	キョ
魚	ギョ うお さかな
御	ギョ ゴ おん
漁	ギョ リョウ
凶	キョウ
共	キョウ とも
叫	キョウ さけぶ
狂	キョウ くるう くるおしい
京	キョウ ケイ
享	キョウ
供	キョウ ク そなえる とも
協	キョウ
況	キョウ
峡	キョウ
挟	キョウ はさむ はさまる
狭	キョウ せまい せばめる せばまる
恐	キョウ おそれる おそろしい
恭	キョウ うやうやしい
胸	キョウ むね むな
脅	キョウ おびやかす おどす おどかす
強	キョウ ゴウ つよい つよまる つよめる しいる
教	キョウ おしえる おそわる
郷	キョウ ゴウ
境	キョウ ケイ さかい
橋	キョウ はし
矯	キョウ ためる
鏡	キョウ かがみ
競	キョウ ケイ きそう せる
響	キョウ ひびく
驚	キョウ おどろく おどろかす
仰	ギョウ コウ あおぐ おおせ
暁	ギョウ あかつき
業	ギョウ ゴウ わざ
凝	ギョウ こる こらす
曲	キョク まがる まげる
局	キョク
極	キョク ゴク きわめる きわまる きわみ
玉	ギョク たま
巾	キン
斤	キン
均	キン
近	キン ちかい
金	キン コン かね かな
菌	キン
勤	キン ゴン つとめる つとまる
琴	キン こと
筋	キン すじ
僅	キン わずか
禁	キン
緊	キン
錦	キン にしき
謹	キン つつしむ
襟	キン えり
吟	ギン
銀	ギン

【く】

区	ク
句	ク
苦	ク くるしい くるしむ くるしめる にがい にがる
駆	ク かける かる
具	グ
惧	グ
愚	グ おろか
空	クウ そら あく あける から
偶	グウ
遇	グウ

隅	グウ すみ
串	くし
屈	クツ
掘	クツ ほる
窟	クツ
熊	くま
繰	くる
君	クン きみ
訓	クン
勲	クン
薫	クン かおる
軍	グン
郡	グン
群	グン むれる むれ むら

【け】

兄	ケイ キョウ あに
刑	ケイ
形	ケイ ギョウ かた かたち
系	ケイ
径	ケイ
茎	ケイ くき
係	ケイ かかる かかり
型	ケイ かた
契	ケイ ちぎる
計	ケイ はかる はからう
恵	ケイ エ めぐむ
啓	ケイ
掲	ケイ かかげる
渓	ケイ
経	ケイ キョウ へる
蛍	ケイ ほたる
敬	ケイ うやまう
景	ケイ
軽	ケイ かるい かろやか
傾	ケイ かたむく かたむける
携	ケイ たずさえる たずさわる
継	ケイ つぐ
詣	ケイ もうでる
慶	ケイ
憬	ケイ
稽	ケイ
憩	ケイ いこい いこう
警	ケイ
鶏	ケイ にわとり
芸	ゲイ
迎	ゲイ むかえる
鯨	ゲイ くじら
隙	ゲキ すき
劇	ゲキ
撃	ゲキ うつ
激	ゲキ はげしい
桁	けた
欠	ケツ かける かく
穴	ケツ あな
血	ケツ ち
決	ケツ きめる きまる
結	ケツ むすぶ ゆう ゆわえる
傑	ケツ
潔	ケツ いさぎよい
月	ゲツ ガツ つき
犬	ケン いぬ
件	ケン
見	ケン みる みえる みせる
券	ケン
肩	ケン かた
建	ケン コン たてる たつ
研	ケン とぐ
県	ケン
倹	ケン
兼	ケン かねる
剣	ケン つるぎ
拳	ケン こぶし
軒	ケン のき
健	ケン すこやか
険	ケン けわしい
圏	ケン
堅	ケン かたい
検	ケン
嫌	ケン ゲン きらう いや
献	ケン コン
絹	ケン きぬ
遣	ケン つかう つかわす
権	ケン ゴン
憲	ケン
賢	ケン かしこい
謙	ケン
鍵	ケン かぎ
繭	ケン まゆ
顕	ケン
験	ケン ゲン
懸	ケン ケ かける かかる
元	ゲン ガン もと
幻	ゲン まぼろし
玄	ゲン
言	ゲン ゴン いう こと
弦	ゲン つる
限	ゲン かぎる
原	ゲン はら

現 ゲン あらわれる あらわす
舷 ゲン
減 ゲン へる へらす
源 ゲン みなもと
厳 ゲン ゴン おごそか きびしい

【こ】

己 コ キ おのれ
戸 コ と
古 コ ふるい ふるす
呼 コ よぶ
固 コ かためる かたまる かたい
股 コ また
虎 コ とら
孤 コ
弧 コ
故 コ ゆえ
枯 コ かれる からす
個 コ
庫 コ ク
湖 コ みずうみ
雇 コ やとう
誇 コ ほこる
鼓 コ つづみ
錮 コ
顧 コ かえりみる
五 ゴ いつ いつつ
互 ゴ たがい
午 ゴ
呉 ゴ
後 ゴ コウ のち うしろ あと おくれる
娯 ゴ
悟 ゴ さとる
碁 ゴ
語 ゴ かたる かたらう
誤 ゴ あやまる
護 ゴ
口 コウ ク くち
工 コウ ク
公 コウ おおやけ
勾 コウ
孔 コウ
功 コウ ク
巧 コウ たくみ
広 コウ ひろい ひろまる ひろめる ひろがる ひろげる
甲 コウ カン
交 コウ まじわる まじえる まじる まざる まぜる かう かわす
光 コウ ひかる ひかり
向 コウ むく むける むかう むこう
后 コウ
好 コウ このむ すく
江 コウ え
考 コウ かんがえる
行 コウ ギョウ アン いく ゆく おこなう
坑 コウ
孝 コウ
抗 コウ
攻 コウ せめる
更 コウ さら ふける ふかす
効 コウ きく
幸 コウ さいわい さち しあわせ
拘 コウ
肯 コウ
侯 コウ
厚 コウ あつい
恒 コウ
洪 コウ
皇 コウ オウ
紅 コウ ク べに くれない
荒 コウ あらい あれる あらす
郊 コウ
香 コウ キョウ か かおり かおる
候 コウ そうろう
校 コウ
耕 コウ たがやす
航 コウ
貢 コウ ク みつぐ
降 コウ おりる おろす ふる
高 コウ たかい たか たかまる たかめる
康 コウ
控 コウ ひかえる
梗 コウ
黄 コウ オウ き こ
喉 コウ のど
慌 コウ あわてる あわただしい
港 コウ みなと
硬 コウ かたい
絞 コウ しぼる しめる しまる
項 コウ
溝 コウ みぞ
鉱 コウ
構 コウ かまえる かまう
綱 コウ つな

酵　コウ
稿　コウ
興　コウ　キョウ　おこる　おこす
衡　コウ
鋼　コウ　はがね
講　コウ
購　コウ
乞　こう
号　ゴウ
合　ゴウ　ガッ　カッ　あう　あわす　あわせる
拷　ゴウ
剛　ゴウ
傲　ゴウ
豪　ゴウ
克　コク
告　コク　つげる
谷　コク　たに
刻　コク　きざむ
国　コク　くに
黒　コク　くろ　くろい
穀　コク
酷　コク
獄　ゴク
骨　コツ　ほね
駒　こま
込　こむ　こめる
頃　ころ
今　コン　キン　いま
困　コン　こまる
昆　コン
恨　コン　うらむ　うらめしい
根　コン　ね
婚　コン
混　コン　まじる　まざる　まぜる　こむ
痕　コン　あと
紺　コン
魂　コン　たましい
墾　コン
懇　コン　ねんごろ

【さ】

左　サ　ひだり
佐　サ
沙　サ
査　サ
砂　サ　シャ　すな
唆　サ　そそのかす
差　サ　さす
詐　サ
鎖　サ　くさり
座　ザ　すわる
挫　ザ
才　サイ
再　サイ　サ　ふたたび
災　サイ　わざわい
妻　サイ　つま
采　サイ
砕　サイ　くだく　くだける
宰　サイ
栽　サイ
彩　サイ　いろどる
採　サイ　とる
済　サイ　すむ　すます
祭　サイ　まつる　まつり
斎　サイ
細　サイ　ほそい　ほそる　こまか　こまかい
菜　サイ　な
最　サイ　もっとも
裁　サイ　たつ　さばく
債　サイ
催　サイ　もよおす
塞　サイ　ソク　ふさぐ　ふさがる
歳　サイ　セイ
載　サイ　のせる　のる
際　サイ　きわ
埼　さい
在　ザイ　ある
材　ザイ
剤　ザイ
財　ザイ　サイ
罪　ザイ　つみ
崎　さき
作　サク　サ　つくる
削　サク　けずる
昨　サク
柵　サク
索　サク
策　サク
酢　サク　す
搾　サク　しぼる
錯　サク
咲　さく
冊　サツ　サク
札　サツ　ふだ
刷　サツ　する
刹　サツ　セツ
拶　サツ

殺 サツ サイ セツ ころす
察 サツ
撮 サツ とる
擦 サツ する すれる
雑 ザツ ゾウ
皿 さら
三 サン み みつ みっつ
山 サン やま
参 サン まいる
桟 サン
蚕 サン かいこ
惨 サン ザン みじめ
産 サン うむ うまれる うぶ
傘 サン かさ
散 サン ちる ちらす ちらかす ちらかる
算 サン
酸 サン すい
賛 サン
残 ザン のこる のこす
斬 ザン きる
暫 ザン

【し】

士 シ
子 シ ス こ
支 シ ささえる
止 シ とまる とめる
氏 シ うじ
仕 シ ジ つかえる
史 シ
司 シ
四 シ よ よつ よっつ よん
市 シ いち
矢 シ や
旨 シ むね
死 シ しぬ
糸 シ いと
至 シ いたる
伺 シ うかがう
志 シ こころざす こころざし
私 シ わたくし わたし
使 シ つかう
刺 シ さす ささる
始 シ はじめる はじまる
姉 シ あね
枝 シ えだ
祉 シ
肢 シ
姿 シ すがた
思 シ おもう
指 シ ゆび さす
施 シ セ ほどこす
師 シ
恣 シ
紙 シ かみ
脂 シ あぶら
視 シ
紫 シ むらさき
詞 シ
歯 シ は
嗣 シ
試 シ こころみる ためす
詩 シ
資 シ
飼 シ かう
誌 シ
雌 シ め めす
摯 シ
賜 シ たまわる
諮 シ はかる
示 ジ シ しめす
字 ジ あざ
寺 ジ てら
次 ジ シ つぐ つぎ
耳 ジ みみ
自 ジ シ みずから
似 ジ にる
児 ジ ニ
事 ジ ズ こと
侍 ジ さむらい
治 ジ チ おさめる おさまる なおる なおす
持 ジ もつ
時 ジ とき
滋 ジ
慈 ジ いつくしむ
辞 ジ やめる
磁 ジ
餌 [餌] ジ えさ え
璽 ジ
鹿 しか か
式 シキ
識 シキ
軸 ジク
七 シチ なな ななつ なの
叱 シツ しかる
失 シツ うしなう

室	シツ むろ
疾	シツ
執	シツ シュウ とる
湿	シツ しめる しめす
嫉	シツ
漆	シツ うるし
質	シツ シチ チ
実	ジツ み みのる
芝	しば
写	シャ うつす うつる
社	シャ やしろ
車	シャ くるま
舎	シャ
者	シャ もの
射	シャ いる
捨	シャ すてる
赦	シャ
斜	シャ ななめ
煮	シャ にる にえる にやす
遮	シャ さえぎる
謝	シャ あやまる
邪	ジャ
蛇	ジャ ダ へび
尺	シャク
借	シャク かりる
酌	シャク くむ
釈	シャク
爵	シャク
若	ジャク ニャク わかい もしくは
弱	ジャク よわい よわる よわまる よわめる
寂	ジャク セキ さび さびしい さびれる
手	シュ て た
主	シュ ス ぬし おも
守	シュ ス まもる もり
朱	シュ
取	シュ とる
狩	シュ かる かり
首	シュ くび
殊	シュ こと
珠	シュ
酒	シュ さけ さか
腫	シュ はれる はらす
種	シュ たね
趣	シュ おもむき
寿	ジュ ことぶき
受	ジュ うける うかる
呪	ジュ のろう
授	ジュ さずける さずかる
需	ジュ
儒	ジュ
樹	ジュ
収	シュウ おさめる おさまる
囚	シュウ
州	シュウ す
舟	シュウ ふね ふな
秀	シュウ ひいでる
周	シュウ まわり
宗	シュウ ソウ
拾	シュウ ジュウ ひろう
秋	シュウ あき
臭	シュウ くさい におう
修	シュウ シュ おさめる おさまる
袖	シュウ そで
終	シュウ おわる おえる
羞	シュウ
習	シュウ ならう
週	シュウ
就	シュウ ジュ つく つける
衆	シュウ シュ
集	シュウ あつまる あつめる つどう
愁	シュウ うれえる うれい
酬	シュウ
醜	シュウ みにくい
蹴	シュウ ける
襲	シュウ おそう
十	ジュウ ジッ とお と
汁	ジュウ しる
充	ジュウ あてる
住	ジュウ すむ すまう
柔	ジュウ ニュウ やわらか やわらかい
重	ジュウ チョウ え おもい かさねる かさなる
従	ジュウ ショウ ジュ したがう したがえる
渋	ジュウ しぶ しぶい しぶる
銃	ジュウ
獣	ジュウ けもの
縦	ジュウ たて
叔	シュク
祝	シュク シュウ いわう
宿	シュク やど やどる やどす
淑	シュク
粛	シュク
縮	シュク ちぢむ ちぢまる ちぢめる ちぢれる ちぢらす
塾	ジュク
熟	ジュク うれる

出　シュツ　スイ　でる　だす
述　ジュツ　のべる
術　ジュツ
俊　シュン
春　シュン　はる
瞬　シュン　またたく
旬　ジュン　シュン
巡　ジュン　めぐる
盾　ジュン　たて
准　ジュン
殉　ジュン
純　ジュン
循　ジュン
順　ジュン
準　ジュン
潤　ジュン　うるおう　うるおす　うるむ
遵　ジュン
処　ショ
初　ショ　はじめ　はじめて　はつ　うい　そめる
所　ショ　ところ
書　ショ　かく
庶　ショ
暑　ショ　あつい
署　ショ
緒　ショ　チョ　お
諸　ショ
女　ジョ　ニョ　ニョウ　おんな　め
如　ジョ　ニョ
助　ジョ　たすける　たすかる　すけ
序　ジョ
叙　ジョ
徐　ジョ
除　ジョ　ジ　のぞく
小　ショウ　ちいさい　こ　お
升　ショウ　ます
少　ショウ　すくない　すこし
召　ショウ　めす
匠　ショウ
床　ショウ　とこ　ゆか
抄　ショウ
肖　ショウ
尚　ショウ
招　ショウ　まねく
承　ショウ　うけたまわる
昇　ショウ　のぼる
松　ショウ　まつ
沼　ショウ　ぬま
昭　ショウ
宵　ショウ　よい
将　ショウ
消　ショウ　きえる　けす
症　ショウ
祥　ショウ
称　ショウ
笑　ショウ　わらう　えむ
唱　ショウ　となえる
商　ショウ　あきなう
渉　ショウ
章　ショウ
紹　ショウ
訟　ショウ
勝　ショウ　かつ　まさる
掌　ショウ
晶　ショウ
焼　ショウ　やく　やける
焦　ショウ　こげる　こがす　こがれる　あせる
硝　ショウ
粧　ショウ
詔　ショウ　みことのり
証　ショウ
象　ショウ　ゾウ
傷　ショウ　きず　いたむ　いためる
奨　ショウ
照　ショウ　てる　てらす　てれる
詳　ショウ　くわしい
彰　ショウ
障　ショウ　さわる
憧　ショウ　あこがれる
衝　ショウ
賞　ショウ
償　ショウ　つぐなう
礁　ショウ
鐘　ショウ　かね
上　ジョウ　ショウ　うえ　うわ　かみ　あげる　あがる　のぼる　のぼせる　のぼす
丈　ジョウ　たけ
冗　ジョウ
条　ジョウ
状　ジョウ
乗　ジョウ　のる　のせる
城　ジョウ　しろ
浄　ジョウ
剰　ジョウ
常　ジョウ　つね　とこ
情　ジョウ　セイ　なさけ
場　ジョウ　ば

畳　ジョウ　たたむ　たたみ
蒸　ジョウ　むす　むれる　むらす
縄　ジョウ　なわ
壌　ジョウ
嬢　ジョウ
錠　ジョウ
譲　ジョウ　ゆずる
醸　ジョウ　かもす
色　ショク　シキ　いろ
拭　ショク　ふく　ぬぐう
食　ショク　ジキ　くう　くらう　たべる
植　ショク　うえる　うわる
殖　ショク　ふえる　ふやす
飾　ショク　かざる
触　ショク　ふれる　さわる
嘱　ショク
織　ショク　シキ　おる
職　ショク
辱　ジョク　はずかしめる
尻　しり
心　シン　こころ
申　シン　もうす
伸　シン　のびる　のばす　のべる
臣　シン　ジン
芯　シン
身　シン　み
辛　シン　からい
侵　シン　おかす
信　シン
津　シン　つ
神　シン　ジン　かみ　かん　こう
唇　シン　くちびる
娠　シン
振　シン　ふる　ふるう　ふれる
浸　シン　ひたす　ひたる
真　シン　ま
針　シン　はり
深　シン　ふかい　ふかまる　ふかめる
紳　シン
進　シン　すすむ　すすめる
森　シン　もり
診　シン　みる
寝　シン　ねる　ねかす
慎　シン　つつしむ
新　シン　あたらしい　あらた　にい
審　シン
震　シン　ふるう　ふるえる
薪　シン　たきぎ
親　シン　おや　したしい　したしむ
人　ジン　ニン　ひと
刃　ジン　は
仁　ジン　ニ
尽　ジン　つくす　つきる　つかす
迅　ジン
甚　ジン　はなはだ　はなはだしい
陣　ジン
尋　ジン　たずねる
腎　ジン

【す】

須　ス
図　ズ　ト　はかる
水　スイ　みず
吹　スイ　ふく
垂　スイ　たれる　たらす
炊　スイ　たく
帥　スイ
粋　スイ　いき
衰　スイ　おとろえる
推　スイ　おす
酔　スイ　よう
遂　スイ　とげる
睡　スイ
穂　スイ　ほ
随　ズイ
髄　ズイ
枢　スウ
崇　スウ
数　スウ　ス　かず　かぞえる
据　すえる　すわる
杉　すぎ
裾　すそ
寸　スン

【せ】

瀬　せ
是　ゼ
井　セイ　ショウ　い
世　セイ　セ　よ
正　セイ　ショウ　ただしい　ただす　まさ
生　セイ　ショウ　いきる　いかす　いける　うまれる　うむ　おう　はえる　はやす　き　なま
成　セイ　ジョウ　なる　なす
西　セイ　サイ　にし
声　セイ　ショウ　こえ　こわ

制 セイ
姓 セイ ショウ
征 セイ
性 セイ ショウ
青 セイ ショウ あお あおい
斉 セイ
政 セイ ショウ まつりごと
星 セイ ショウ ほし
牲 セイ
省 セイ ショウ かえりみる はぶく
凄 セイ
逝 セイ ゆく いく
清 セイ ショウ きよい きよまる きよめる
盛 セイ ジョウ もる さかる さかん
婿 セイ むこ
晴 セイ はれる はらす
勢 セイ いきおい
聖 セイ
誠 セイ まこと
精 セイ ショウ
製 セイ
誓 セイ ちかう
静 セイ ジョウ しず しずか しずまる しずめる
請 セイ シン こう うける
整 セイ ととのえる ととのう
醒 セイ
税 ゼイ
夕 セキ ゆう
斥 セキ
石 セキ シャク コク いし
赤 セキ シャク あか あかい あからむ あからめる
昔 セキ シャク むかし
析 セキ
席 セキ
脊 セキ
隻 セキ
惜 セキ おしい おしむ
戚 セキ
責 セキ せめる
跡 セキ あと
積 セキ つむ つもる
績 セキ
籍 セキ
切 セツ サイ きる きれる
折 セツ おる おり おれる
拙 セツ つたない
窃 セツ
接 セツ つぐ
設 セツ もうける
雪 セツ ゆき
摂 セツ
節 セツ セチ ふし
説 セツ ゼイ とく
舌 ゼツ した
絶 ゼツ たえる たやす たつ
千 セン ち
川 セン かわ
仙 セン
占 セン しめる うらなう
先 セン さき
宣 セン
専 セン もっぱら
泉 セン いずみ
浅 セン あさい
洗 セン あらう
染 セン そめる そまる しみる しみ
扇 セン おうぎ
栓 セン
旋 セン
船 セン ふね ふな
戦 セン いくさ たたかう
煎 セン いる
羨 セン うらやむ うらやましい
腺 セン
詮 セン
践 セン
箋 セン
銭 セン ぜに
潜 セン ひそむ もぐる
線 セン
遷 セン
選 セン えらぶ
薦 セン すすめる
繊 セン
鮮 セン あざやか
全 ゼン まったく すべて
前 ゼン まえ
善 ゼン よい
然 ゼン ネン
禅 ゼン
漸 ゼン
膳 ゼン
繕 ゼン つくろう

【そ】

狙　ソ　ねらう
阻　ソ　はばむ
祖　ソ
租　ソ
素　ソ　ス
措　ソ
粗　ソ　あらい
組　ソ　くむ　くみ
疎　ソ　うとい　うとむ
訴　ソ　うったえる
塑　ソ
遡［遡］　ソ　さかのぼる
礎　ソ　いしずえ
双　ソウ　ふた
壮　ソウ
早　ソウ　サッ　はやい　はやまる　はやめる
争　ソウ　あらそう
走　ソウ　はしる
奏　ソウ　かなでる
相　ソウ　ショウ　あい
荘　ソウ
草　ソウ　くさ
送　ソウ　おくる
倉　ソウ　くら
捜　ソウ　さがす
挿　ソウ　さす
桑　ソウ　くわ
巣　ソウ　す
掃　ソウ　はく
曹　ソウ
曽　ソウ　ゾ
爽　ソウ　さわやか
窓　ソウ　まど
創　ソウ　つくる
喪　ソウ　も
痩　ソウ　やせる
葬　ソウ　ほうむる
装　ソウ　ショウ　よそおう
僧　ソウ
想　ソウ　ソ
層　ソウ
総　ソウ
遭　ソウ　あう
槽　ソウ
踪　ソウ
操　ソウ　みさお　あやつる
燥　ソウ
霜　ソウ　しも
騒　ソウ　さわぐ
藻　ソウ　も
造　ゾウ　つくる
像　ゾウ
増　ゾウ　ます　ふえる　ふやす
憎　ゾウ　にくむ　にくい　にくらしい　にくしみ
蔵　ゾウ　くら
贈　ゾウ　ソウ　おくる
臓　ゾウ
即　ソク
束　ソク　たば
足　ソク　あし　たりる　たる　たす
促　ソク　うながす
則　ソク
息　ソク　いき
捉　ソク　とらえる
速　ソク　はやい　はやめる　はやまる　すみやか
側　ソク　がわ
測　ソク　はかる
俗　ゾク
族　ゾク
属　ゾク
賊　ゾク
続　ゾク　つづく　つづける
卒　ソツ
率　ソツ　リツ　ひきいる
存　ソン　ゾン
村　ソン　むら
孫　ソン　まご
尊　ソン　たっとい　とうとい　たっとぶ　とうとぶ
損　ソン　そこなう　そこねる
遜［遜］　ソン

【た】

他　タ　ほか
多　タ　おおい
汰　タ
打　ダ　うつ
妥　ダ
唾　ダ　つば
堕　ダ
惰　ダ
駄　ダ
太　タイ　タ　ふとい　ふとる
対　タイ　ツイ

体 タイ テイ からだ
耐 タイ たえる
待 タイ まつ
怠 タイ おこたる なまける
胎 タイ
退 タイ しりぞく しりぞける
帯 タイ おびる おび
泰 タイ
堆 タイ
袋 タイ ふくろ
逮 タイ
替 タイ かえる かわる
貸 タイ かす
隊 タイ
滞 タイ とどこおる
態 タイ
戴 タイ
大 ダイ タイ おお おおきい おおいに
代 ダイ タイ かわる かえる よ しろ
台 ダイ タイ
第 ダイ
題 ダイ
滝 たき
宅 タク
択 タク
沢 タク さわ
卓 タク
拓 タク
託 タク
濯 タク
諾 ダク
濁 ダク にごる にごす
但 ただし
達 タツ
脱 ダツ ぬぐ ぬげる
奪 ダツ うばう
棚 たな
誰 だれ
丹 タン
旦 タン ダン
担 タン かつぐ になう
単 タン
炭 タン すみ
胆 タン
探 タン さぐる さがす
淡 タン あわい
短 タン みじかい
嘆 タン なげく なげかわしい
端 タン はし は はた
綻 タン ほころびる
誕 タン
鍛 タン きたえる
団 ダン トン
男 ダン ナン おとこ
段 ダン
断 ダン たつ ことわる
弾 ダン ひく はずむ たま
暖 ダン あたたか あたたかい あたたまる あたためる
談 ダン
壇 ダン タン

【ち】

地 チ ジ
池 チ いけ
知 チ しる
値 チ ね あたい
恥 チ はじる はじ はじらう はずかしい
致 チ いたす
遅 チ おくれる おくらす おそい
痴 チ
稚 チ
置 チ おく
緻 チ
竹 チク たけ
畜 チク
逐 チク
蓄 チク たくわえる
築 チク きずく
秩 チツ
窒 チツ
茶 チャ サ
着 チャク ジャク きる きせる つく つける
嫡 チャク
中 チュウ ジュウ なか
仲 チュウ なか
虫 チュウ むし
沖 チュウ おき
宙 チュウ
忠 チュウ
抽 チュウ
注 チュウ そそぐ
昼 チュウ ひる
柱 チュウ はしら
衷 チュウ

酎　チュウ
鋳　チュウ　いる
駐　チュウ
著　チョ　あらわす　いちじるしい
貯　チョ
丁　チョウ　テイ
弔　チョウ　とむらう
庁　チョウ
兆　チョウ　きざす　きざし
町　チョウ　まち
長　チョウ　ながい
挑　チョウ　いどむ
帳　チョウ
張　チョウ　はる
彫　チョウ　ほる
眺　チョウ　ながめる
釣　チョウ　つる
頂　チョウ　いただく　いただき
鳥　チョウ　とり
朝　チョウ　あさ
貼　チョウ　はる
超　チョウ　こえる　こす
腸　チョウ
跳　チョウ　はねる　とぶ
徴　チョウ
嘲　チョウ　あざける
潮　チョウ　しお
澄　チョウ　すむ　すます
調　チョウ　しらべる　ととのう　ととのえる
聴　チョウ　きく
懲　チョウ　こりる　こらす　こらしめる
直　チョク　ジキ　ただちに　なおす　なおる
勅　チョク
捗　チョク
沈　チン　しずむ　しずめる
珍　チン　めずらしい
朕　チン
陳　チン
賃　チン
鎮　チン　しずめる　しずまる

【つ】

追　ツイ　おう
椎　ツイ
墜　ツイ
通　ツウ　ツ　とおる　とおす　かよう
痛　ツウ　いたい　いたむ　いためる
塚　つか
漬　つける　つかる
坪　つぼ
爪　つめ　つま
鶴　つる

【て】

低　テイ　ひくい　ひくめる　ひくまる
呈　テイ
廷　テイ
弟　テイ　ダイ　デ　おとうと
定　テイ　ジョウ　さだめる　さだまる　さだか
底　テイ　そこ
抵　テイ
邸　テイ
亭　テイ
貞　テイ
帝　テイ
訂　テイ
庭　テイ　にわ
逓　テイ
停　テイ
偵　テイ
堤　テイ　つつみ
提　テイ　さげる
程　テイ　ほど
艇　テイ
締　テイ　しまる　しめる
諦　テイ　あきらめる
泥　デイ　どろ
的　テキ　まと
笛　テキ　ふえ
摘　テキ　つむ
滴　テキ　しずく　したたる
適　テキ
敵　テキ　かたき
溺　デキ　おぼれる
迭　テツ
哲　テツ
鉄　テツ
徹　テツ
撤　テツ
天　テン　あめ　あま
典　テン
店　テン　みせ
点　テン
展　テン
添　テン　そえる　そう

転 テン　ころがる　ころげる　ころがす　ころぶ
塡 テン
田 デン　た
伝 デン　つたわる　つたえる　つたう
殿 デン　テン　との　どの
電 デン

【と】

斗 ト
吐 ト　はく
妬 ト　ねたむ
徒 ト
途 ト
都 ト　ツ　みやこ
渡 ト　わたる　わたす
塗 ト　ぬる
賭 ト　かける
土 ド　ト　つち
奴 ド
努 ド　つとめる
度 ド　ト　タク　たび
怒 ド　いかる　おこる
刀 トウ　かたな
冬 トウ　ふゆ
灯 トウ　ひ
当 トウ　あたる　あてる
投 トウ　なげる
豆 トウ　ズ　まめ
東 トウ　ひがし
到 トウ
逃 トウ　にげる　にがす　のがす　のがれる
倒 トウ　たおれる　たおす
凍 トウ　こおる　こごえる
唐 トウ　から
島 トウ　しま
桃 トウ　もも
討 トウ　うつ
透 トウ　すく　すかす　すける
党 トウ
悼 トウ　いたむ
盗 トウ　ぬすむ
陶 トウ
塔 トウ
搭 トウ
棟 トウ　むね　むな
湯 トウ　ゆ
痘 トウ
登 トウ　ト　のぼる
答 トウ　こたえる　こたえ
等 トウ　ひとしい
筒 トウ　つつ
統 トウ　すべる
稲 トウ　いね　いな
踏 トウ　ふむ　ふまえる
糖 トウ
頭 トウ　ズ　ト　あたま　かしら
謄 トウ
藤 トウ　ふじ
闘 トウ　たたかう
騰 トウ
同 ドウ　おなじ
洞 ドウ　ほら
胴 ドウ
動 ドウ　うごく　うごかす
堂 ドウ
童 ドウ　わらべ
道 ドウ　トウ　みち
働 ドウ　はたらく
銅 ドウ
導 ドウ　みちびく
瞳 ドウ　ひとみ
峠 とうげ
匿 トク
特 トク
得 トク　える　うる
督 トク
徳 トク
篤 トク
毒 ドク
独 ドク　ひとり
読 ドク　トク　トウ　よむ
栃 とち
凸 トツ
突 トツ　つく
届 とどける　とどく
屯 トン
豚 トン　ぶた
頓 トン
貪 ドン　むさぼる
鈍 ドン　にぶい　にぶる
曇 ドン　くもる
丼 どんぶり　どん

【な】

那 ナ
奈 ナ
内 ナイ　ダイ　うち

梨　なし
謎［謎］　なぞ
鍋　なべ
南　ナン　ナ　みなみ
軟　ナン　やわらか　やわらかい
難　ナン　かたい　むずかしい

【に】

二　ニ　ふた　ふたつ
尼　ニ　あま
弐　ニ
匂　におう
肉　ニク
虹　にじ
日　ニチ　ジツ　ひ　か
入　ニュウ　いる　いれる　はいる
乳　ニュウ　ちち　ち
尿　ニョウ
任　ニン　まかせる　まかす
妊　ニン
忍　ニン　しのぶ　しのばせる
認　ニン　みとめる

【ね】

寧　ネイ
熱　ネツ　あつい
年　ネン　とし
念　ネン
捻　ネン
粘　ネン　ねばる
燃　ネン　もえる　もやす　もす

【の】

悩　ノウ　なやむ　なやます
納　ノウ　ナッ　ナ　ナン　トウ　おさめる　おさまる
能　ノウ
脳　ノウ
農　ノウ
濃　ノウ　こい

【は】

把　ハ
波　ハ　なみ
派　ハ
破　ハ　やぶる　やぶれる
覇　ハ
馬　バ　うま　ま
婆　バ
罵　バ　ののしる
拝　ハイ　おがむ
杯　ハイ　さかずき
背　ハイ　せ　せい　そむく　そむける
肺　ハイ
俳　ハイ
配　ハイ　くばる
排　ハイ
敗　ハイ　やぶれる
廃　ハイ　すたれる　すたる
輩　ハイ
売　バイ　うる　うれる
倍　バイ
梅　バイ　うめ
培　バイ　つちかう
陪　バイ
媒　バイ
買　バイ　かう
賠　バイ
白　ハク　ビャク　しろ　しら　しろい
伯　ハク
拍　ハク　ヒョウ
泊　ハク　とまる　とめる
迫　ハク　せまる
剥　ハク　はがす　はぐ　はがれる　はげる
舶　ハク
博　ハク　バク
薄　ハク　うすい　うすめる　うすまる　うすらぐ　うすれる
麦　バク　むぎ
漠　バク
縛　バク　しばる
爆　バク
箱　はこ
箸　はし
畑　はた　はたけ
肌　はだ
八　ハチ　や　やつ　やっつ　よう
鉢　ハチ　ハツ
発　ハツ　ホツ
髪　ハツ　かみ
伐　バツ
抜　バツ　ぬく　ぬける　ぬかす　ぬかる
罰　バツ　バチ
閥　バツ

反　ハン　ホン　タン　そる　そらす
半　ハン　なかば
氾　ハン
犯　ハン　おかす
帆　ハン　ほ
汎　ハン
伴　ハン　バン　ともなう
判　ハン　バン
坂　ハン　さか
阪　ハン
板　ハン　バン　いた
版　ハン
班　ハン
畔　ハン
般　ハン
販　ハン
斑　ハン
飯　ハン　めし
搬　ハン

煩　ハン　ボン　わずらう　わずらわす
頒　ハン
範　ハン
繁　ハン
藩　ハン
晩　バン
番　バン
蛮　バン
盤　バン

【ひ】

比　ヒ　くらべる
皮　ヒ　かわ
妃　ヒ
否　ヒ　いな
批　ヒ
彼　ヒ　かれ　かの
披　ヒ

肥　ヒ　こえる　こえ　こやす　こやし
非　ヒ
卑　ヒ　いやしい　いやしむ　いやしめる
飛　ヒ　とぶ　とばす
疲　ヒ　つかれる
秘　ヒ　ひめる
被　ヒ　こうむる
悲　ヒ　かなしい　かなしむ
扉　ヒ　とびら
費　ヒ　ついやす　ついえる
碑　ヒ
罷　ヒ
避　ヒ　さける
尾　ビ　お
眉　ビ　ミ　まゆ
美　ビ　うつくしい
備　ビ　そなえる　そなわる
微　ビ

鼻　ビ　はな
膝　ひざ
肘　ひじ
匹　ヒツ　ひき
必　ヒツ　かならず
泌　ヒツ　ヒ
筆　ヒツ　ふで
姫　ひめ
百　ヒャク
氷　ヒョウ　こおり　ひ
表　ヒョウ　おもて　あらわす　あらわれる
俵　ヒョウ　たわら
票　ヒョウ
評　ヒョウ
漂　ヒョウ　ただよう
標　ヒョウ
苗　ビョウ　なえ　なわ
秒　ビョウ
病　ビョウ　ヘイ　やむ　やまい

描　ビョウ　えがく　かく
猫　ビョウ　ねこ
品　ヒン　しな
浜　ヒン　はま
貧　ヒン　ビン　まずしい
賓　ヒン
頻　ヒン
敏　ビン
瓶　ビン

【ふ】

不　フ　ブ
夫　フ　フウ　おっと
父　フ　ちち
付　フ　つける　つく
布　フ　ぬの
扶　フ
府　フ
怖　フ　こわい
阜　フ

附	フ
訃	フ
負	フ まける まかす おう
赴	フ おもむく
浮	フ うく うかれる うかぶ うかべる
婦	フ
符	フ
富	フ フウ とむ とみ
普	フ
腐	フ くさる くされる くさらす
敷	フ しく
膚	フ
賦	フ
譜	フ
侮	ブ あなどる
武	ブ ム
部	ブ
舞	ブ まう まい
封	フウ ホウ
風	フウ フ かぜ かざ
伏	フク ふせる ふす
服	フク
副	フク
幅	フク はば
復	フク
福	フク
腹	フク はら
複	フク
覆	フク おおう くつがえす くつがえる
払	フツ はらう
沸	フツ わく わかす
仏	ブツ ほとけ
物	ブツ モツ もの
粉	フン こ こな
紛	フン まぎれる まぎらす まぎらわす まぎらわしい
雰	フン
噴	フン ふく
墳	フン
憤	フン いきどおる
奮	フン ふるう
分	ブン フン ブ わける わかれる わかる わかつ
文	ブン モン ふみ
聞	ブン モン きく きこえる

【へ】

丙	ヘイ
平	ヘイ ビョウ たいら ひら
兵	ヘイ ヒョウ
併	ヘイ あわせる
並	ヘイ なみ ならべる ならぶ ならびに
柄	ヘイ がら え
陛	ヘイ
閉	ヘイ とじる とざす しめる しまる
塀	ヘイ
幣	ヘイ
弊	ヘイ
蔽	ヘイ
餅［餠］	ヘイ もち
米	ベイ マイ こめ
壁	ヘキ かべ
璧	ヘキ
癖	ヘキ くせ
別	ベツ わかれる
蔑	ベツ さげすむ
片	ヘン かた
辺	ヘン あたり べ
返	ヘン かえす かえる
変	ヘン かわる かえる
偏	ヘン かたよる
遍	ヘン
編	ヘン あむ
弁	ベン
便	ベン ビン たより
勉	ベン

【ほ】

歩	ホ ブ フ あるく あゆむ
保	ホ たもつ
哺	ホ
捕	ホ とらえる とらわれる とる つかまえる つかまる
補	ホ おぎなう
舗	ホ
母	ボ はは
募	ボ つのる
墓	ボ はか
慕	ボ したう
暮	ボ くれる くらす
簿	ボ
方	ホウ かた
包	ホウ つつむ
芳	ホウ かんばしい
邦	ホウ

奉 ホウ ブ たてまつる
宝 ホウ たから
抱 ホウ だく いだく かかえる
放 ホウ はなす はなつ はなれる ほうる
法 ホウ ハッ ホッ
泡 ホウ あわ
胞 ホウ
俸 ホウ
倣 ホウ ならう
峰 ホウ みね
砲 ホウ
崩 ホウ くずれる くずす
訪 ホウ おとずれる たずねる
報 ホウ むくいる
蜂 ホウ はち
豊 ホウ ゆたか
飽 ホウ あきる あかす
褒 ホウ ほめる
縫 ホウ ぬう

亡 ボウ モウ ない
乏 ボウ とぼしい
忙 ボウ いそがしい
坊 ボウ ボッ
妨 ボウ さまたげる
忘 ボウ わすれる
防 ボウ ふせぐ
房 ボウ ふさ
肪 ボウ
某 ボウ
冒 ボウ おかす
剖 ボウ
紡 ボウ つむぐ
望 ボウ モウ のぞむ
傍 ボウ かたわら
帽 ボウ
棒 ボウ
貿 ボウ
貌 ボウ
暴 ボウ バク あばく あばれる

膨 ボウ ふくらむ ふくれる
謀 ボウ ム はかる
頰 ほお
北 ホク きた
木 ボク モク き こ
朴 ボク
牧 ボク まき
睦 ボク
僕 ボク
墨 ボク すみ
撲 ボク
没 ボツ
勃 ボツ
堀 ほり
本 ホン もと
奔 ホン
翻 ホン ひるがえる ひるがえす
凡 ボン ハン
盆 ボン

【ま】

麻 マ あさ
摩 マ
磨 マ みがく
魔 マ
毎 マイ
妹 マイ いもうと
枚 マイ
昧 マイ
埋 マイ うめる うまる うもれる
幕 マク バク
膜 マク
枕 まくら
又 また
末 マツ バツ すえ
抹 マツ
万 マン バン
満 マン みちる みたす
慢 マン
漫 マン

【み】

未 ミ
味 ミ あじ あじわう
魅 ミ
岬 みさき
密 ミツ
蜜 ミツ
脈 ミャク
妙 ミョウ
民 ミン たみ
眠 ミン ねむる ねむい

【む】

矛 ム ほこ
務 ム つとめる つとまる
無 ム ブ ない
夢 ム ゆめ
霧 ム きり

娘　むすめ

【め】

名　メイ　ミョウ　な
命　メイ　ミョウ　いのち
明　メイ　ミョウ　あかり　あかるい　あかるむ　あからむ　あきらか　あける　あく　あくる　あかす
迷　メイ　まよう
冥　メイ　ミョウ
盟　メイ
銘　メイ
鳴　メイ　なく　なる　ならす
滅　メツ　ほろびる　ほろぼす
免　メン　まぬかれる
面　メン　おも　おもて　つら
綿　メン　わた
麺　メン

【も】

茂　モ　しげる
模　モ　ボ
毛　モウ　け
妄　モウ　ボウ
盲　モウ
耗　モウ　コウ
猛　モウ
網　モウ　あみ
目　モク　ボク　め　ま
黙　モク　だまる
門　モン　かど
紋　モン
問　モン　とう　とい　とん

【や】

冶　ヤ
夜　ヤ　よ　よる
野　ヤ　の
弥　や
厄　ヤク
役　ヤク　エキ
約　ヤク
訳　ヤク　わけ
薬　ヤク　くすり
躍　ヤク　おどる
闇　やみ

【ゆ】

由　ユ　ユウ　ユイ　よし
油　ユ　あぶら
喩　ユ
愉　ユ
諭　ユ　さとす
輸　ユ
癒　ユ　いえる　いやす
唯　ユイ　イ
友　ユウ　とも
有　ユウ　ウ　ある
勇　ユウ　いさむ
幽　ユウ
悠　ユウ
郵　ユウ
湧　ユウ　わく
猶　ユウ
裕　ユウ
遊　ユウ　ユ　あそぶ
雄　ユウ　お　おす
誘　ユウ　さそう
憂　ユウ　うれえる　うれい　うい
融　ユウ
優　ユウ　やさしい　すぐれる

【よ】

与　ヨ　あたえる
予　ヨ
余　ヨ　あまる　あます
誉　ヨ　ほまれ
預　ヨ　あずける　あずかる
幼　ヨウ　おさない
用　ヨウ　もちいる
羊　ヨウ　ひつじ
妖　ヨウ　あやしい
洋　ヨウ
要　ヨウ　かなめ　いる
容　ヨウ
庸　ヨウ
揚　ヨウ　あげる　あがる
揺　ヨウ　ゆれる　ゆる　ゆらぐ　ゆるぐ　ゆする　ゆさぶる　ゆすぶる
葉　ヨウ　は
陽　ヨウ
溶　ヨウ　とける　とかす　とく
腰　ヨウ　こし
様　ヨウ　さま
瘍　ヨウ
踊　ヨウ　おどる　おどり
窯　ヨウ　かま
養　ヨウ　やしなう
擁　ヨウ
謡　ヨウ　うたい　うたう

曜　ヨウ

抑　ヨク、おさえる

沃　ヨク

浴　ヨク、あびる、あびせる

欲　ヨク、ほっする、ほしい

翌　ヨク

翼　ヨク、つばさ

【ら】

拉　ラ

裸　ラ、はだか

羅　ラ

来　ライ、くる、きたる、きたす

雷　ライ、かみなり

頼　ライ、たのむ、たのもしい、たよる

絡　ラク、からむ、からまる、からめる

落　ラク、おちる、おとす

酪　ラク

辣　ラツ

乱　ラン、みだれる、みだす

卵　ラン、たまご

覧　ラン

濫　ラン

藍　ラン、あい

欄　ラン

【り】

吏　リ

利　リ、きく

里　リ、さと

理　リ

痢　リ

裏　リ、うら

履　リ、はく

璃　リ

離　リ、はなれる、はなす

陸　リク

立　リツ、リュウ、たつ、たてる

律　リツ、リチ

慄　リツ

略　リャク

柳　リュウ、やなぎ

流　リュウ、ル、ながれる、ながす

留　リュウ、ル、とめる、とまる

竜　リュウ、たつ

粒　リュウ、つぶ

隆　リュウ

硫　リュウ

侶　リョ

旅　リョ、たび

虜　リョ

慮　リョ

了　リョウ

両　リョウ

良　リョウ、よい

料　リョウ

涼　リョウ、すずしい、すずむ

猟　リョウ

陵　リョウ、みささぎ

量　リョウ、はかる

僚　リョウ

領　リョウ

寮　リョウ

療　リョウ

瞭　リョウ

糧　リョウ、ロウ、かて

力　リョク、リキ、ちから

緑　リョク、ロク、みどり

林　リン、はやし

厘　リン

倫　リン

輪　リン、わ

隣　リン、となる、となり

臨　リン、のぞむ

【る】

瑠　ル

涙　ルイ、なみだ

累　ルイ

塁　ルイ

類　ルイ、たぐい

【れ】

令　レイ

礼　レイ、ライ

冷　レイ、つめたい、ひえる、ひや、ひやす、ひやかす、さめる、さます

励　レイ、はげむ、はげます

戻　レイ、もどす、もどる

例　レイ、たとえる

鈴　レイ、リン、すず

零　レイ

霊　レイ、リョウ、たま

隷　レイ

齢　レイ

麗　レイ、うるわしい

暦　レキ、こよみ

歴　レキ

列　レツ

劣 レツ おとる

烈 レツ

裂 レツ さく さける

恋 レン こう こい こいしい

連 レン つらなる つらねる つれる

廉 レン

練 レン ねる

錬 レン

【ろ】

呂 ロ

炉 ロ

賂 ロ

路 ロ じ

露 ロ ロウ つゆ

老 ロウ おいる ふける

労 ロウ

弄 ロウ もてあそぶ

郎 ロウ

朗 ロウ ほがらか

浪 ロウ

廊 ロウ

楼 ロウ

漏 ロウ もる もれる もらす

籠 ロウ かご こもる

六 ロク む むつ むっつ むい

録 ロク

麓 ロク ふもと

論 ロン

【わ】

和 ワ オ やわらぐ やわらげる なごむ なごやか

話 ワ はなす はなし

賄 ワイ まかなう

脇 わき

惑 ワク まどう

枠 わく

湾 ワン

腕 ワン うで

旧「常用漢字表」からの変更点

> 注
> ここでは，旧「常用漢字表」からの変更点のみ抄出して収録する。

＜字種の追加＞

※［　］＝許容字体

【あ】

挨　アイ
曖　アイ
宛　あてる
嵐　あらし
畏　イ　おそれる
萎　イ　なえる
椅　イ
彙　イ
茨　いばら
咽　イン
淫　イン　みだら
唄　うた
鬱　ウツ
怨　エン　オン
媛　エン
艶　エン　つや
旺　オウ
岡　おか
臆　オク
俺　おれ

【か】

苛　カ
牙　ガ　ゲ　きば
瓦　ガ　かわら
楷　カイ
潰　カイ　つぶす　つぶれる
諧　カイ
崖　ガイ　がけ
蓋　ガイ　ふた
骸　ガイ
柿　かき
顎　ガク　あご
葛　カツ　くず
釜　かま
鎌　かま
韓　カン
玩　ガン
伎　キ
亀　キ　かめ
毀　キ
畿　キ
臼　キュウ　うす
嗅　キュウ　かぐ
巾　キン
僅　キン　わずか
錦　キン　にしき
惧　グ
串　くし
窟　クツ
熊　くま
詣　ケイ　もうでる
憬　ケイ
稽　ケイ
隙　ゲキ　すき
桁　けた
拳　ケン　こぶし
鍵　ケン　かぎ
舷　ゲン
股　コ　また
虎　コ　とら
錮　コ
勾　コウ
梗　コウ
喉　コウ　のど
乞　こう
傲　ゴウ
駒　こま

- 頃　ころ
- 痕　コン　あと

【さ】

- 沙　サ
- 挫　ザ
- 采　サイ
- 塞　サイ　ソク　ふさぐ　ふさがる
- 埼　さい
- 柵　サク
- 刹　サツ　セツ
- 拶　サツ
- 斬　ザン　きる
- 恣　シ
- 摯　シ
- 餌［餌］　ジ　えさ　え
- 鹿　しか　か
- 叱　シツ　しかる
- 嫉　シツ
- 腫　シュ　はれる　はらす
- 呪　ジュ　のろう
- 袖　シュウ　そで
- 羞　シュウ
- 蹴　シュウ　ける
- 憧　ショウ　あこがれる
- 拭　ショク　ふく　ぬぐう
- 尻　しり
- 芯　シン
- 腎　ジン
- 須　ス
- 裾　すそ
- 凄　セイ
- 醒　セイ
- 脊　セキ
- 戚　セキ
- 煎　セン　いる
- 羨　セン　うらやむ　うらやましい
- 腺　セン
- 詮　セン
- 箋　セン
- 膳　ゼン
- 狙　ソ　ねらう
- 遡［遡］　ソ　さかのぼる
- 曽　ソウ　ゾ
- 爽　ソウ　さわやか
- 痩　ソウ　やせる
- 踪　ソウ
- 捉　ソク　とらえる
- 遜［遜］　ソン

【た】

- 汰　タ
- 唾　ダ　つば
- 堆　タイ
- 戴　タイ
- 誰　だれ
- 旦　タン　ダン
- 綻　タン　ほころびる
- 緻　チ
- 酎　チュウ
- 貼　チョウ　はる
- 嘲　チョウ　あざける
- 捗　チョク
- 椎　ツイ
- 爪　つめ　つま
- 鶴　つる
- 諦　テイ　あきらめる
- 溺　デキ　おぼれる
- 塡　テン
- 妬　ト　ねたむ
- 賭　ト　かける
- 藤　トウ　ふじ
- 瞳　ドウ　ひとみ
- 栃　とち
- 頓　トン
- 貪　ドン　むさぼる
- 丼　どんぶり　どん

【な】

- 那　ナ
- 奈　ナ
- 梨　なし
- 謎［謎］　なぞ
- 鍋　なべ
- 匂　におう
- 虹　にじ
- 捻　ネン

【は】

- 罵　バ　ののしる
- 剝　ハク　はがす　はぐ　はがれる　はげる
- 箸　はし
- 氾　ハン
- 汎　ハン
- 阪　ハン
- 斑　ハン
- 眉　ビ　ミ　まゆ
- 膝　ひざ
- 肘　ひじ

阜《フ》

訃《フ》

蔽《ヘイ》

餅《ヘイ もち》
［餠］

璧《ヘキ》

蔑《ベツ さげすむ》

哺《ホ》

蜂《ホウ はち》

貌《ボウ》

頬《ほお》

睦《ボク》

勃《ボツ》

【ま】

昧《マイ》

枕《まくら》

蜜《ミツ》

冥《メイ ミョウ》

麺《メン》

【や】

冶《ヤ》

弥《や》

闇《やみ》

喩《ユ》

湧《ユウ わく》

妖《ヨウ あやしい》

瘍《ヨウ》

沃《ヨク》

【ら】

拉《ラ》

辣《ラツ》

藍《ラン あい》

璃《リ》

慄《リツ》

侶《リョ》

瞭《リョウ》

瑠《ル》

呂《ロ》

賂《ロ》

弄《ロウ もてあそぶ》

籠《ロウ かご こもる》

麓《ロク ふもと》

【わ】

脇《わき》

＜字種の削除＞

現行「常用漢字表」から削除する字種（5字）

勺《シャク》　錘《スイ つむ》　銑《セン》　脹《チョウ》　匁《もんめ》

＜音訓の変更＞

1　側（訓：かわ）→「がわ」と変更。

＜音訓の追加＞

1　委(訓：ゆだねる)
2　育(訓：はぐくむ)
3　応(訓：こたえる)
4　滑(音：コツ)
5　関(訓：かかわる)
6　館(訓：やかた)
7　鑑(訓：かんがみる)
8　混(訓：こむ)
9　私(訓：わたし)
10　臭(訓：におう)

11　旬(音：シュン)
12　伸(訓：のべる)
13　振(訓：ふれる)
14　粋(訓：いき)
15　逝(訓：いく)
16　拙(訓：つたない)
17　全(訓：すべて)
18　創(訓：つくる)
19　速(訓：はやまる)
20　他(訓：ほか)
21　中(音：ジュウ)
22　描(訓：かく)
23　放(訓：ほうる)
24　務(訓：つとまる)
25　癒(訓：いえる・いやす)
26　要(訓：かなめ)
27　絡(訓：からめる)
28　類(訓：たぐい)

＜音訓の削除＞

1　畝（訓：せ）
2　疲（訓：つからす）
3　浦（音：ホ）

送り仮名の付け方

注

ここに収録した「送り仮名の付け方」に関する内閣告示・内閣訓令は，昭和47年６月28日に国語審議会が答申した「改定送り仮名の付け方」の趣旨を尊重し，これを採択して実施に移すために定めたものである。

旧送り仮名の付け方（昭和34年内閣告示・内閣訓令）は，複雑で送り過ぎであるとの批判もあったので，これを改めて，法令・公用文書・新聞・雑誌・放送など一般の社会生活における慣用を尊重し，現代の国語表記の実態に合わせ，許容の拡大を図りつつ簡明で弾力性のある法則を立てたのが，この「送り仮名の付け方」である。

すなわち，「単独の語」と「複合の語」，「活用のある語」と「活用のない語」に分けるなど構造的に７通則にまとめ，各通則には本則のほかに適宜「例外」，「許容」を設けて，当用漢字音訓表の音訓によって書き表す語を対象として約500語の語例を示したものである。

なお，昭和56年10月１日付け内閣告示第１号をもって「常用漢字表」が制定されたことに伴い，同日，内閣告示第３号により，この「送り仮名の付け方」の一部が改正された。

さらに，平成22年11月30日付け内閣告示第２号をもって「常用漢字表」が制定されたことに伴い，同日，内閣告示第３号により，この「送り仮名の付け方」の一部が改正された。

○内閣訓令第２号

各行政機関

「送り仮名の付け方」の実施について

さきに，政府は，昭和34年内閣告示第１号をもって「送りがなのつけ方」を告示したが，その後の実施の経験等にかんがみ，これを改定し，本日，内閣告示第２号をもって，新たに「送り仮名の付け方」を告示した。

今後，各行政機関においては，これを送り仮名の付け方のよりどころとするものとする。

なお，昭和34年内閣訓令第１号は，廃止する。

昭和48年６月18日

内閣総理大臣　　田中　角栄

○内閣告示第２号

一般の社会生活において現代の国語を書き表すための送り仮名の付け方のよりどころを，次のように定める。

なお，昭和34年内閣告示第１号は，廃止する。

昭和48年６月18日

内閣総理大臣　　田中　角栄

改正　昭和56年10月１日内閣告示第３号

改正　平成22年11月30日内閣告示第３号

送り仮名の付け方

前　書　き

1　この「送り仮名の付け方」は，法令・公用文書・新聞・雑誌・放送など，一般の社会生活において，「常用漢字表」の音訓によって現代の国語を書き表す場合の送り仮名の付け方のよりどころを示すものである。

2　この「送り仮名の付け方」は，科学・技術・芸術その他の各種専門分野や個々人の表記にまで及ぼそうとするものではない。

3　この「送り仮名の付け方」は，漢字を記号的に用いたり，表に記入したりする場合や，固有名詞を書き表す場合を対象としていない。

「本文」の見方及び使い方

1　この「送り仮名の付け方」の本文の構成は，次のとおりである。

単独の語

1　活用のある語

通則１（活用語尾を送る語に関するもの）

通則２（派生・対応の関係を考慮して，活用語尾の前の部分から送る

語に関するもの)

2　活用のない語

通則3 (名詞であって，送り仮名を付けない語に関するもの)

通則4 (活用のある語から転じた名詞であって，もとの語の送り仮名の付け方によって送る語に関するもの)

通則5 (副詞・連体詞・接続詞に関するもの)

複合の語

通則6 (単独の語の送り仮名の付け方による語に関するもの)

通則7 (慣用に従って送り仮名を付けない語に関するもの)

付表の語

1 (送り仮名を付ける語に関するもの)

2 (送り仮名を付けない語に関するもの)

2　通則とは，単独の語及び複合の語の別，活用のある語及び活用のない語の別等に応じて考えた送り仮名の付け方に関する基本的な法則をいい，必要に応じ，例外的な事項又は許容的な事項を加えてある。

したがって，各通則には，本則のほか，必要に応じて例外及び許容を設けた。ただし，通則7は，通則6の例外に当たるものであるが，該当する語が多数に上るので，別の通則として立てたものである。

3　この「送り仮名の付け方」で用いた用語の意義は，次のとおりである。

単独の語……漢字の音又は訓を単独に用いて，漢字1字で書き表す語をいう。

複合の語……漢字の訓と訓，音と訓などを複合させ，漢字2字以上を用いて書き表す語をいう。

付表の語……「常用漢字表」の付表に掲げてある語のうち，送り仮名の付け方が問題となる語をいう。

活用のある語……動詞・形容詞・形容動詞をいう。

活用のない語……名詞・副詞・連体詞・接続詞をいう。

本　則……送り仮名の付け方の基本的な法則と考えられるものをいう。

例　外……本則には合わないが，慣用として行われていると認められるものであって，本則によらず，これによるものをいう。

許　容……本則による形とともに，慣用として行われていると認められるものであって，本則以外に，これによってよいものをいう。

4　単独の語及び複合の語を通じて，字音を含む語は，その字音の部分には送り仮名を要しないのであるから，必要のない限り触れていない。

5　各通則において，送り仮名の付け方が許容によることのできる語については，本則又は許容のいずれに従ってもよいが，個々の語に適用するに当たって，許容に従ってよいかどうか判断し難い場合には，本則によるものとする。

本　文

単独の語

1　活用のある語

通則１

本則　活用のある語（通則２を適用する語を除く。）は，活用語尾を送る。

〔例〕　憤る　承る　書く　実る　催す
生きる　陥れる　考える　助ける
荒い　潔い　賢い　濃い
主だ

例外　(1)　語幹が「し」で終わる形容詞は，「し」から送る。

〔例〕　著しい　惜しい　悔しい　恋しい　珍しい

(2)　活用語尾の前に「か」，「やか」，「らか」を含む形容動詞は，その音節から送る。

〔例〕　暖かだ　細かだ　静かだ
穏やかだ　健やかだ　和やかだ
明らかだ　平らかだ　滑らかだ　柔らかだ

(3)　次の語は，次に示すように送る。

明らむ　味わう　哀れむ　慈しむ　教わる　脅かす（おどかす）　脅かす（おびやかす）　関わる　食らう　異なる

逆らう　捕まる　群がる　和らぐ　揺する

明るい　危ない　危うい　大きい　少ない　小さい　冷たい　平たい

新ただ　同じだ　盛んだ　平らだ　懇ろだ　惨めだ

哀れだ　幸いだ　幸せだ　巧みだ

許容　次の語は，（　）の中に示すように，活用語尾の前の音節から送ることができる。

表す（表わす）　著す（著わす）　現れる（現われる）　行う（行なう）　断る（断わる）　賜る（賜わる）

（注意）　語幹と活用語尾との区別がつかない動詞は，例えば，「着る」，「寝る」，「来る」などのように送る。

通則２

本則　活用語尾以外の部分に他の語を含む語は，含まれている語の送り仮名の付け方によって送る。（含まれている語を〔　〕の中に示す。）

〔例〕

(1)　動詞の活用形又はそれに準ずるものを含むもの。

動かす〔動く〕　照らす〔照る〕

語らう〔語る〕　計らう〔計る〕　向かう〔向く〕

浮かぶ〔浮く〕

生まれる〔生む〕　押さえる〔押す〕　捕らえる〔捕る〕

勇ましい〔勇む〕　輝かしい〔輝く〕　喜ばしい〔喜ぶ〕

晴れやかだ〔晴れる〕

及ぼす〔及ぶ〕　積もる〔積む〕　聞こえる〔聞く〕

頼もしい〔頼む〕

起こる〔起きる〕　落とす〔落ちる〕

暮らす〔暮れる〕　冷やす〔冷える〕

当たる〔当てる〕　終わる〔終える〕　変わる〔変える〕　集まる〔集める〕　定まる〔定める〕　連なる〔連ねる〕　交わる〔交える〕

混ざる・混じる〔混ぜる〕

恐ろしい〔恐れる〕

(2) 形容詞・形容動詞の語幹を含むもの。

重んずる〔重い〕　若やぐ〔若い〕

怪しむ〔怪しい〕　悲しむ〔悲しい〕　苦しがる〔苦しい〕

確かめる〔確かだ〕

重たい〔重い〕　憎らしい〔憎い〕　古めかしい〔古い〕

細かい〔細かだ〕　柔らかい〔柔らかだ〕

清らかだ〔清い〕　高らかだ〔高い〕　寂しげだ〔寂しい〕

(3) 名詞を含むもの。

汗ばむ〔汗〕　先んずる〔先〕　春めく〔春〕

男らしい〔男〕　後ろめたい〔後ろ〕

許容　読み間違えるおそれのない場合は，活用語尾以外の部分について，次の（　）の中に示すように，送り仮名を省くことができる。

〔例〕 浮かぶ(浮ぶ)　生まれる(生れる)　押さえる(押える)　捕らえる(捕える)

晴れやかだ(晴やかだ)

積もる(積る)　聞こえる(聞える)

起こる(起る)　落とす(落す)　暮らす(暮す)　当たる(当る)　終わる(終る)　変わる(変る)

(注意) 次の語は，それぞれ〔　〕の中に示す語を含むものとは考えず，通則1によるものとする。

明るい〔明ける〕　荒い〔荒れる〕　悔しい〔悔いる〕　恋しい〔恋う〕

2　活用のない語

通則3

本則　名詞（通則4を適用する語を除く。）は，送り仮名を付けない。

〔例〕 月　鳥　花　山

男　女

彼　何

例外　(1)　次の語は，最後の音節を送る。

辺り　哀れ　勢い　幾ら　後ろ　傍ら　幸い　幸せ　全て　互い　便り　半ば　情け　斜め　独り　誉れ　自ら　災い

(2)　数をかぞえる「つ」を含む名詞は，その「つ」を送る。

〔例〕　一つ　二つ　三つ　幾つ

通則 4

本則　活用のある語から転じた名詞及び活用のある語に「さ」，「み」，「げ」などの接尾語が付いて名詞になったものは，もとの語の送り仮名の付け方によって送る。

〔例〕

(1)　活用のある語から転じたもの。

動き　仰せ　恐れ　薫り　曇り　調べ　届け　願い　晴れ

当たり　代わり　向かい

狩り　答え　問い　祭り　群れ

憩い　愁い　憂い　香り　極み　初め

近く　遠く

(2)　「さ」，「み」，「げ」などの接尾語が付いたもの。

暑さ　大きさ　正しさ　確かさ

明るみ　重み　憎しみ

惜しげ

例外　次の語は，送り仮名を付けない。

謡　虞　趣　氷　印　頂　帯　畳

卸　煙　恋　志　次　隣　富　恥　話　光　舞

折　係　掛(かかり)　組　肥　並(なみ)　巻　割

(注意)　ここに掲げた「組」は，「花の組」，「赤の組」などのように使った場合の「くみ」であり，例えば，「活字の組みがゆるむ。」などとして使う場合の「くみ」を意味するものではない。「光」，「折」，「係」なども，同様に動詞の意識が残っているような使い方の場合は，この例外に該当しない。したがって，本則を適用して送り仮名をつける。

許容　読み間違えるおそれのない場合は，次の（　）の中に示すように，送り仮名を省くことができる。

〔例〕　曇り（曇）　届け（届）　願い（願）　晴れ（晴）
当たり（当り）　代わり（代り）　向かい（向い）
狩り（狩）　答え（答）　問い（問）　祭り（祭）　群れ（群）
憩い（憩）

通則５

本則　副詞・連体詞・接続詞は，最後の音節を送る。

〔例〕　必ず　更に　少し　既に　再び　全く　最も
来る　去る
及び　且つ　但し

例外　⑴　次の語は，次に示すように送る。
明くる　大いに　直ちに　並びに　若しくは

⑵　次の語は，送り仮名を付けない。
又

⑶　次のように，他の語を含む語は，含まれている語の送り仮名の付け方によって送る。（含まれている語を〔　〕の中に示す。）

〔例〕　併せて〔併せる〕　至って〔至る〕　恐らく〔恐れる〕
従って〔従う〕　絶えず〔絶える〕　例えば〔例える〕　努めて〔努める〕
辛うじて〔辛い〕　少なくとも〔少ない〕
互いに〔互い〕
必ずしも〔必ず〕

複合の語

通則６

本則　複合の語（通則７を適用する語を除く。）の送り仮名は，その複合の語を書き表す漢字の，それぞれの音訓を用いた単独の語の送り仮名の付け方による。

〔例〕

(1)　活用のある語

書き抜く　流れ込む　申し込む　打ち合わせる　向かい合わせる　長引く　若返る　裏切る　旅立つ

聞き苦しい　薄暗い　草深い　心細い　待ち遠しい　軽々しい　若々しい　女々しい

気軽だ　望み薄だ

(2)　活用のない語

石橋　竹馬　山津波　後ろ姿　斜め左　花便り　独り言　卸商　水煙　目印

田植え　封切り　物知り　落書き　雨上がり　墓参り　日当たり　夜明かし　先駆け　巣立ち　手渡し

入り江　飛び火　教え子　合わせ鏡　生き物　落ち葉　預かり金

寒空　深情け

愚か者

行き帰り　伸び悩み　乗り降り　抜け駆け　作り笑い　暮らし向き　売り上げ　取り扱い　乗り換え　引き換え　歩み寄り　申し込み　移り変わり

長生き　早起き　苦し紛れ　大写し

粘り強さ　有り難み　待ち遠しさ

乳飲み子　無理強い　立ち居振る舞い　呼び出し電話

次々　常々

近々　深々

休み休み　行く行く

許容　読み間違えるおそれのない場合は，次の（　）の中に示すように，送り仮名を省くことができる。

〔例〕　書き抜く（書抜く）　申し込む（申込む）　打ち合わせる（打ち合せる・打合せる）　向かい合わせる（向い合せる）　聞き苦しい（聞苦しい）　待ち遠しい（待遠しい）

田植え(田植)　封切り(封切)　落書き(落書)　雨上がり(雨上り)　日当たり(日当り)　夜明かし(夜明し)

入り江(入江)　飛び火(飛火)　合わせ鏡(合せ鏡)　預かり金(預り金)

抜け駆け(抜駆け)　暮らし向き(暮し向き)　売り上げ(売上げ・売上)　取り扱い(取扱い・取扱)　乗り換え(乗換え・乗換)　引き換え(引換え・引換)　申し込み(申込み・申込)　移り変わり(移り変り)

有り難み(有難み)　待ち遠しさ(待遠しさ)

立ち居振る舞い(立ち居振舞い・立ち居振舞・立居振舞)　呼び出し電話(呼出し電話・呼出電話)

(注意)「こけら落とし(こけら落し)」,「さび止め」,「洗いざらし」,「打ちひも」のように,前又は後ろの部分を仮名で書く場合は,他の部分については,単独の語の送り仮名の付け方による。

通則7

複合の語のうち,次のような名詞は,慣用に従って,送り仮名を付けない。

〔例〕

(1)　特定の領域の語で,慣用が固定していると認められるもの。

ア　地位・身分・役職等の名。

関取　頭取　取締役　事務取扱

イ　工芸品の名に用いられた「織」,「染」,「塗」等。

《博多》織　《型絵》染　《春慶》塗　《鎌倉》彫　《備前》焼

ウ　その他。

書留　気付　切手　消印　小包　振替　切符　踏切

請負　売値　買値　仲買　歩合　両替　割引　組合　手当

倉敷料　作付面積

売上《高》　貸付《金》　借入《金》　繰越《金》　小売《商》　積立《金》　取扱《所》　取扱《注意》　取次《店》　取引《所》　乗換《駅》

乗組《員》　引受《人》　引受《時刻》　引換《券》　《代金》引換　振出《人》　待合《室》　見積《書》　申込《書》

(2)　一般に，慣用が固定していると認められるもの。

奥書　木立　子守　献立　座敷　試合　字引　場合　羽織　葉巻　番組　番付　日付　水引　物置　物語　役割　屋敷　夕立　割合

合図　合間　植木　置物　織物　貸家　敷石　敷地　敷物　立場　建物　並木　巻紙

受付　受取

浮世絵　絵巻物　仕立屋

（注意）

(1)　「《博多》織」，「売上《高》」などのようにして掲げたものは，《　》の中を他の漢字で置き換えた場合にも，この通則を適用する。

(2)　通則7を適用する語は，例として挙げたものだけで尽くしてはいない。したがって，慣用が固定していると認められる限り，類推して同類の語にも及ぼすものである。通則7を適用してよいかどうか判断し難い場合には，通則6を適用する。

付表の語

「常用漢字表」の「付表」に掲げてある語のうち送り仮名の付け方が問題となる次の語は，次のようにする。

1　次の語は，次に示すように送る。

浮つく　お巡りさん　差し支える　立ち退く　手伝う　最寄り

なお，

次の語は，（　）の中に示すように，送り仮名を省くことができる。

差し支える（差支える）　立ち退く（立退く）

2　次の語は，送り仮名を付けない。

息吹　桟敷　時雨　築山　名残　雪崩　吹雪　迷子　行方

現代仮名遣い

注

ここに収録した「現代仮名遣い」に関する内閣告示・内閣訓令は，昭和61年3月6日に国語審議会が答申した「改定現代仮名遣い」の趣旨を尊重し，これを採択して実施に移すために定めたものである。

「現代仮名遣い」（内閣告示）の要点

1　この仮名遣いの規範性については，「よりどころ」という，ゆるやかなものとした。

2　適用範囲は，「法令，公用文書，新聞，雑誌，放送など，一般の社会生活」とし，「科学，技術，芸術その他の各種専門分野や個々人の表記にまで及ぼそうとするものではない」とした。

3　固有名詞などでこれによりがたいものや，特殊な音，外来語の音などの書き表し方を対象とするものではないことを明記した。

4　規則の立て方を簡明にし，現代語の音韻に従って書き表す原則（第1）と表記の慣習を尊重した特例（第2）とから成るものとした。

5　歴史的仮名遣いは，我が国の歴史や文化に深いかかわりをもつものとして尊重されるべきであり，また歴史的仮名遣いを知ることは，この仮名遣いの理解を深める上でも有用であるところから，その旨を答申前文に述べるとともに，付表で，この仮名遣いと歴史的仮名遣いとの対照を示した。

6　二語の連合の「じ・ぢ」「ず・づ」の使い分けなど，従来，明確でないきらいがあったものを，明確にした。なお，「せかいじゅう」「いなずま」などは，現在「じ」「ず」で書くこととされているが，今回は「じ」「ず」を用いることを本則とするとともに，「ぢ」「づ」を用いることも許容することを明記した。

なお，平成22年11月30日付け内閣告示第2号をもって「常用漢字表」が制定されたことに伴い，同日，内閣告示第4号により，この「現代仮名遣い」の一部が改正された。

○内閣訓令第1号

各行政機関

「現代仮名遣い」の実施について

政府は，本日，内閣告示第1号をもって，「現代仮名遣い」を告示した。

今後，各行政機関においては，これを現代の国語を書き表すための仮名遣いのよりどころとするものとする。

なお，昭和21年内閣訓令第8号は，廃止する。

昭和61年7月1日

内閣総理大臣　　中曽根　康弘

改正　平成22年11月30日内閣告示第4号

○内閣告示第1号

一般の社会生活において現代の国語を書き表すための仮名遣いのよりどころを，次のように定める。

なお，昭和21年内閣告示第33号は，廃止する。

昭和61年7月1日

内閣総理大臣　　中曽根　康弘

現代仮名遣い

前書き

1　この仮名遣いは，語を現代語の音韻に従って書き表すことを原則とし，一方，表記の慣習を尊重して一定の特例を設けるものである。

2　この仮名遣いは，法令，公用文書，新聞，雑誌，放送など，一般の社会生活において，現代の国語を書き表すための仮名遣いのよりどころを示すものである。

3　この仮名遣いは，科学，技術，芸術その他の各種専門分野や個々人の表記にまで及ぼそうとするものではない。

4　この仮名遣いは，主として現代文のうち口語体のものに適用する。原文の仮名遣いによる必要のあるもの，固有名詞などでこれによりがたいものは除く。

5　この仮名遣いは，擬声・擬態的描写や嘆声，特殊な方言音，外来語・外来音などの書き表し方を対象とするものではない。

6　この仮名遣いは，「ホオ・ホホ（頰）」「テキカク・テッカク（的確）」のような発音にゆれのある語について，その発音をどちらかに決めようとするものではない。

7　この仮名遣いは，点字，ローマ字などを用いて国語を書き表す場合のきまりとは必ずしも対応するものではない。

8　歴史的仮名遣いは，明治以降，「現代かなづかい」(昭和21年内閣告示第33号）の行われる以前には，社会一般の基準として行われていたものであり，今日においても，歴史的仮名遣いで書かれた文献などを読む機会は多い。歴史的仮名遣いが，我が国の歴史や文化に深いかかわりをもつものとして，尊重されるべきことは言うまでもない。また，この仮名遣いにも歴史的仮名遣いを受け継いでいるところがあり，この仮名遣いの理解を深める上で，歴史的仮名遣いを知ることは有用である。付表において，この仮名遣いと歴史的仮名遣いとの対照を示すのはそのためである。

本　　文

凡　例

1　原則に基づくきまりを第1に示し，表記の慣習による特例を第2に示した。

2　例は，おおむね平仮名書きとし，適宜，括弧内に漢字を示した。常用漢字表に掲げられていない漢字及び音訓には，それぞれ*印及び△印をつけた。

第1　語を書き表すのに，現代語の音韻に従って，次の仮名を用いる。

ただし，下線を施した仮名は，第2に示す場合にだけ用いるものである。

1　直音

あ　い　う　え　お
か　き　く　け　こ　　が　ぎ　ぐ　げ　ご
さ　し　す　せ　そ　　ざ　じ　ず　ぜ　ぞ
た　ち　つ　て　と　　だ　ぢ　づ　で　ど

な　に　ぬ　ね　の
は　ひ　ふ　へ　ほ　　ば　び　ぶ　べ　ぼ
　　　　　　　　　　　ぱ　ぴ　ぷ　ぺ　ぽ
ま　み　む　め　も
や　　　ゆ　　　よ
ら　り　る　れ　ろ
わ　　　　　　　を

例　あさひ（朝日）　きく（菊）　さくら（桜）　ついやす（費）
にわ（庭）　ふで（筆）　もみじ（紅葉）　ゆずる（譲）
れきし（歴史）　わかば（若葉）
えきか（液化）　せいがくか（声楽家）　さんぽ（散歩）

2　拗《よう》音

きゃ　きゅ　きょ　ぎゃ　ぎゅ　ぎょ
しゃ　しゅ　しょ　じゃ　じゅ　じょ
ちゃ　ちゅ　ちょ　ぢゃ　ぢゅ　ぢょ
にゃ　にゅ　にょ
ひゃ　ひゅ　ひょ　びゃ　びゅ　びょ
　　　　　　　　　ぴゃ　ぴゅ　ぴょ
みゃ　みゅ　みょ
りゃ　りゅ　りょ

例　しゃかい（社会）　しゅくじ（祝辞）　かいじょ（解除）
りゃくが（略画）
〔注意〕拗音に用いる「や，ゆ，よ」は，なるべく小書きにする。

3　撥《はつ》音

ん

例　まなんで（学）　みなさん　しんねん（新年）　しゅんぶん（春分）

4　促音

っ

例　はしって（走）　かっき（活気）　がっこう（学校）

せっけん（石*鹸）

〔注意〕促音に用いる「つ」は，なるべく小書きにする。

5　長音

(1)　ア列の長音

ア列の仮名に「あ」を添える。

例　おかあさん　おばあさん

(2)　イ列の長音

イ列の仮名に「い」を添える。

例　にいさん　おじいさん

(3)　ウ列の長音

ウ列の仮名に「う」を添える。

例　おさむうございます（寒）　くうき（空気）　ふうふ（夫婦）

うれしゅう存じます　きゅうり　ぼくじゅう（墨汁）

ちゅうもん（注文）

(4)　エ列の長音

エ列の仮名に「え」を添える。

例　ねえさん　ええ（応答の語）

(5)　オ列の長音

オ列の仮名に「う」を添える。

例　おとうさん　とうだい（灯台）

わこうど（若人）　おうむ

かおう（買）　あそぼう（遊）　おはよう（早）

おうぎ（扇）　ほうる（放）　とう（塔）

よいでしょう　はっぴょう（発表）

きょう（今日）　ちょうちょう（*蝶々）

第2　特定の語については，表記の慣習を尊重して，次のように書く。

1　助詞の「を」は，「を」と書く。

例　本を読む　岩をも通す　失礼をばいたしました

やむをえない　いわんや…をや　よせばよいものを

てにをは

2　助詞の「は」は，「は」と書く。

例　今日は日曜です　山では雪が降りました

あるいは　または　もしくは

いずれは　さては　ついては　ではさようなら　とはいえ

惜しむらくは　恐らくは　願わくは

これはこれは　こんにちは　こんばんは

悪天候もものかは

〔注意〕　次のようなものは，この例にあたらないものとする。

いまわの際　すわ一大事

雨も降るわ風も吹くわ　来るわ来るわ　きれいだわ

3　助詞の「へ」は，「へ」と書く。

例　故郷へ帰る　…さんへ　母への便り　駅へは数分

4　動詞の「いう（言）」は，「いう」と書く。

例　ものをいう（言）　いうまでもない　昔々あったという

どういうふうに　人というもの　こういうわけ

5　次のような語は，「ぢ」「づ」を用いて書く。

(1)　同音の連呼によって生じた「ぢ」「づ」

例　ちぢみ（縮）　ちぢむ　ちぢれる　ちぢこまる

つづみ（鼓）　つづら　つづく（続）　つづめる（約）

つづる（綴）

〔注意〕「いちじく」「いちじるしい」は，この例にあたらない。

(2)　二語の連合によって生じた「ぢ」「づ」

例　はなぢ（鼻血）　そえぢ（添乳）　もらいぢち
そこぢから（底力）　ひぢりめん　いれぢえ（入知恵）
ちゃのみぢゃわん
まぢか（間近）　こぢんまり
ちかぢか（近々）　ちりぢり
みかづき（三日月）　たけづつ（竹筒）　たづな（手綱）
ともづな　にいづま（新妻）　けづめ　ひづめ　ひげづら
おこづかい（小遣）　あいそづかし　わしづかみ
こころづくし（心尽）　てづくり（手作）　こづつみ（小包）
ことづて　はこづめ（箱詰）　はたらきづめ　みちづれ（道連）
かたづく　こづく（小突）　どくづく　もとづく
うらづける　ゆきづまる　ねばりづよい
つねづね（常々）　つくづく　つれづれ

なお，次のような語については，現代語の意識では一般に二語に分解しにくいもの等として，それぞれ「じ」「ず」を用いて書くことを本則とし，「せかいぢゅう」「いなづま」のように「ぢ」「づ」を用いて書くこともできるものとする。

例　せかいじゅう（世界中）
いなずま（稲妻）　かたず（固唾）　きずな（*絆）
さかずき（杯）　ときわず　ほおずき　みみずく
うなずく　おとずれる（訪）　かしずく　つまずく
ぬかずく　ひざまずく
あせみずく　くんずほぐれつ　さしずめ　でずっぱり
なかんずく
うでずく　くろずくめ　ひとりずつ
ゆうずう（融通）

〔注意〕　次のような語の中の「じ」「ず」は，漢字の音読みでもともと濁っているものであって，上記(1)，(2)のいずれにもあたらず，「じ」「ず」を用いて書く。

例　じめん（地面）　ぬのじ（布地）

ずが（図画）　りゃくず（略図）

6　次のような語は，オ列の仮名に「お」を添えて書く。

例　おおかみ　おおせ（仰）　おおやけ（公）　こおり（氷・郡）

こおろぎ　ほお（頬・朴）　ほおずき　ほのお（炎）　とお（十）

いきどおる（憤）　おおう（覆）　こおる（凍）　しおおせる

とおる（通）　とどこおる（滞）　もよおす（催）

いとおしい　おおい（多）　おおきい（大）　とおい（遠）

おおむね　おおよそ

これらは，歴史的仮名遣いでオ列の仮名に「ほ」又は「を」が続くものであって，オ列の長音として発音されるか，オ・オ，コ・オのように発音されるかにかかわらず，オ列の仮名に「お」を添えて書くものである。

付記

次のような語は，エ列の長音として発音されるか，エイ，ケイなどのように発音されるかにかかわらず，エ列の仮名に「い」を添えて書く。

例　かれい　せい（背）

かせいで（稼）　まねいて（招）　春めいて

へい（塀）　めい（銘）　れい（例）

えいが（映画）　とけい（時計）　ていねい（丁寧）

付　　表

凡　例

1　現代語の音韻を目印として，この仮名遣いと歴史的仮名遣いとの主要な仮名の使い方を対照させ，例を示した。

2　音韻を表すのには，片仮名及び長音符号「ー」を用いた。

3　例は，おおむね漢字書きとし，仮名の部分は歴史的仮名遣いによった。常用漢字表に掲げられていない漢字及び音訓には，それぞれ＊印及び△印をつけ，括弧内に仮名を示した。

4　ジの音韻の項には，便宜，拗音の例を併せ挙げた。

現代語の音韻	この仮名遣いで用いる仮名	歴史的仮名遣いで用いる仮名	例
イ	い	い ゐ ひ	石　報いる　赤い　意図　愛 井戸　居る　参る　胃　権威 貝　合図　費やす　思ひ出　恋しさ
ウ	う	う ふ	歌　馬　浮かぶ　雷雨　機運 買ふ　吸ふ　争ふ　危ふい
エ	え	え ゑ へ	柄　枝　心得　見える　栄誉 声　植ゑる　絵　円　知恵 家　前　考へる　帰る　救へ
	へ	へ	西へ進む
オ	お	お を ほ ふ	奥　大人　起きる　お話　雑音 男　十日　踊る　青い　悪寒 顔　氷　滞る　直す　大きい 仰ぐ　倒れる
	を	を	花を見る
カ	か	か くわ	蚊　紙　静か　家庭　休暇 火事　歓迎　結果　生活　愉快
ガ	が	が ぐわ	石垣　学問　岩石　生涯　発芽 画家　外国　丸薬　正月　念願
ジ	じ	じ ぢ	初め　こじあける　字　自慢　術語 味　恥ぢる　地面　女性　正直
	ぢ	ぢ	縮む　鼻血　底力　近々　入れ知恵

ズ	ず	ず づ	鈴　物好き　知らずに　人数　洪水 水　珍しい　一つづつ　図画　大豆
	づ	づ	鼓　続く　三日月　塩漬け　常々
ワ	わ	わ は	輪　泡　声色　弱い　和紙 川　回る　思はず　柔らか　琵*琶*（びは）
	は	は	我は海の子　又は
ユー	ゆう	ゆう ゆふ いう いふ	勇気　英雄　金融 夕方 遊戯　郵便　勧誘　所有 都邑*（といふ）
	いう	いふ	言ふ
オー	おう	おう あう あふ わう はう	負うて　応答　欧米 桜花　奥義　中央 扇　押収　凹凸 弱う　王子　往来　卵黄 買はう　舞はう　怖うございます
コー	こう	こう こふ かう かふ くわう	功績　拘束　公平　気候　振興 劫*（こふ） 咲かう　赤う　かうして　講義　健康 甲乙　太閤*（たいかふ） 光線　広大　恐慌　破天荒
ゴー	ごう	ごう ごふ がう がふ ぐわう	皇后 業　永劫*（えいごふ） 急がう　長う　強引　豪傑　番号 合同 轟*音（ぐわうおん）
ソー	そう	そう	僧　総員　競走　吹奏　放送

		さう さふ	話さう　浅う　さうして　草案　体操 挿話
ゾー	ぞう	ぞう ざう ざふ	増加　憎悪　贈与 象　蔵書　製造　内臓　仏像 雑煮
トー	とう	とう たう たふ	弟　統一　冬至　暴投　北東 峠　勝たう　痛う　刀剣　砂糖 塔　答弁　出納
ドー	どう	どう だう だふ	どうして　銅　童話　運動　空洞 堂　道路　葡*萄*（ぶだう） 問答
ノー	のう	のう のふ なう なふ	能　農家　濃紺 昨日 死なう　危なうございます　脳　苦悩 納入
ホー	ほう	ほう ほふ はう はふ	奉祝　俸給　豊年　霊峰 法会 葬る　包囲　芳香　解放 はふり投げる　はふはふの体　法律
ボー	ぼう	ぼう ぼふ ばう ばふ	某　貿易　解剖　無謀 正法 遊ばう　飛ばう　紡績　希望　堤防 貧乏
ポー	ぽう	ぽう ぽふ ぱう ぱふ	本俸　連峰 説法 鉄砲　奔放　立方 立法

モー	もう	もう まう	もう一つ　啓蒙（けいもう） 申す　休まう　甘う　猛獣　本望
ヨー	よう	よう やう えう えふ	見よう　ようございます　用　容易 中庸 八日　早う　様子　洋々　太陽 幼年　要領　童謡　日曜 紅葉
ロー	ろう	ろう ろふ らう らふ	楼　漏電　披露 かげろふ　ふくろふ 祈らう　暗う　廊下　労働　明朗 候文　蠟燭（らふそく）
キュー	きゅう	きゆう きう きふ	弓術　宮殿　貧窮 休養　丘陵　永久　要求 及第　急務　給与　階級
ギュー	ぎゅう	ぎう	牛乳
シュー	しゅう	しゆう しう しふ	宗教　衆知　終了 よろしう　周囲　収入　晩秋 執着　習得　襲名　全集
ジュー	じゅう	じゆう じう じふ ぢゆう	充実　従順　臨終　猟銃 柔軟　野獣 十月　渋滞　墨汁 住居　重役　世界中
チュー	ちゅう	ちゆう ちう	中学　衷心　注文　昆虫 抽出　鋳造　宇宙　白昼
ニュー	にゅう	にゆう にう にふ	乳酸 柔和 埴生（はにふ）　入学

ヒュー	ひゅう	ひう	日向（ひうが）
ビュー	びゅう	びう	誤謬（ごびう）
リュー	りゅう	りゆう	竜　隆盛
		りう	留意　流行　川柳
		りふ	粒子　建立
キョー	きょう	きよう	共通　恐怖　興味　吉凶
		きやう	兄弟　鏡台　経文　故郷　熱狂
		けう	教育　矯正　絶叫　鉄橋
		けふ	今日　脅威　協会　海峡
ギョー	ぎょう	ぎよう	凝集
		ぎやう	仰天　修行　人形
		げう	今暁
		げふ	業務
ショー	しょう	しよう	昇格　承諾　勝利　自称　訴訟
		しやう	詳細　正直　商売　負傷　文章
		せう	見ませう　小説　消息　少年　微笑
		せふ	交渉
ジョー	じょう	じよう	冗談　乗馬　過剰
		じやう	成就　上手　状態　感情　古城
		ぜう	饒舌（ぜうぜつ）
		ぢやう	定石　丈夫　市場　令嬢
		でう	箇条
		でふ	一帖（いちでふ）　六畳
	ぢょう	ぢやう	盆提灯（ぼんぢやうちん）
		でう	一本調子
チョー	ちょう	ちよう	徴収　清澄　尊重
		ちやう	腸　町会　聴取　長短　手帳

		てう てふ	調子　朝食　弔電　前兆　野鳥 蝶*（てふ）
ニョー	にょう	にやう ねう	女房 尿
ヒョー	ひょう	ひよう ひやう へう	氷山 拍子　評判　兵糧 表裏　土俵　投票
ビョー	びょう	びやう べう	病気　平等 秒読み　描写
ピョー	ぴょう	ぴよう ぴやう ぺう	結氷　信憑*性（しんぴようせい） 論評 一票　本表
ミョー	みょう	みやう めう	名代　明日　寿命 妙技
リョー	りょう	りよう りやう れう れふ	丘陵 領土　両方　善良　納涼　分量 寮　料理　官僚　終了 漁　猟

外来語の表記

注

ここに収録した「外来語の表記」に関する内閣告示・内閣訓令は，平成３年２月７日に国語審議会が答申した「外来語の表記」の趣旨を尊重し，これを採択して実施に移すために定めたものである。

「外来語の表記」（内閣告示）の要点

1　法令，公用文書，新聞，雑誌，放送など，一般の社会生活において，現代の国語を書き表すための「外来語の表記」のよりどころを示した。

2　科学，技術，芸術その他の各種専門分野や個々人の表記にまで及ぼそうとするものではないとした。

3　固有名詞など（例えば，人名，会社名，商品名等）でこれによりがたいものには及ぼさず，また，過去に行われた様々な表記を否定しようとするものではないとした。

4　「外来語の表記」に使用する仮名を第１表と第２表に分けて示し，第１表に示す仮名（「シェ，ジェ」「ティ，ディ」「ファ，フィ，フェ，フォ」等13の仮名が含まれる。）は外来語や外国の地名・人名を書き表すのに一般的に用いるものとし，第２表に示す仮名（「トゥ，ドゥ」「ヴァ，ヴィ，ヴ，ヴェ，ヴォ」等20の仮名から成る。）は外来語や外国の地名・人名を原音や原つづりになるべく近く書き表そうとする場合に用いるものとした。

5　語形やその書き表し方については，慣用が定まっているものはそれによることとし，分野によって異なる慣用が定まっている場合は，それぞれの慣用によって差し支えないものとした。（「ハンカチ」と「ハンケチ」，「グローブ」と「グラブ」のように語形にゆれのあるものについて，その語形をどちらかに決めようとはしていない。）

6　付録として，日常よく用いられる外来語を主に，500の用例を示した。

○内閣訓令第1号

各行政機関

『外来語の表記』の実施について

政府は，本日，内閣告示第2号をもって，『外来語の表記』を告示した。

今後，各行政機関においては，これを現代の国語を書き表すための「外来語の表記」のよりどころとするものとする。

平成3年6月28日

内閣総理大臣　海部　俊樹

○内閣告示第2号

一般の社会生活において現代の国語を書き表すための「外来語の表記」のよりどころを，次のように定める。

平成3年6月28日

内閣総理大臣　海部　俊樹

外来語の表記

前　書　き

1　この『外来語の表記』は，法令，公用文書，新聞，雑誌，放送など，一般の社会生活において，現代の国語を書き表すための「外来語の表記」のよりどころを示すものである。

2　この『外来語の表記』は，科学，技術，芸術その他の各種専門分野や個々人の表記にまで及ぼそうとするものではない。

3　この『外来語の表記』は，固有名詞など（例えば，人名，会社名，商品名等）でこれによりがたいものには及ぼさない。

4　この『外来語の表記』は，過去に行われた様々な表記（「付」参照）を否定しようとするものではない。

5　この『外来語の表記』は，「本文」と「付録」から成る。「本文」には「外来語の表記」に用いる仮名と符号の表を掲げ，これに留意事項その1（原則的な事項）と留意事項その2（細則的な事項）を添えた。「付録」には，用例集として，日常よく用いられる外来語を主に，留意事項その2に例示した語や，その他の地名・人名の例などを五十音順に掲げた。

本　文

「外来語の表記」に用いる仮名と符号の表

1　第1表に示す仮名は，外来語や外国の地名・人名を書き表すのに一般的に用いる仮名とする。

2　第2表に示す仮名は，外来語や外国の地名・人名を原音や原つづりになるべく近く書き表そうとする場合に用いる仮名とする。

3　第1表・第2表に示す仮名では書き表せないような，特別な音の書き表し方については，ここでは取決めを行わず，自由とする。

4　第1表・第2表によって語を書き表す場合には，おおむね留意事項を適用する。

第1表

ア	イ	ウ	エ	オ	ザ	ジ	ズ	ゼ	ゾ
カ	キ	ク	ケ	コ	ダ			デ	ド
サ	シ	ス	セ	ソ	バ	ビ	ブ	ベ	ボ
タ	チ	ツ	テ	ト	パ	ピ	プ	ペ	ポ
ナ	ニ	ヌ	ネ	ノ	キャ		キュ		キョ
ハ	ヒ	フ	ヘ	ホ	シャ		シュ		ショ
マ	ミ	ム	メ	モ	チャ		チュ		チョ
ヤ		ユ		ヨ	ニャ		ニュ		ニョ
ラ	リ	ル	レ	ロ	ヒャ		ヒュ		ヒョ
ワ					ミャ		ミュ		ミョ
ガ	ギ	グ	ゲ	ゴ	リャ		リュ		リョ

ギャ		ギュ		ギョ				シェ	
ジャ		ジュ		ジョ				チェ	
ビャ		ビュ		ビョ	ツァ			ツェ	ツォ
ピャ		ピュ		ピョ		ティ			
					ファ	フィ		フェ	フォ
ン（撥《はつ》音）								ジェ	
ッ（促音）						ディ			
ー（長音符号）							デュ		
第2表									
			イェ				ドゥ		
	ウィ		ウェ	ウォ	ヴァ	ヴィ	ヴ	ヴェ	ヴォ
クァ	クィ		クェ	クォ			テュ		
	ツィ						フュ		
		トゥ					ヴュ		
グァ									

留意事項その1（原則的な事項）

1　この『外来語の表記』では，外来語や外国の地名・人名を片仮名で書き表す場合のことを扱う。

2　「ハンカチ」と「ハンケチ」，「グローブ」と「グラブ」のように，語形にゆれのあるものについて，その語形をどちらかに決めようとはしていない。

3　語形やその書き表し方については，慣用が定まっているものはそれによる。分野によって異なる慣用が定まっている場合には，それぞれの慣用によって差し支えない。

4　国語化の程度の高い語は，おおむね第1表に示す仮名で書き表すことができる。一方，国語化の程度がそれほど高くない語，ある程度外国語に近く書き表す必要のある語――特に地名・人名の場合――は，第2表に示す仮名を用いて書き表すことができる。

5　第2表に示す仮名を用いる必要がない場合は，第1表に示す仮名の範囲で書き表すことができる。

例　イェ→イエ　ウォ→ウオ　トゥ→ツ，ト　ヴァ→バ

6　特別な音の書き表し方については，取決めを行わず，自由とすることとしたが，その中には，例えば，「スィ」「ズィ」「グィ」「グェ」「グォ」「キェ」「ニェ」「ヒェ」「フョ」「ヴョ」等の仮名が含まれる。

留意事項その2（細則的な事項）

以下の各項に示す語例は，それぞれの仮名の用法の一例として示すものであって，その語をいつもそう書かなければならないことを意味するものではない。語例のうち，地名・人名には，それぞれ（地），（人）の文字を添えた。

I　第1表に示す「シェ」以下の仮名に関するもの

1　「シェ」「ジェ」は，外来音シェ，ジェに対応する仮名である。

〔例〕　シェーカー　シェード　ジェットエンジン　ダイジェスト
シェフィールド(地)　アルジェリア(地)　シェークスピア(人)
ミケランジェロ(人)

注　「セ」「ゼ」と書く慣用のある場合は，それによる。

〔例〕　ミルクセーキ　ゼラチン

2　「チェ」は，外来音チェに対応する仮名である。

〔例〕　チェーン　チェス　チェック　マンチェスター(地)
チェーホフ(人)

3　「ツァ」「ツェ」「ツォ」は，外来音ツァ，ツェ，ツォに対応する仮名である。

〔例〕　コンツェルン　シャンツェ　カンツォーネ
フィレンツェ(地)　モーツァルト(人)　ツェッペリン(人)

4　「ティ」「ディ」は，外来音ティ，ディに対応する仮名である。

〔例〕　ティーパーティー　ボランティア　ディーゼルエンジン
ビルディング　アトランティックシティー(地)
ノルマンディー(地)　ドニゼッティ(人)　ディズニー(人)

注1　「チ」「ジ」と書く慣用のある場合は，それによる。

〔例〕　エチケット　スチーム　プラスチック　スタジアム
　　スタジオ　ラジオ　チロル(地)　エジソン(人)

注2　「テ」「デ」と書く慣用のある場合は，それによる。

〔例〕　ステッキ　キャンデー　デザイン

5　「ファ」「フィ」「フェ」「フォ」は，外来音ファ，フィ，フェ，フォに対応する仮名である。

〔例〕　ファイル　フィート　フェンシング　フォークダンス
　　バッファロー(地)　フィリピン(地)　フェアバンクス(地)
　　カリフォルニア(地)　ファーブル(人)　マンスフィールド(人)
　　エッフェル(人)　フォスター(人)

注1　「ハ」「ヒ」「ヘ」「ホ」と書く慣用のある場合は，それによる。

〔例〕　セロハン　モルヒネ　プラットホーム　ホルマリン
　　メガホン

注2　「ファン」「フィルム」「フェルト」等は，「フアン」「フイルム」「フエルト」と書く慣用もある。

6　「デュ」は，外来音デュに対応する仮名である。

〔例〕　デュエット　プロデューサー　デュッセルドルフ(地)
　　デューイ(人)

注　「ジュ」と書く慣用のある場合は，それによる。

〔例〕　ジュース(deuce)　ジュラルミン

Ⅱ　第2表に示す仮名に関するもの

第2表に示す仮名は，原音や原つづりになるべく近く書き表そうとする場合に用いる仮名で，これらの仮名を用いる必要がない場合は，一般的に，第1表に示す仮名の範囲で書き表すことができる。

1　「イェ」は，外来音イェに対応する仮名である。

〔例〕　イェルサレム(地)　イェーツ(人)

注　一般的には，「イエ」又は「エ」と書くことができる。

〔例〕　エルサレム(地)　イエーツ(人)

2　「ウィ」「ウェ」「ウォ」は，外来音ウィ，ウェ，ウォに対応する仮名である。

〔例〕　ウィスキー　ウェディングケーキ　ストップウォッチ
ウィーン(地)　スウェーデン(地)　ミルウォーキー(地)
ウィルソン(人)　ウェブスター(人)　ウォルポール(人)

注1　一般的には，「ウイ」「ウエ」「ウオ」と書くことができる。

〔例〕　ウイスキー　ウイット　ウエディングケーキ
ウエハース　ストップウオッチ

注2　「ウ」を省いて書く慣用のある場合は，それによる。

〔例〕　サンドイッチ　スイッチ　スイートピー

注3　地名・人名の場合は，「ウィ」「ウェ」「ウォ」と書く慣用が強い。

3　「クァ」「クィ」「クェ」「クォ」は，外来音クァ，クィ，クェ，クォに対応する仮名である。

〔例〕　クァルテット　クィンテット　クェスチョンマーク　クォータリー

注1　一般的には，「クア」「クイ」「クエ」「クオ」又は「カ」「キ」「ケ」「コ」と書くことができる。

〔例〕　クアルテット　クインテット　クエスチョンマーク
クオータリー　カルテット　レモンスカッシュ　キルティング　イコール

注2　「クァ」は，「クヮ」と書く慣用もある。

4　「グァ」は，外来音グァに対応する仮名である。

〔例〕　グァテマラ(地)　パラグァイ(地)

注1　一般的には，「グア」又は「ガ」と書くことができる。

〔例〕　グアテマラ(地)　パラグアイ(地)　ガテマラ(地)

注2　「グァ」は，「グヮ」と書く慣用もある。

5　「ツィ」は，外来音ツィに対応する仮名である。

〔例〕　ソルジェニーツィン(人)　ティツィアーノ(人)

注　一般的には，「チ」と書くことができる。

〔例〕 ライプチヒ(地)　ティチアーノ(人)

6 「トゥ」「ドゥ」は，外来音トゥ，ドゥに対応する仮名である。

〔例〕 トゥールーズ(地)　ハチャトゥリヤン(人)　ヒンドゥー教

注　一般的には，「ツ」「ズ」又は「ト」「ド」と書くことができる。

〔例〕 ツアー(tour)　ツーピース　ツールーズ(地)
ヒンズー教　ハチャトリヤン(人)　ドビュッシー(人)

7 「ヴァ」「ヴィ」「ヴ」「ヴェ」「ヴォ」は，外来音ヴァ，ヴィ，ヴ，ヴェ，ヴォに対応する仮名である。

〔例〕 ヴァイオリン　ヴィーナス　ヴェール　ヴィクトリア(地)
ヴェルサイユ(地)　ヴォルガ(地)　ヴィヴァルディ(人)
ヴラマンク(人)　ヴォルテール(人)

注　一般的には，「バ」「ビ」「ブ」「ベ」「ボ」と書くことができる。

〔例〕 バイオリン　ビーナス　ベール　ビクトリア(地)
ベルサイユ(地)　ボルガ(地)　ビバルディ(人)
ブラマンク(人)　ボルテール(人)

8 「テュ」は，外来音テュに対応する仮名である。

〔例〕 テューバ(楽器)　テュニジア(地)

注　一般的には，「チュ」と書くことができる。

〔例〕 コスチューム　スチュワーデス　チューバ　チューブ
チュニジア(地)

9 「フュ」は，外来音フュに対応する仮名である。

〔例〕 フュージョン　フュン島(地・デンマーク)　ドレフュス(人)

注　一般的には，「ヒュ」と書くことができる。

〔例〕 ヒューズ

10 「ヴュ」は，外来音ヴュに対応する仮名である。

〔例〕 インタヴュー　レヴュー　ヴュイヤール(人・画家)

注　一般的には，「ビュ」と書くことができる。

〔例〕 インタビュー　レビュー　ビュイヤール(人)

Ⅲ　撥《はつ》音，促音，長音その他に関するもの

1　撥音は，「ン」を用いて書く。

〔例〕 コンマ　シャンソン　トランク　メンバー　ランニング
ランプ　ロンドン(地)　レンブラント(人)

注1　撥音を入れない慣用のある場合は，それによる。

〔例〕 イニング(←インニング)
サマータイム(←サンマータイム)

注2　「シンポジウム」を「シムポジウム」と書くような慣用もある。

2　促音は，小書きの「ッ」を用いて書く。

〔例〕 カップ　シャッター　リュックサック　ロッテルダム(地)
バッハ(人)

注　促音を入れない慣用のある場合は，それによる。

〔例〕 アクセサリー(←アクセッサリー)
フィリピン(地)(←フィリッピン)

3　長音は，原則として長音符号「ー」を用いて書く。

〔例〕 エネルギー　オーバーコート　グループ　ゲーム　ショー
テーブル　パーティー　ウェールズ(地)　ポーランド(地)
ローマ(地)　ゲーテ(人)　ニュートン(人)

注1　長音符号の代わりに母音字を添えて書く慣用もある。

〔例〕 バレエ(舞踊)　ミイラ

注2　「エー」「オー」と書かず，「エイ」「オウ」と書くような慣用のある場合は，それによる。

〔例〕 エイト　ペイント　レイアウト　スペイン(地)
ケインズ(人)　サラダボウル　ボウリング(球技)

注3　英語の語末の-er，-or，-arなどに当たるものは，原則としてア列の長音とし長音符号「ー」を用いて書き表す。ただし，慣用に応じて「ー」を省くことができる。

〔例〕 エレベーター　ギター　コンピューター　マフラー

エレベータ　コンピュータ　スリッパ

4　イ列・エ列の音の次のアの音に当たるものは，原則として「ア」と書く。

〔例〕　グラビア　ピアノ　フェアプレー　アジア(地)　イタリア(地)　ミネアポリス(地)

注1　「ヤ」と書く慣用のある場合は，それによる。

〔例〕　タイヤ　ダイヤモンド　ダイヤル　ベニヤ板

注2　「ギリシャ」「ペルシャ」について「ギリシア」「ペルシア」と書く慣用もある。

5　語末（特に元素名等）の－(i)umに当たるものは，原則として「－(イ)ウム」と書く。

〔例〕　アルミニウム　カルシウム　ナトリウム　ラジウム　サナトリウム　シンポジウム　プラネタリウム

注　「アルミニウム」を「アルミニューム」と書くような慣用もある。

6　英語のつづりのxに当たるものを「クサ」「クシ」「クス」「クソ」と書くか，「キサ」「キシ」「キス」「キソ」と書くかは，慣用に従う。

〔例〕　タクシー　ボクシング　ワックス　オックスフォード(地)　エキストラ　タキシード　ミキサー　テキサス(地)

7　拗《よう》音に用いる「ヤ」「ユ」「ヨ」は小書きにする。また，「ヴァ」「ヴィ」「ヴェ」「ヴォ」や「トゥ」のように組み合せて用いる場合の「ア」「イ」「ウ」「エ」「オ」も，小書きにする。

8　複合した語であることを示すための，つなぎの符号の用い方については，それぞれの分野の慣用に従うものとし，ここでは取決めを行わない。

〔例〕　ケース バイ ケース　ケース・バイ・ケース　ケース-バイ-ケース　マルコ・ポーロ　マルコ=ポーロ

付録

用　例　集

凡　例

1　ここには，日常よく用いられる外来語を主に，本文の留意事項その2（細則的な事項）の各項に例示した語や，その他の地名・人名の例などを五十音順に掲げた。地名・人名には，それぞれ（地），（人）の文字を添えた。

2　外来語や外国の地名・人名は，語形やその書き表し方の慣用が一つに定まらず，ゆれのあるものが多い。この用例集においても，ここに示した語形やその書き表し方は，一例であって，これ以外の書き方を否定するものではない。なお，本文の留意事項その2に両様の書き方が例示してある語のうち主なものについては，バイオリン／ヴァイオリンのような形で併せ掲げた。

【ア】

アーケード
アイスクリーム
アイロン
アインシュタイン（人）
アカデミー
アクセサリー
アジア（地）
アスファルト
アトランティックシティー（地）
アナウンサー
アパート
アフリカ（地）
アメリカ（地）
アラビア（地）
アルジェリア（地）
アルバム
アルファベット
アルミニウム
アンケート

【イ】

イエーツ／イェーツ（人）
イェスペルセン（人）
イエナ（地）
イエローストン（地）
イギリス（地）
イコール
イスタンブール（地）
イタリア（地）
イニング
インタビュー／インタヴュー
インド（地）
インドネシア（地）
インフレーション

【ウ】

ウイークデー
ウィーン（地）
ウイスキー／ウィス

キー
ウイット
ウィルソン(人)
ウェールズ(地)
ウエスト waist
ウエディングケーキ／ウェディングケーキ
ウエハース
ウェブスター(人)
ウォルポール(人)
ウラニウム

【エ】

エイト
エキス
エキストラ
エジソン(人)
エジプト(地)
エチケット
エッフェル(人)
エネルギー
エプロン
エルサレム／イェルサレム(地)
エレベーター／エレベータ

【オ】

オーエン(人)
オーストラリア(地)
オートバイ
オーバーコート
オックスフォード(地)
オフィス
オホーツク(地)
オリンピック
オルガン
オレンジ

【カ】

ガーゼ
カーテン
カード
カーブ
カクテル
ガス
ガソリン
カタログ
カット
カップ
カバー
カムチャツカ(地)
カメラ
ガラス
カリフォルニア(地)
カルシウム
カルテット
カレンダー
カロリー
ガンジー(人)
カンツォーネ

【キ】

ギター
キムチ
キャベツ
キャンデー
キャンプ
キュリー(人)
ギリシャ／ギリシア(地)
キリマンジャロ(地)
キルティング

【ク】

グアテマラ／グァテマラ(地)
クイーン
クイズ
クインテット
クーデター
クーポン
クエスチョンマーク
クオータリー／クォータリー
グラビア
クラブ
グランドキャニオン(地)
クリスマスツリー
グリニッジ(地)
グループ
グレゴリウス(人)

クレジット
クレヨン

【ケ】

ケインズ(人)
ゲーテ(人)
ケープタウン(地)
ケーブルカー
ゲーム
ケンタッキー(地)
ケンブリッジ(地)

【コ】

コーヒー
コールタール
コスチューム
コップ
コピー
コペルニクス(人)
コミュニケーション
コロンブス(人)
コンクール
コンクリート
コンツェルン
コンピューター／コンピュータ
コンマ

【サ】

サーカス
サービス
サナトリウム
サハラ(地)
サファイア
サマータイム
サラダボウル
サラブレッド
サンドイッチ
サンパウロ(地)

【シ】

シーボルト(人)
シェーカー
シェークスピア(人)
シェード
ジェットエンジン
シェフィールド(地)
ジェンナー(人)
シドニー(地)
ジブラルタル(地)
ジャカルタ(地)
シャツ
シャッター
シャベル
シャンソン
シャンツェ
シュークリーム
ジュース juice, deuce
シューベルト(人)
ジュラルミン
ショー
ショパン(人)
シラー(人)
シンフォニー
シンポジウム

【ス】

スイートピー
スイッチ
スイング
スウェーデン(地)
スーツケース
スープ
スカート
スキー
スケート
スケール
スコール
スコップ
スター
スタジアム
スタジオ
スタンダール(人)
スチーム
スチュワーデス
ステージ
ステッキ
ステレオ
ステンドグラス
ステンレス
ストーブ
ストックホルム(地)
ストップウオッチ／ストップウォッチ

スプーン
スペイン（地）
スペース
スポーツ
ズボン
スリッパ

【セ】

セーター
セーラー〔～服〕
セメント
ゼラチン
ゼリー
セルバンテス（人）
セロハン
センター
セントローレンス（地）

【ソ】

ソウル（地）
ソーセージ
ソファー
ソルジェニーツィン（人）

【タ】

ダーウィン（人）
ターナー（人）
ダイジェスト
タイヤ
ダイヤモンド
ダイヤル
タオル
タキシード
タクシー
タヒチ（地）
ダンス

【チ】

チーズ
チーム
チェーホフ（人）
チェーン
チェス
チェック
チケット
チップ
チフス
チャイコフスキー（人）
チューバ／テューバ
チューブ
チューリップ
チュニジア／テュニジア（地）
チョコレート
チロル（地）

【ツ】

ツアー tour
ツーピース
ツールーズ／トゥールーズ（地）
ツェッペリン（人）
ツンドラ

【テ】

ティー
ディーゼルエンジン
ディズニー（人）
ティチアーノ／ティツィアーノ（人）
ディドロ（人）
テープ
テーブル
デカルト（人）
テキサス（地）
テキスト
デザイン
テスト
テニス
テネシー（地）
デパート
デューイ（人）
デューラー（人）
デュエット
デュッセルドルフ（地）
テレビジョン
テント
テンポ

【ト】

ドア
ドーナツ
ドストエフスキー

（人）
ドニゼッティ（人）
ドビュッシー（人）
トマト
ドライブ
ドライヤー
トラック
ドラマ
トランク
トルストイ（人）
ドレス
ドレフュス（人）
トロフィー
トンネル

【ナ】

ナイアガラ（地）
ナイフ
ナイル（地）
ナトリウム
ナポリ（地）

【ニ】

ニーチェ（人）
ニュース
ニュートン（人）
ニューヨーク（地）

【ネ】

ネーブル
ネオンサイン
ネクタイ

【ノ】

ノーベル（人）
ノルウェー（地）
ノルマンディー（地）

【ハ】

パーティー
バイオリン／ヴァイオリン
ハイキング
ハイドン（人）
ハイヤー
バケツ
バス
パスカル（人）
バター
ハチャトリヤン／ハチャトゥリヤン（人）
バッハ（人）
バッファロー（地）
バドミントン
バトン
バニラ
ハノイ（地）
パラグアイ／パラグァイ（地）
パラフィン
パリ（地）
バルブ
バレエ〔舞踊〕
バレーボール
ハンドル

【ヒ】

ピアノ
ビーナス／ヴィーナス
ビール
ビクトリア／ヴィクトリア（地）
ビスケット
ビスマルク（人）
ビゼー（人）
ビタミン
ビニール
ビバルディ／ヴィヴァルディ（人）
ビュイヤール／ヴュイヤール（人）
ヒューズ
ビルディング
ヒンズー教／ヒンドゥー教
ピンセット

【フ】

ファーブル（人）
ファイル
ファッション
ファラデー（人）
ファン
フィート
フィクション

フィラデルフィア(地)
フィリピン(地)
フィルム
フィレンツェ(地)
フィンランド(地)
プール
フェアバンクス(地)
フェアプレー
ブェノスアイレス(地)
フェルト
フェンシング
フォーク
フォークダンス
フォード(人)
フォーム
フォスター(人)
プディング
フュージョン
フュン島(地)
ブラームス(人)
ブラシ
プラスチック
プラットホーム
プラネタリウム
ブラマンク／ヴラマンク(人)
フランクリン(人)
ブレーキ
フロイト(人)
プログラム
プロデューサー

【ヘ】

ヘアピン
ペイント
ベーカリー
ヘーゲル(人)
ベーコン
ページ
ベール／ヴェール
ベストセラー
ペダル
ベニヤ〔～板〕
ベランダ
ペリー(人)
ヘリウム
ヘリコプター
ベルサイユ／ヴェルサイユ(地)
ペルシャ／ペルシア(地)
ヘルシンキ(地)
ヘルメット
ベルリン(地)
ペンギン
ヘンデル(人)

【ホ】

ホイットマン(人)
ボウリング〔球技〕
ホース
ボートレース
ポーランド(地)
ボーリング boring
ボクシング
ポケット
ポスター
ボストン(地)
ボタン
ボディー
ホテル
ホノルル(地)
ボランティア
ボルガ／ヴォルガ(地)
ボルテール／ヴォルテール(人)
ポルトガル(地)
ホルマリン

【マ】

マージャン
マイクロホン
マカオ(地)
マッターホーン(地)
マドリード(地)
マニラ(地)
マフラー
マラソン
マンション
マンスフィールド

（人）
マンチェスター（地）
マンモス
【ミ】
ミイラ
ミキサー
ミケランジェロ（人）
ミシシッピ（地）
ミシン
ミッドウェー（地）
ミネアポリス（地）
ミュンヘン（地）
ミルウォーキー（地）
ミルクセーキ
【メ】
メーカー
メーキャップ
メーデー
メガホン
メッセージ
メロディー
メロン
メンデル（人）
メンデルスゾーン（人）
メンバー
【モ】
モーター
モーツァルト（人）
モスクワ（地）
モデル
モリエール（人）
モルヒネ
モンテーニュ（人）
モントリオール（地）
【ヤ】
ヤスパース（人）
【ユ】
ユーラシア（地）
ユニホーム
ユングフラウ（地）
【ヨ】
ヨーロッパ（地）
ヨット
【ラ】
ライバル
ライプチヒ（地）
ラジウム
ラジオ
ラファエロ（人）
ランニング
ランプ
【リ】
リオデジャネイロ（地）
リズム
リノリウム
リボン
リュックサック
リレー
リンカーン（人）
【ル】
ルーベンス（人）
ルーマニア（地）
ルクス lux
ルソー（人）
【レ】
レイアウト
レール
レギュラー
レコード
レスリング
レニングラード（地）
レビュー／レヴュー
レフェリー
レベル
レモンスカッシュ
レンズ
レンブラント（人）
【ロ】
ローマ（地）
ロケット
ロシア（地）
ロダン（人）
ロッテルダム（地）
ロマンス
ロマンチック
ロンドン（地）
【ワ】
ワイマール（地）

ワイヤ	ワックス	
ワシントン(地)	ワット(人)	

付

前書きの４で過去に行われた表記のことについて述べたが，例えば，明治以来の文芸作品等においては，下記のような仮名表記も行われている。

ヰ：スヰフトの「ガリヷー旅行記」　ヱ：ヱルテル　ヲ：ヲルポール

ヷ：ヷイオリン　ヸ：ヸオロン　ヹ：ヹルレエヌ　ヺ：ヺルガ　ヂ：ケンブリッヂ　ヅ：ワーヅワース

法令における漢字使用等

> 注
>
> ここに収録した「法令における漢字使用等について」は，平成22年11月30日に「公用文における漢字使用等について」（平成22年内閣訓令第１号）及び「常用漢字表」（平成22年内閣告示第２号）が定められたことにより，同日，内閣法制次長から各府省庁事務次官等宛てに通知したものである。

内閣法制局総総第208号
平成22年11月30日

各府省庁事務次官等　殿

内閣法制次長

法令における漢字使用等について（通知）

平成22年11月30日付け内閣告示第２号をもって「常用漢字表」が告示され，同日付け内閣訓令第１号「公用文における漢字使用等について」が定められたことに伴い，当局において，法令における漢字使用等について検討した結果，別紙のとおり「法令における漢字使用等について」（平成22年11月30日付け内閣法制局長官決定）を定め，実施することとしましたので，通知します。

なお，昭和29年11月25日付け法制局総発第89号の「法令用語改善の実施要領」（同実施要領の別紙「法令用語改正要領」を含む。）及び昭和56年10月１日付け内閣法制局総発第141号の「法令における漢字使用等について」は，本日付けで廃止しますので，併せて通知します。

（別紙）

平成22年11月30日付け内閣告示第２号をもって「常用漢字表」が告示され，同日付け内閣訓令第１号「公用文における漢字使用等について」が定められたことに伴い，法令における漢字使用等について，次のように定める。

平成22年11月30日

内閣法制局長官　梶田　信一郎

法令における漢字使用等について

1　漢字使用について

(1)　法令における漢字使用は，次の(2)から(6)までにおいて特別の定めをするもののほか，「常用漢字表」（平成22年内閣告示第２号。以下「常用漢字表」という。）の本表及び付表（表の見方及び使い方を含む。）並びに「公用文における漢字使用等について」（平成22年内閣訓令第１号）の別紙の１「漢字使用について」の(2)によるものとする。また，字体については，通用字体を用いるものとする。

なお，常用漢字表により漢字で表記することとなったものとしては，次のようなものがある。

挨拶　宛先　椅子　咽喉　隠蔽　鍵　覚醒　崖　玩具　毀損　亀裂　禁錮　舷　拳銃　勾留　柵　失踪　焼酎　処方箋　腎臓　進捗　整頓　脊柱　遡及　堆積　貼付　賭博　剝奪　破綻　汎用　氾濫　膝　肘　払拭　閉塞　捕捉　補塡　哺乳類　蜜蜂　明瞭　湧出　拉致　賄賂　関わる　鑑みる　遡る　全て

(2)　次のものは，常用漢字表により，（　）の中の表記ができることとなったが，引き続きそれぞれ下線を付けて示した表記を用いるものとする。

壊滅（潰滅）　壊乱（潰乱）　決壊（決潰）
広範（広汎）　全壊（全潰）　倒壊（倒潰）
破棄（破毀）　崩壊（崩潰）　理屈（理窟）

(3)　次のものは，常用漢字表により，下線を付けて示した表記ができることとなったので，（　）の中の表記に代えて，それぞれ下線を付けて示した表記を用いるものとする。

臆説（憶説）　臆測（憶測）　肝腎（肝心）

(4) 次のものは，常用漢字表にあるものであっても，仮名で表記するものとする。

虞 恐れ	→	おそれ
且つ	→	かつ
従って（接続詞）	→	したがって
但し	→	ただし
但書	→	ただし書
外 他	→	ほか
又	→	また（ただし，「または」は「又は」と表記する。）
因る	→	よる

(5) 常用漢字表にない漢字で表記する言葉及び常用漢字表にない漢字を構成要素として表記する言葉並びに常用漢字表にない音訓を用いる言葉の使用については，次によるものとする。

ア　専門用語等であって，他に言い換える言葉がなく，しかも仮名で表記すると理解することが困難であると認められるようなものについては，その漢字をそのまま用いてこれに振り仮名を付ける。

【例】

暗渠《きよ》　按《あん》分　蛾《が》　瑕《か》疵《し》　管渠《きよ》　涵《かん》養　強姦《かん》　砒《ひ》素　埠《ふ》頭

イ　次のものは，仮名で表記する。

拘わらず	→	かかわらず
此	→	この
之	→	これ
其	→	その
煙草	→	たばこ
為	→	ため

以て　　　　　　　→　もって

等(ら)　　　　　　→　ら

猥褻　　　　　　　→　わいせつ

ウ　仮名書きにする際，単語の一部だけを仮名に改める方法は，できるだけ避ける。

【例】

斡旋　　　　　　　→　あっせん（「あっ旋」は用いない。）

煉瓦　　　　　　　→　れんが（「れん瓦」は用いない。）

ただし，次の例のように一部に漢字を用いた方が分かりやすい場合は，この限りでない。

【例】

あへん煙　えん堤　救じゅつ　橋りょう　し尿　出えん　じん肺　ため池　ちんでん池　でん粉　てん末　と畜　ばい煙　排せつ　封かん　へき地　らく印　漏えい

エ　常用漢字表にない漢字又は音訓を仮名書きにする場合には，仮名の部分に傍点を付けることはしない。

⑹　次のものは，（　）の中に示すように取り扱うものとする。

匕　首（用いない。「あいくち」を用いる。）

委　棄（用いない。）

慰藉料（用いない。「慰謝料」を用いる。）

溢　水（用いない。）

違　背（用いない。「違反」を用いる。）

印　顆（用いない。）

湮　滅（用いない。「隠滅」を用いる。）

苑　地（用いない。「園地」を用いる。）

汚　穢（用いない。）

解　止（用いない。）

戒　示（用いない。）

灰　燼（用いない。）

改　訂・改　定（「改訂」は書物などの内容に手を加えて正すこ

ということ意味についてのみ用いる。それ以外の場合は「改定」を用いる。）

開　披（用いない。）

牙　保（用いない。）

勧　解（用いない。）

監　守（用いない。）

管　守（用いない。「保管」を用いる。）

陥　穽（用いない。）

干　与・干　預（用いない。「関与」を用いる。）

義　捐（用いない。）

汽　鑵（用いない。「ボイラー」を用いる。）

技　監（特別な理由がある場合以外は用いない。）

規　正・規　整・規　制（「規正」はある事柄を規律して公正な姿に当てはめることという意味についてのみ，「規整」はある事柄を規律して一定の枠に納め整えることという意味についてのみ，それぞれ用いる。それ以外の場合は「規制」を用いる。）

覊　束（用いない。）

吃　水（用いない。「喫水」を用いる。）

規　程（法令の名称としては，原則として用いない。「規則」を用いる。）

欺　瞞（用いない。）

欺　罔（用いない。）

狭　隘（用いない。）

饗　応（用いない。「供応」を用いる。）

驚　愕（用いない。）

魚　艙（用いない。「魚倉」を用いる。）

紀　律（特別な理由がある場合以外は用いない。「規律」を用いる。）

空気槽（用いない。「空気タンク」を用いる。）

具　有（用いない。）

繋　船（用いない。「係船」を用いる。）

繋　属（用いない。「係属」を用いる。）

計　理（用いない。「経理」を用いる。）

繋　留（用いない。「係留」を用いる。）

懈　怠（用いない。）

牽　連（用いない。「関連」を用いる。）

溝　渠（特別な理由がある場合以外は用いない。）

交叉点（用いない。「交差点」を用いる。）

更　代（用いない。「交代」を用いる。）

弘　報（用いない。「広報」を用いる。）

骨　牌（用いない。「かるた類」を用いる。）

戸　扉（用いない。）

誤　謬（用いない。）

詐　偽（用いない。「偽り」を用いる。）

鑿　井（用いない。）

作　製・作　成（「作製」は製作（物品を作ること）という意味についてのみ用いる。それ以外の場合は「作成」を用いる。）

左　の（「次の」という意味では用いない。）

鎖　鑰（用いない。）

撒水管（用いない。「散水管」を用いる。）

旨　趣（用いない。「趣旨」を用いる。）

枝　条（用いない。）

首　魁（用いない。「首謀者」を用いる。）

酒　精（用いない。「アルコール」を用いる。）

鬚　髯（用いない。）

醇　化（用いない。「純化」を用いる。）

竣　功（特別な理由がある場合以外は用いない。「完成」を用いる。）

傷　痍（用いない。）

焼　燬（用いない。）

銷　却（用いない。「消却」を用いる。）

情　況（特別な理由がある場合以外は用いない。「状況」を用いる。）

檣　頭（用いない。「マストトップ」を用いる。）

証　標（用いない。）

証　憑・憑　拠（用いない。「証拠」を用いる。）

牆　壁（用いない。）

塵　埃（用いない。）

塵　芥（用いない。）

侵　蝕（用いない。「侵食」を用いる。）

成　規（用いない。）

窃　用（用いない。「盗用」を用いる。）

船　渠（用いない。「ドック」を用いる。）

洗　滌（用いない。「洗浄」を用いる。）

僭　窃（用いない。）

総　轄（用いない。「総括」を用いる。）

齟　齬（用いない。）

疏　明（用いない。「疎明」を用いる。）

稠　密（用いない。）

通　事（用いない。「通訳人」を用いる。）

定繋港（用いない。「定係港」を用いる。）

呈　示（用いない。「提示」を用いる。）

停　年（用いない。「定年」を用いる。）

捺　印（用いない。「押印」を用いる。）

売　淫（用いない。「売春」を用いる。）

配　付・配　布（「配付」は交付税及び譲与税配付金特別会計のような特別な場合についてのみ用いる。それ以外の場合は「配布」を用いる。）

蕃　殖（用いない。「繁殖」を用いる。）
版　図（用いない。）
誹　毀（用いない。）
彼　此（用いない。）
標　示（特別な理由がある場合以外は用いない。「表示」を用いる。）
紊　乱（用いない。）
編　綴（用いない。）
房　室（用いない。）
膨　脹（用いない。「膨張」を用いる。）
法　例（用いない。）
輔　助（用いない。「補助」を用いる。）
満限に達する（特別な理由がある場合以外は用いない。「満了する」を用いる。）
宥　恕（用いない。）
輸　贏（用いない。）
踰　越（用いない。）
油　槽（用いない。「油タンク」を用いる。）
落　磐（用いない。「落盤」を用いる。）
臨　検・立入検査（「臨検」は犯則事件の調査の場合についてのみ用いる。それ以外の場合は「立入検査」を用いる。）
鄰　佑（用いない。）
狼　狽（用いない。）
和　諧（用いない。「和解」を用いる。）

2　送り仮名の付け方について

(1)　単独の語

ア　活用のある語は，「送り仮名の付け方」（昭和48年内閣告示第２号の「送り仮名の付け方」をいう。以下同じ。）の本文の通則１の「本則」・「例外」及び通則２の「本則」の送り仮名の付け方による。

イ　活用のない語は，「送り仮名の付け方」の本文の通則３から通則５までの「本則」・「例外」の送り仮名の付け方による。

［備考］　表に記入したり記号的に用いたりする場合には，次の例に示すように，原則として，（　）の中の送り仮名を省く。

【例】

晴(れ)　曇(り)　問(い)　答(え)　終(わり)　生(まれ)

⑵　複合の語

ア　イに該当する語を除き，原則として，「送り仮名の付け方」の本文の通則６の「本則」の送り仮名の付け方による。ただし，活用のない語で読み間違えるおそれのない語については，「送り仮名の付け方」の本文の通則６の「許容」の送り仮名の付け方により，次の例に示すように送り仮名を省く。

【例】

明渡し　預り金　言渡し　入替え　植付け　魚釣用具　受入れ　受皿　受持ち　受渡し　渦巻　打合せ　打合せ会　打切り　内払　移替え　埋立て　売上げ　売惜しみ　売出し　売場　売払い　売渡し　売行き　縁組　追越し　置場　贈物　帯留　折詰　買上げ　買入れ　買受け　買換え　買占め　買取り　買戻し　買物　書換え　格付　掛金　貸切り　貸金　貸越し　貸倒れ　貸出し　貸付け　借入れ　借受け　借換え　刈取り　缶切　期限付　切上げ　切替え　切下げ　切捨て　切土　切取り　切離し　靴下留　組合せ　組入れ　組替え　組立て　くみ取便所　繰上げ　繰入れ　繰替え　繰越し　繰下げ　繰延べ　繰戻し　差押え　差止め　差引き　差戻し　砂糖漬　下請　締切り　条件付　仕分　据置き　据付け　捨場　座込み　栓抜　備置き　備付け　染物　田植　立会い　立入り　立替え　立札　月掛　付添い　月払　積卸し　積替え　積込み　積出し　積立て　積付け　釣合い　釣鐘　釣銭　釣針　手続　問合せ　届出　取上げ　取扱い　取卸し　取替え　取決め　取崩し　取消し　取壊し　取下げ　取締り　取調べ　取立て　取次ぎ　取付け　取戻し　投売り　抜取り　飲物　乗換え

乗組み　話合い　払込み　払下げ　払出し　払戻し　払渡し　払渡済み　貼付け　引上げ　引揚げ　引受け　引起し　引換え　引込み　引下げ　引締め　引継ぎ　引取り　引渡し　日雇　歩留り　船着場　不払　賦払　振出し　前払　巻付け　巻取り　見合せ　見積り　見習　未払　申合せ　申合せ事項　申入れ　申込み　申立て　申出　持家　持込み　持分　元請　戻入れ　催物　盛土　焼付け　雇入れ　雇主　譲受け　譲渡し　呼出し　読替え　割当て　割増し　割戻し

イ　活用のない語で慣用が固定していると認められる次の例に示すような語については，「送り仮名の付け方」の本文の通則7により，送り仮名を付けない。

【例】

合図　合服　合間　預入金　編上靴　植木　（進退）伺　浮袋　浮世絵　受入額　受入先　受入年月日　請負　受付　受付係　受取　受取人　受払金　打切補償　埋立区域　埋立事業　埋立地　裏書　売上（高）　売掛金　売出発行　売手　売主　売値　売渡価格　売渡先　絵巻物　襟巻　沖合　置物　奥書　奥付　押売　押出機　覚書　（博多）織　折返線　織元　織物　卸売　買上品　買受人　買掛金　外貨建債権　概算払　買手　買主　買値　書付　書留　過誤払　貸方　貸越金　貸室　貸席　貸倒引当金　貸出金　貸出票　貸付（金）　貸主　貸船　貸本　貸間　貸家　箇条書　貸渡業　肩書　借入（金）　借受人　借方　借越金　刈取機　借主　仮渡金　缶詰　気付　切手　切符　切替組合員　切替日　くじ引　組合　組入金　組立工　倉敷料　繰上償還　繰入金　繰入限度額　繰入率　繰替金　繰越（金）　繰延資産　消印　月賦払　現金払　小売　小売（商）　小切手　木立　小包　子守　献立　先取特権　作付面積　挿絵　差押（命令）　座敷　指図　差出人　差引勘定　差引簿　刺身　試合　仕上機械　仕上工　仕入価格　仕掛花火　仕掛品　敷網　敷居　敷石　敷金　敷地　敷布　敷物　軸受　下請工事　仕出屋　仕立券　仕立物　仕立屋　質入証券

支払　支払元受高　字引　仕向地　事務取扱　事務引継　締切日　所得割　新株買付契約書　据置（期間）　（支出）済（額）　関取　備付品　（型絵）染　ただし書　立会演説　立会人　立入検査　立場　竜巻　立替金　立替払　建具　建坪　建値　建前　建物　棚卸資産　（条件）付（採用）　月掛貯金　付添人　漬物　積卸施設　積出地　積立（金）　積荷　詰所　釣堀　手当　出入口　出来高払　手付金　手引　手引書　手回品　手持品　灯台守　頭取　（欠席）届　留置電報　取扱（所）　取扱（注意）　取入口　取替品　取組　取消処分　（麻薬）取締法　取締役　取立金　取立訴訟　取次（店）　取付工事　取引　取引（所）　取戻請求権　問屋　仲買　仲立業　投売品　並木　縄張　荷扱場　荷受人　荷造機　荷造費　（春慶）塗　（休暇）願　乗合船　乗合旅客　乗換（駅）　乗組（員）　場合　羽織　履物　葉巻　払込（金）　払下品　払出金　払戻金　払戻証書　払渡金　払渡郵便局　番組　番付　控室　引当金　引受（時刻）　引受（人）　引換（券）　（代金）引換　引継事業　引継調書　引取経費　引取税　引渡（人）　日付　引込線　瓶詰　歩合　封切館　福引（券）　船積貨物　踏切　振替　振込金　振出（人）　不渡手形　分割払　（鎌倉）彫　掘抜井戸　前受金　前貸金　巻上機　巻紙　巻尺　巻物　待合（室）　見返物資　見込額　見込数量　見込納付　水張検査　水引　見積（書）　見取図　見習工　未払勘定　未払年金　見舞品　名義書換　申込（書）　申立人　持込禁止　元売業者　物置　物語　物干場　（備前）焼　役割　屋敷　雇入契約　雇止手当　夕立　譲受人　湯沸器　呼出符号　読替規定　陸揚地　陸揚量　両替　割合　割当額　割高　割引　割増金　割戻金　割安

［備考１］　下線を付けた語は，「送り仮名の付け方」の本文の通則7において例示された語である。

［備考２］　「売上（高）」，「（博多）織」などのようにして掲げたものは，（　）の中を他の漢字で置き換えた場合にも，「送り

仮名の付け方」の本文の通則7を適用する。

⑶　付表の語

「送り仮名の付け方」の本文の付表の語（1のなお書きを除く。）の送り仮名の付け方による。

3　その他

⑴　1及び2は，固有名詞を対象とするものではない。

⑵　1及び2については，これらを専門用語及び特殊用語に適用するに当たって，必要と認める場合は，特別の考慮を加える余地があるものとする。

附　則

1　この決定は，平成22年11月30日から施行する。

2　この決定は，法律については次回国会（常会）に提出するものから，政令については平成23年1月1日以後最初の閣議に提出するものから，それぞれ適用する。

3　新たな法律又は政令を起案する場合のほか，既存の法律又は政令の改正について起案する場合（文語体の法律又は勅令を文体を変えないで改正する場合を除く。）にも，この決定を適用する。なお，この決定を適用した結果，改正されない部分に用いられている語の表記と改正される部分に用いられるこれと同一の内容を表す語の表記とが異なることとなっても，差し支えない。

4　署名の閣議に提出される条約については平成23年1月1日以後最初の閣議に提出されるものから，国会に提出される条約（平成23年1月1日以後最初の閣議より前に署名の閣議に提出された条約であって日本語が正文であるものを除く。）については次回国会（常会）に提出するものから，それぞれこの決定を適用する。なお，条約の改正についても，この決定を適用した結果，改正されない部分に用いられている語の表記と改正される部分に用いられるこれと同一の内容を表す語の表記とが異なることとなっても，差し支えない。

公用文作成の考え方

注

ここに収録した「公用文作成の考え方」に関する内閣官房長官通知（令和４年内閣文第１号）は，同年１月７日に文化審議会が文部科学大臣に建議した「公用文作成の考え方」の周知を図るために発出されたものである。昭和26年に国語審議会が建議した「公用文作成の要領」に代わり，今後はこの「公用文作成の考え方」が公用文作成に当たっての新たな手引となる。

「公用文作成の考え方」の要点

1　公用文と呼ばれる文書の範囲を整理・分類（法令は直接の対象としない。）

例）・公用文を「告示・通知等」「記録・公開資料等」「解説・広報等」に分類。

・国民に直接向けた広報などを中心に，読み手に合わせた分かりやすく親しみやすい書き表し方を積極的に認める。

2　社会状況及び言語環境の変化に対応

例）・横書きの読点は，「、（テン）」を用いることを原則とする。

・専門用語や外来語の扱いに関する考え方を提示。

なお，ここでは「公用文作成の考え方」のみを収録し，「(付)「公用文作成の考え方（文化審議会建議）」解説」は収録していない。「(付)「公用文作成の考え方（文化審議会建議）」解説」は文化庁Webサイトに掲載されているので参照されたい。

内閣文第１号
令和４年１月11日

各国務大臣　殿

内閣官房長官

「公用文作成の考え方」の周知について

本日の閣議で文部科学大臣から報告された「公用文作成の考え方」（文化審議会建議）は，現代社会における公用文作成の手引としてふさわしいものであることから，貴管下職員への周知方につき，よろしく御配意願います。

なお，「公用文改善の趣旨徹底について」（昭和27年４月４日内閣閣甲第16号内閣官房長官依命通知）は，本日付けで廃止します。

（別紙）

令和４年１月７日

文部科学大臣
末松信介殿

文化審議会会長
佐藤信
文化審議会国語分科会長
沖森卓也

「公用文作成の考え方」について（建議）

文化審議会は，慎重審議の結果，「公用文作成の考え方」を決定しましたので，別添のとおりここに建議します。

これは，昭和26年に国語審議会が建議した「公用文作成の要領」が示してきた理念を生かしつつこれを見直し，今後，政府内における公用文作成の手引として活用されることを目指し取りまとめたものです。

つきましては，本建議を政府内に周知し，活用を促すよう要請いたします。

（別添）

公用文作成の考え方（建議）

（付）「公用文作成の考え方（文化審議会建議）」解説

令和４年１月７日

文化審議会

公用文作成の考え方

前書き

文化審議会は，これからの時代にふさわしい公用文作成の手引とするために「公用文作成の考え方」をここに示すこととした。

昭和26年に当時の国語審議会が建議した「公用文作成の要領」は，翌27年に内閣官房長官依命通知別紙として各省庁に周知されてから約70年を経ている。基本となる考え方は現代にも生きているものの，内容のうちに公用文における実態や社会状況との食い違いがあることも指摘されてきた。

こうした状況を踏まえ，文化審議会国語分科会は同要領の見直しについて検討し，「新しい「公用文作成の要領」に向けて」（令和３年３月12日）を報告した。以下に示す「公用文作成の考え方」は，国語分科会報告に基づき，「公用文作成の要領」が示してきた理念を生かしつつ，それに代えて政府内で活用されることを目指し取りまとめたものである。

これは，法令や告示・通知等に用いられてきた公用文の書き表し方の原則が，今後とも適切に適用されることを目指している。それとともに，各府省庁等が作成する多様な文書それぞれの目的や種類に対応するよう，公用文に関する既存のルール，慣用及び実態に基づき，表記，用語，文章の在り方等に関して留意点をまとめたものである。

基本的な考え方

1　公用文作成の在り方

(1)　読み手とのコミュニケーションとして捉える

ア　読み手に理解され，信頼され，行動の指針とされる文書を作成する。

イ　多様化する読み手に対応する。広く一般に向けた文書では，義務教育で学ぶ範囲の知識で理解できるように書くよう努める。

ウ　地方公共団体や民間の組織によって活用されることを意識する。

エ　解説・広報等では，より親しみやすい表記を用いてもよい。

オ　有効な手段・媒体を選択し，読み手にとっての利便性に配慮する。

⑵　文書の目的や種類に応じて考える（表「公用文の分類例」参照）

ア　原則として，公用文の表記は法令と一致させる。ただし，表「公用文の分類例」がおおよそ示すとおり，文書の目的や種類，想定される読み手に応じた工夫の余地がある。

イ　法令に準ずるような告示・通知等においては，公用文表記の原則に従って書き表す。

ウ　議事録，報道発表資料，白書などの記録・公開資料等では，公用文表記の原則に基づくことを基本としつつ，必要に応じて読み手に合わせた書き表し方を工夫する。

エ　広く一般に向けた解説・広報等では，特別な知識を持たない人にとっての読みやすさを優先し，書き表し方を工夫するとともに，施策への関心を育むよう工夫する。

（表）公用文の分類例

大　別	具体例	想定される読み手	手段・媒体の例
法　令	法律，政令，省令，規則	専門的な知識がある人	官報
告示・通知等	告示・訓令 通達・通知 公告・公示	専門的な知識がある人	官報 府省庁が発する文書
記録・公開資料等	議事録・会見録 統計資料 報道発表資料 白書	ある程度の専門的な知識がある人	専門的な刊行物 府省庁による冊子 府省庁ウェブサイト
解説・広報等	法令・政策等の解説 広報 案内 Ｑ＆Ａ 質問等への回答	専門的な知識を特に持たない人	広報誌 パンフレット 府省庁ウェブサイト 同ＳＮＳアカウント

※「想定される読み手」は，各文書を実際に読み活用する機会が多いと考えられる人を指す。

2　読み手に伝わる公用文作成の条件

(1)　正確に書く

ア　誤りのない正確な文書を作成する。誤りが見つかった場合には，速やかに訂正する。

イ　実効性のある告示・通知等では，公用文の書き表し方の原則に従う。

ウ　基となる情報の内容や意味を損なわない。

エ　関係法令等を適宜参照できるように，別のページやリンク先に別途示す。

オ　厳密さを求めすぎない。文書の目的に照らして必要となる情報の範囲を正確に示す。

(2)　分かりやすく書く

ア　読み手が十分に理解できるように工夫する。

イ　伝えることを絞る。副次的な内容は，別に対応する。

ウ　遠回しな書き方を避け，主旨を明確に示す。

エ　専門用語や外来語をむやみに用いないようにし，読み手に通じる言葉を選ぶ。

オ　図表等によって視覚的な効果を活用する。

カ　正確さとのバランスをとる。

(3)　気持ちに配慮して書く

ア　文書の目的や種類，読み手にふさわしい書き方をする。

イ　読み手が違和感を抱かないように書く。型にはまった考え方に基づいた記述を避ける。

ウ　対外的な文書においては，「です・ます」体を基本として簡潔に敬意を表す。

エ　親しさを伝える。敬意とのバランスを意識し，読み手との適度な距離感をとる。

Ⅰ　表記の原則

「現代仮名遣い」（昭和61年内閣告示第１号）による漢字平仮名交じり文を基本とし，特別な場合を除いて左横書きする。

1　漢字の使い方

漢字の使用は，「常用漢字表」（平成22年内閣告示第２号）に基づくものとする。また，その具体的な運用については「公用文における漢字使用等について」（平成22年内閣訓令第１号）の「1　漢字使用について」及び「3　その他」に基づくものとする。

ただし，広く一般に向けた解説・広報等においては，読み手に配慮し，漢字を用いることになっている語についても，仮名で書いたり振り仮名を使ったりすることができる。

2　送り仮名の付け方

送り仮名の付け方は，「送り仮名の付け方」（昭和48年内閣告示第２号）に基づくものとする。また，その具体的な運用については，「公用文における漢字使用等について」（平成22年内閣訓令第１号）の「2　送り仮名の付け方について」及び「3　その他」に基づくものとする。

ただし，広く一般に向けた解説・広報等においては，読み手に配慮し，送り仮名を省いて書くことになっている語についても，送り仮名を省かずに書くことができる。

3　外来語の表記

外来語の表記は，「外来語の表記」（平成３年内閣告示第２号）に基づくものとする。「外来語の表記」の第１表によって日本語として広く使われている表記を用いることを基本とし，必要に応じて第２表を用いる。第１表及び第２表にない表記は，原則として使用しない。

4　数字を使う際は，次の点に留意する

ア　横書きでは，算用数字を使う。

例）令和２年11月26日　　午後２時37分　　72％

電話：03-5253-****

イ　大きな数は，三桁ごとにコンマで区切る。

例）5,000　　62,250円　　1,254,372人

ウ　兆・億・万の単位は，漢字を使う。

例）５兆　　100億　　30万円

エ　全角・半角は，文書内で使い分けを統一する。

オ　概数は，漢数字を使う。

例）二十余人　　数十人　　四，五十人

カ　語を構成する数や常用漢字表の訓による数え方などは，漢数字を使う。

例）二者択一　　一つ，二つ…　　一人，二人…

六法全書　　七五三

キ　縦書きする場合には，漢数字を使う。

ク　縦書きされた漢数字を横書きで引用する場合には，原則として算用数字にする。

ケ　算用数字を使う横書きでは，「○か所」「○か月」と書く（ただし，漢数字を用いる場合には「○箇所」「○箇月」のように書く。）。

例）３か所　　７か月　　三箇所　　七箇月

5　符号を使う際は，次の点に留意する

(1)　句読点や括弧の使い方

ア　句点には「。」（マル）読点には「、」（テン）を用いることを原則とする。横書きでは，読点に「，」（コンマ）を用いてもよい。ただし，一つの文書内でどちらかに統一する。

イ　「・」（ナカテン）は，並列する語，外来語や人名などの区切り，箇条書の冒頭等に用いる。

ウ　括弧は，（）（丸括弧）と「」（かぎ括弧）を用いることを基本とする。（）や「」の中に，更に（）や「」を用いる場合にも，そのまま重ねて用いる。

例）（平成26（2014）年）

「「異字同訓」の漢字の使い分け例」

エ　括弧の中で文が終わる場合には，句点（。）を打つ。ただし，引用部分や文以外（名詞，単語としての使用，強調表現，日付等）に用いる場合には打たない。また，文が名詞で終わる場合にも打たない。

例）（以下「基本計画」という。）　　「決める。」と発言した。

議事録に「決める」との発言があった。

「決める」という動詞を使う。

国立科学博物館（上野）　「わざ」を高度に体現する。

オ　文末にある括弧と句点の関係を使い分ける。文末に括弧がある場合，それが部分的な注釈であれば閉じた括弧の後に句点を打つ。二つ以上の文，又は，文章全体の注釈であれば，最後の文と括弧の間に句点を打つ。

カ　【　】（隅付き括弧）は，項目を示したり，強調すべき点を目立たせたりする。

例）【会場】文部科学省講堂　　【取扱注意】

キ　そのほかの括弧等はむやみに用いず，必要な場合は用法を統一して使用する。

⑵　様々な符号の使い方

ア　解説・広報等においては，必要に応じて「？」「！」を用いてよい。

　　例）○○法が改正されたのを知っていますか？
　　　　来月20日，開催！

イ　他の符号を用いる場合には，文書内で用法を統一し，濫用を避ける。

ウ　矢印や箇条書等の冒頭に用いる符号は，文書内で用法を統一して使う。

エ　単位を表す符号を用いる場合は，文書内で用法を統一して使う。

6　そのほか，次の点に留意する

ア　文の書き出しや改行したときには，原則として１字下げする。

イ　繰り返し符号は，「々」のみを用いる。２字以上の繰り返しはそのまま書く。

　　例）並々ならぬ　　東南アジアの国々　　正々堂々
　　　　ますます　　一人一人

ウ　項目の細別と階層については，例えば次のような順序を用いる。

（横書きの場合の例）	第１	１	⑴	ア	(ア)	
	第２	２	⑵	イ	(イ)	
	第３	３	⑶	ウ	(ウ)	
（縦書きの場合の例）	第一	一	１	㈠	⑴	ア
	第二	二	２	㈡	⑵	イ
	第三	三	３	㈢	⑶	ウ

エ　ローマ字（ラテン文字。いわゆるアルファベットを指す。）を用いるときには，全角・半角を適切に使い分ける。

オ　日本人の姓名をローマ字で示すときには，差し支えのない限り「姓－名」の順に表記する。姓と名を明確に区別させる必要がある場合には，姓を全て大文字とし（YAMADA Haruo），「姓－名」の構造を示す。

カ　電子的な情報交換では，内容が意図するとおりに伝わるよう留意する。

キ　読みやすい印刷文字を選ぶ。

ク　略語は，元になった用語を示してから用い，必要に応じて説明を添える。

例）クオリティー・オブ・ライフ（Quality of Life。以下「ＱＯＬ」という。）

ケ　図表を効果的に用いる。図表には，分かりやすい位置に標題を付ける。

Ⅱ　用語の使い方

1　法令・公用文に特有の用語は適切に使用し，必要に応じて言い換える

例）及び　　並びに　　又は　　若しくは

2　専門用語は，語の性質や使う場面に応じて，次のように対応する

ア　言い換える。

例）頻回 → 頻繁に，何回も　　埋蔵文化財包蔵地 → 遺跡

イ　説明を付けて使う。

例）罹《り》災証明書（支援を受けるために被災の程度を証明する書類）

ウ　普及を図るべき用語は，工夫してそのまま用いる。

3　外来語は，語の性質や使う場面に応じて，次のように対応する

ア　日本語に十分定着しているものは，そのまま使う。

例）ストレス　　ボランティア　　リサイクル

イ　日常使う漢語や和語に言い換える。

例）アジェンダ → 議題　　インキュベーション → 起業支援
インタラクティブ → 双方向的
サプライヤー → 仕入先，供給業者

ウ　分かりやすく言い換えることが困難なものは，説明を付ける。

例）インクルージョン（多様性を受容し互いに作用し合う共生社会を目指す考え）
多様な人々を受け入れ共に関わって生きる社会を目指す「インクルージョン」は…

エ　日本語として定着する途上のものは，使い方を工夫する。

例）リスクを取る → あえて困難な道を行く，覚悟を決めて進む，賭ける

4　専門用語や外来語の説明に当たっては，次の点に留意する

ア　段階を踏んで説明する。

イ　意味がよく知られていない語は，内容を明確にする。

ウ　日常では別の意味で使われる語は，混同を避けるようにする。

5　紛らわしい言葉を用いないよう，次の点に留意する

ア　誤解や混同を避ける。

㈠　同音の言葉による混同を避ける。

㈡　異字同訓の漢字を使い分ける。

イ　曖昧さを避ける。

㈠　「から」と「より」を使い分ける。

例）東京から京都まで　　午後１時から始める
長官から説明がある　　東京より京都の方が寒い
会議の開始時間は午前10時より午後１時からが望ましい

㈡　程度や時期，期間を表す言葉に注意する。

例）幾つか指摘する → ３点指摘する
少人数でよい → ３人以上でよい
早めに → １週間以内（５月14日正午まで）に
本日から春休みまで → 春休み開始まで／春休みが終了するまで

㈢　「等」「など」の類は，慎重に使う。これらの語を用いるときには，具体的に挙げるべき内容を想定しておき，「等」「など」の前には，代表的・典型的なものを挙げる。

ウ　冗長さを避ける。

㈠　表現の重複に留意する。

例）諸先生方 → 諸先生，先生方
各都道府県ごとに → 各都道府県で，都道府県ごとに
第１日目 → 第１日，１日目
約20名くらい → 約20名，20名くらい

㈡　回りくどい言い方や不要な繰り返しはしない。

例）利用することができる → 利用できる
調査を実施した → 調査した
教育費の増加と医療費の増加により → 教育費と医療費の増加により

6　文書の目的，媒体に応じた言葉を用いる

ア　誰に向けた文書であるかに留意して用語を選択する。

例）喫緊の課題 → すぐに対応すべき重要な課題
可及的速やかに → できる限り早く

イ　日本語を母語としない人々に対しては，平易で親しみやすい日本語（やさしい日本語）を用いる。

ウ　敬語など相手や場面に応じた気遣いの表現を適切に使う。解説・広報等における文末は「です・ます」を基調とし，「ございます」は用いない。また，「申します」「参ります」も読み手に配慮する特別な場合を除いては使わない。「おります」「いたします」などは必要に応じて使うが多用しない。

エ　使用する媒体に応じた表現を用いる。ただし，広報等においても，広い意味での公用文であることを意識して一定の品位を保つよう留意する。

7　読み手に違和感や不快感を与えない言葉を使う

ア　偏見や差別につながる表現を避ける。

イ　特定の用語を避けるだけでなく読み手がどう感じるかを考える。

ウ　過度に規制を加えたり禁止したりすることは慎む。

エ　共通語を用いて書くが，方言も尊重する。

8　そのほか，次の点に留意する

ア　聞き取りにくく難しい漢語を言い換える。

例）橋梁《りょう》 → 橋　　塵埃《じんあい》 → ほこり　　眼瞼《けん》 → まぶた

イ　「漢字１字＋する」型の動詞を多用しない。

例）模する → 似せる　　擬する → なぞらえる
賭する → 賭ける　　滅する → 滅ぼす

ウ　重厚さや正確さを高めるには，述部に漢語を用いる。

例）決める → 決定（する）　　消える → 消失（する）

エ　分かりやすさや親しみやすさを高めるには，述部に訓読みの動詞を用いる。

例）作業が進捗する → 作業がはかどる，順調に進む，予定どおりに運ぶ

オ　紋切り型の表現（型どおりの表現）は，効果が期待されるときにのみ用いる。

Ⅲ　伝わる公用文のために

1　文体の選択に当たっては，次の点に留意する

ア　文書の目的や相手に合わせ，常体と敬体を適切に選択する。法令，

告示，訓令などの文書は常体（である体）を用い，通知，依頼，照会，回答など，特定の相手を対象とした文書では敬体（です・ます体）を用いる。

イ　一つの文・文書内では，常体と敬体のどちらかで統一する。

ウ　常体では，「である・であろう・であった」の形を用いる。

エ　文語の名残に当たる言い方は，分かりやすい口語体に言い換える。

例）～のごとく → ～のように

進まんとする → 進もうとする

大いなる進歩 → 大きな進歩

オ　「べき」は，「用いるべき手段」「考えるべき問題」のような場合には用いるが「べく」「べし」の形は用いない。また，「べき」がサ行変格活用の動詞（「する」「～する」）に続くときは，「～するべき…」としないで「～すべき…」とする。また，「～すべき」で文末を終えずに「～すべきである」「～すべきもの」などとする。

2　標題・見出しの付け方においては，次のような工夫をする

ア　標題（タイトル）では，主題と文書の性格を示す。また，報告，提案，回答，確認，開催，許可などの言葉を使って文書の性格を示す。

例）新国立体育館について → 新国立体育館建設の進捗状況に関する報告

予算の執行について → 令和２年度文化庁予算の執行状況（報告）

文化審議会について → 第93回文化審議会（令和２年11月22日）を開催します

イ　分量の多い文書では，見出しを活用し，論点を端的に示す。

ウ　中見出しや小見出しを適切に活用する。

エ　見出しを追えば全体の内容がつかめるようにする。

オ　標題と見出しを呼応させる。

カ　見出しを目立たせるよう工夫する。

3　文の書き方においては，次の点に留意する

ア　一文を短くする。

イ　一文の論点は，一つにする。

ウ　三つ以上の情報を並べるときには，箇条書を利用する。

例）国語に関する内閣告示には，常用漢字表，外来語の表記，現代仮名遣い，送り仮名の付け方，ローマ字のつづり方の五つがある。

→　国語に関する内閣告示には，次の五つがある。

- 常用漢字表
- 外来語の表記
- 現代仮名遣い
- 送り仮名の付け方
- ローマ字のつづり方

エ　基本的な語順（「いつ」「どこで」「誰が」「何を」「どうした」）を踏まえて書く。

オ　主語と述語の関係が分かるようにする。

カ　接続助詞や中止法（述語の用言を連用形にして，文を切らずに続ける方法）を多用しない。

キ　同じ助詞を連続して使わない。

例）本年の当課の取組の中心は… → 本年，当課が中心的に取り組んでいるのは…

ク　複数の修飾節が述部に掛かるときには，長いものから示すか，できれば文を分ける。

ケ　受身形をむやみに使わない。

コ　二重否定はどうしても必要なとき以外には使わない。

例）…しないわけではない → …することもある

○○を除いて，実現していない → ○○のみ，実現した

サ　係る語とそれを受ける語，指示語と指示される語は近くに置く。

シ　言葉の係り方によって複数の意味に取れることがないようにする。

ス　読点の付け方によって意味が変わる場合があることに注意する。

4　文書の構成に当たっては，次のような工夫をする

ア　文書の性格に応じて構成を工夫する。

イ　結論は早めに示し，続けて理由や詳細を説明する。

ウ　通知等は，既存の形式によることを基本とする。

エ　解説・広報等では，読み手の視点で構成を考える。

オ　分量の限度を決めておく。

カ　「下記」「別記」等を適切に活用する。

（(付)「公用文作成の考え方（文化審議会建議）」解説　略）

同音の漢字による書きかえ

（昭31年7月5日
国語審議会総会報告）

「同音の漢字による書きかえ」について（報告）

国語審議会は，当用漢字の適用を円滑にするために，当用漢字表にない漢字を含んで構成されている漢語を処理する方法の一つとして，表中同音の別の漢字に書きかえることを審議し，その結果，別紙「同音の漢字による書きかえ」を決定した。

当用漢字を使用する際，これが広く参考として用いられることを希望する。

同音の漢字による書きかえ

1　当用漢字の使用を円滑にするため，当用漢字表以外の漢字を含んで構成されている漢語を処理する方法の一つとして，表中同音の別の漢字に書きかえることが考えられる。ここには，その書きかえが妥当であると認め，広く社会に用いられることを希望するものを示した。

2　同字で，単に字体の異なるだけのものも掲げてある。

（例　糺明→糾明）

3　字音の中には，いわゆる慣用音によったものもある。

（例　撒水→散水）

矢印の左は当用漢字表にない漢字で書かれる漢語，右は書きかえである。

1字のものは，左の字は右の字に書きかえてさしつかえないことを示す。

(法)	法令用語改正例	国語審議会建議
(物)	学術用語集（物理学編）	文部省編
(土)	〃　（土木工学編）	〃

（鉱）　〃　（採鉱ヤ金学編）　〃

（化）　〃　（化学編）　〃

（船）　〃　（船舶工学編）　〃

（建）　〃　（建築学編）　〃

（医）医学用語集（第１次選定）　日本医学会用語整理委員会編

および現在文部省学術用語分科審議会医学用語専門部会で採用のもの。

×…当用漢字表にない漢字

あ

愛慾 → 愛欲
闇 → 暗
安佚 → 安逸
暗翳 → 暗影
暗誦 → 暗唱
按分 → 案分
闇夜 → 暗夜

い

意嚮 → 意向
慰藉料 → 慰謝料（法）
衣裳 → 衣装
遺蹟 → 遺跡
一挺 → 一丁
陰翳 → 陰影

え

叡智 → 英知
穎才 → 英才
焔 → 炎
掩護 → 援護
苑地 → 園地（法）

お

臆説 → 憶説
臆測 → 憶測
恩誼 → 恩義

か

誡 → 戒
廻 → 回
外廓 → 外郭（法）
快闊 → 快活
皆既蝕 → 皆既食
誡告 → 戒告
開鑿 → 開削
廻送 → 回送
蛔虫 → 回虫（医）
廻転 → 回転
恢復 → 回復
潰滅 → 壊滅
潰乱 → 壊乱
廻廊 → 回廊
火焔 → 火炎
劃 → 画
廓 → 郭
劃然 → 画然
廓大 → 郭大
挌闘 → 格闘
劃期的 → 画期的
活潑 → 活発
旱害 → 干害
間歇 → 間欠
管絃楽 → 管弦楽
肝腎 → 肝心
旱天 → 干天

乾溜 → 乾留（化）

き

畸 → 奇
稀 → 希
気焔 → 気炎
饑餓 → 飢餓
企劃 → 企画
畸形 → 奇形
稀元素 → 希元素
稀釈 → 希釈（化）
稀少 → 希少
徽章 → 記章
奇蹟 → 奇跡
稀代 → 希代
綺談 → 奇談
機智 → 機知
吃水 → 喫水（法）（船）
稀薄 → 希薄
糺 → 糾
糺弾 → 糾弾
糺明 → 糾明
旧蹟 → 旧跡
馭 → 御
兇 → 凶
兇悪 → 凶悪
饗応 → 供応（法）
教誨 → 教戒
兇漢 → 凶漢
兇器 → 凶器
彊固 → 強固
兇行 → 凶行
兇刃 → 凶刃
兇変 → 凶変
兇暴 → 凶暴
馭者 → 御者
漁撈 → 漁労
稀硫酸 → 希硫酸
技倆 → 技量
吟誦 → 吟唱

く

区劃 → 区画
掘鑿 → 掘削（鉱）
訓誡 → 訓戒
燻製 → 薫製

け

繋船 → 係船（法）（船）
繋争 → 係争
繋属 → 係属（法）
繋留 → 係留（法）
下剋上 → 下克上
決潰 → 決壊
蹶起 → 決起
月蝕 → 月食
訣別 → 決別
絃 → 弦
絃歌 → 弦歌
元兇 → 元凶
嶮岨 → 険阻
研磨 → 研摩（鉱）
儼然 → 厳然

こ

倖 → 幸
宏 → 広
礦 → 鉱
交驩 → 交歓
礦業 → 鉱業
鞕骨 → 硬骨
交叉 → 交差（法）
扣除 → 控除（法）
甦生 → 更生
礦石 → 鉱石（鉱）
宏壮 → 広壮
宏大 → 広大
香奠 → 香典

昂騰 → 高騰

広汎 → 広範

昂(亢)奮 → 興奮

弘報 → 広報（法）

曠野 → 広野

昂揚 → 高揚

強慾 → 強欲

媾和 → 講和

涸渇 → 枯渇

古稀 → 古希

古蹟 → 古跡

骨骼 → 骨格（動）（医）

雇傭 → 雇用（法）

混淆 → 混交

根柢 → 根底

昏迷 → 混迷

さ

坐 → 座

醋酸 → 酢酸（化）

坐視 → 座視

坐礁 → 座礁（船）

坐洲 → 座州

雑沓 → 雑踏

讃 → 賛

三絃 → 三弦

讃仰 → 賛仰

讃辞 → 賛辞

撒水 → 散水

讃嘆 → 賛嘆

讃美 → 賛美

撒布 → 散布

し

色慾 → 色欲

刺戟 → 刺激

史蹟 → 史跡

屍体 → 死体（医）

七顚八倒 → 七転八倒

死歿 → 死没

射倖心 → 射幸心

車輛 → 車両

洲 → 州

輯 → 集

蒐荷 → 集荷

蒐集 → 収集

終熄 → 終息

聚落 → 集落

手蹟 → 手跡

駿才 → 俊才

陞 → 昇

銷 → 消

銷夏 → 消夏

銷却 → 消却（法）

障碍 → 障害（法）

情誼 → 情義

称(賞)讃 → 称(賞)賛

陞叙 → 昇叙

焦躁 → 焦燥

銷沈 → 消沈

牆壁 → 障壁（法）

蒸溜 → 蒸留（化）

書翰 → 書簡

蝕甚 → 食尽

食慾 → 食慾（医）

抒情 → 叙情

試煉 → 試練

鍼術 → 針術

侵蝕 → 侵食（法）

浸蝕 → 浸食（化）

真蹟 → 真跡

伸暢 → 伸長

滲透 → 浸透

侵掠 → 侵略

訊問 → 尋問

す

衰頽 → 衰退

せ

制馭(禦)→制御

棲(栖)息→生息

性慾→性欲(医)

蹟→跡

絶讃→絶賛

尖鋭→先鋭

全潰→全壊

銓衡→選考

煽情→扇情

洗滌→洗浄(法)(医)

戦々兢々→戦々恐々

船艙→船倉(船)

尖端→先端

擅断→専断

煽動→扇動

戦歿→戦没

そ

沮→阻

惣→総

象嵌→象眼

蒼惶→倉皇

綜合→総合

相剋→相克

惣菜→総菜

装釘(幀)→装丁

剿滅→掃滅

簇生→族生

沮止→阻止

疏水→疎水

沮喪→阻喪

疏通→疎通

疏明→疎明(法)

た

褪色→退色

頽勢→退勢

頽廃→退廃

颱風→台風

大慾→大欲

奪掠→奪略

歎→嘆

歎願→嘆願

炭礦→炭鉱

端坐→端座

短篇→短編

煖房→暖房(建)

煖炉→暖炉(建)

ち

智→知

智慧→知恵

智能→知能

智謀→知謀

註→注

註解→注解

註釈→注釈

註文→注文

長篇→長編

沈澱→沈殿(化)

て

低徊→低回

牴(觝)触→抵触(法)

鄭重→丁重

叮嚀→丁寧

碇泊→停泊(法)

手帖→手帳

顛倒→転倒

顛覆→転覆(法)

と

蹈→踏

倒潰→倒壊

蹈襲→踏襲

特輯→特集

杜絶 → 途絶

に

日蝕 → 日食

は

悖徳 → 背徳
破毀 → 破棄（法）
曝露 → 暴露（法）
破摧 → 破砕
醱酵 → 発酵
薄倖 → 薄幸
抜萃 → 抜粋
叛 → 反
叛旗 → 反旗
叛逆 → 反逆
蕃殖 → 繁殖（法）
蕃族 → 蛮族
反撥 → 反発
叛乱 → 反乱

ひ

蜚語 → 飛語
筆蹟 → 筆跡
病歿 → 病没

ふ

諷刺 → 風刺
腐蝕 → 腐食
符牒 → 符丁
物慾 → 物欲
腐爛 → 腐乱

へ

篇 → 編
辺疆 → 辺境
編輯 → 編集

ほ

輔 → 補
哺育 → 保育
崩潰 → 崩壊
妨碍 → 妨害
抛棄 → 放棄（法）
防禦 → 防御
繃帯 → 包帯（医）
厖大 → 膨大
庖丁 → 包丁
抛物線 → 放物線（物）
輔佐 → 補佐
鋪装 → 舗装
歿 → 没
輔導 → 補導
保姆 → 保母

ま

磨滅 → 摩滅（土）

む

無智 → 無知
無慾 → 無欲

め

名誉慾 → 名誉欲
棉花 → 綿花

も

摸 → 模
妄動 → 盲動
摸索 → 模索

や

野鄙 → 野卑

よ

熔・鎔 → 溶
鎔解 → 溶解（鉱）

熔岩 → 溶岩（鉱）

鎔鉱炉 → 溶鉱炉（鉱）

熔接 → 溶接（船）（鉱）

慾 → 欲

ら

落磐 → 落盤（鉱）（法）

り

理窟 → 理屈

悧巧 → 利口

理智 → 理知

離叛 → 離反

掠 → 略

掠奪 → 略奪

俚謡 → 里謡

諒 → 了

輛 → 両

諒解 → 了解

諒承 → 了承

輪廓 → 輪郭

れ

聯 → 連

連繋 → 連係

聯合 → 連合

連坐 → 連座

聯想 → 連想

聯珠 → 連珠

煉炭 → 練炭（化）

煉乳 → 練乳（化）

聯邦 → 連邦

聯盟 → 連盟

聯絡 → 連絡

聯立 → 連立

わ

彎 → 湾

彎曲 → 湾曲（法）

彎入 → 湾入

「異字同訓」の漢字の用法

(昭和47年6月28日
国語審議会漢字部会)

「異字同訓」の漢字の用法

1　この表は，同音で意味の近い語が，漢字で書かれる場合，その慣用上の使い分けの大体を，用例で示したものである。

2　その意味を表すのに，二つ以上の漢字のどちらを使うかが一定せず，どちらを用いてもよい場合がある。又，一方の漢字が広く一般的に用いられるのに対して，他方の漢字はある限られた範囲にしか使われないものもある。

3　その意味を表すのに，適切な漢字のない場合，又は漢字で書くことが適切でない場合がある。このときは，当然仮名で書くことになる。

あう

合う ── 計算が合う。目が合う。服が体に合う。好みに合う。割に合わない仕事。駅で落ち合う。

会う ── 客と会う時刻。人に会いに行く。

遭う ── 災難に遭う。にわか雨に遭う。

あがる・あげる

上がる・上げる ── 地位が上がる。物価が上がる。腕前を上げる。お祝いの品物を上げる。

揚がる・揚げる ── 花火が揚がる。歓声が揚がる。たこを揚げる。船荷を揚げる。てんぷらを揚げる。

挙げる ── 例を挙げる。全力を挙げる。国を挙げて。犯人を挙げる。

あく・あける

明く・明ける —— 背の明いた服。目明き千人。夜が明ける。

空く・空ける —— 席が空く。空き箱。家を空ける。時間を空ける。

開く・開ける —— 幕が開く。開いた口がふさがらない。店を開ける。窓を開ける。

あし

足 —— 足の裏。手足。足しげく通う。客足。

脚 —— 机の脚（足）。えり脚（足）。船脚（足）。

あたい

価 —— 価が高くて買えない。商品に価を付ける。

値 —— そのものの持つ値。未知数 x の値を求める。称賛に値する。

あたたかい・あたたかだ・あたたまる・あたためる

暖かい・暖かだ・暖まる・暖める —— 暖かい心。暖かな毛布。暖まった空気。室内を暖める。

温かい・温かだ・温まる・温める —— 温かい料理。温かな家庭。心温まる話。スープを温める。

あたる・あてる

当たる・当てる —— ボールが体に当たる。任に当たる。予報が当たる。出発に当たって。胸に手を当てる。日光に当たる。当て外れ。

充てる —— 建築費に充（当）てる。保安要員に充（当）てる。

あつい

暑い —— 今年の夏は暑い。暑い部屋。暑がり屋。

熱い —— 熱い湯。

厚い —— 厚い壁で隔てる。支持者の層が厚い。手厚いもてなし。

あと

跡 —— 足の跡。苦心の跡が見える。容疑者の跡を追う。跡目を継ぐ。

後 —— 後の祭り。後を頼んで行く。後から行く。後になり先になり。

あぶら

油 ―― 油を流したような海面。ごまの油で揚げる。水と油。火に油を注ぐ。

脂 ―― 脂がのる年頃。牛肉の脂。脂ぎった顔。

あやまる

誤る ―― 運用を誤る。誤りを見付ける。

謝る ―― 謝って済ます。手落ちを謝る。

あらい

荒い ―― 波が荒い。気が荒い。金遣いが荒い。

粗い ―― 網の目が粗い。きめが粗い。仕事が粗い。

あらわす・あらわれる

表す・表れる ―― 言葉に表す。喜びを顔に表す。喜びの表れ。

現す・現れる ―― 姿を現す。太陽が現れる。怪獣が現れる。

著す ―― 書物を著す。

ある

有る ―― 財源が有る。子が有る。有り合わせ。有り金。有様。

在る ―― 日本はアジアの東に在る。在り方。

あわせる

合わせる ―― 手を合わせて拝む。時計を合わせる。調子を合わせる。力を合わせる。

併せる ―― 二つの会社を併せる。両者を併せて考える。併せて健康を祈る。

いたむ・いためる

痛む・痛める ―― 足が痛む。腰を痛める。

傷む・傷める ―― 家が傷む。傷んだ果物。建物を傷める。

悼む ―― 死を悼む。故人を悼む。

いる

入る ―― 念の入った話。気に入る。仲間入り。恐れ入る。

要る ―― 金が要る。保証人が要る。親の承諾が要る。何も要らない。

うける

受ける —— 注文を受ける。命令を受ける。保護を受ける。相談を受ける。

請ける —— 請け負う。下請け。

うつ

打つ —— くぎを打つ。碁を打つ。電報を打つ。心を打つ話。打ち消す。

討つ —— 賊を討つ。義士の討ち入り。相手を討ち取る。

撃つ —— 鉄砲を撃つ。いのししを猟銃で撃つ。

うつす・うつる

写す・写る —— 書類を写す。写真を写す。風景を文章に写す。写真の中央に写っている人。

映す・映る —— 幻燈を映す。スクリーンに映す。壁に影が映る。鏡に姿が映る。着物がよく映える。

うむ・うまれる

生む・生まれる —— 新記録を生む。傑作を生む。下町の生まれ。京都に生まれる。

産む・産まれる —— 卵を産み付ける。産みの苦しみ。産み月。予定日が来てもなかなか産まれない。

うれい・うれえ

憂い・憂え —— 後顧の憂い（え）。災害を招く憂い（え）がある。

愁い —— 春の愁い。愁いに沈む。

える

得る —— 勝利を得る。許可を得る。得物を振り回す。

獲る —— 獲物をねらう。

おかす

犯す —— 過ちを犯す。法を犯す。

侵す —— 権利を侵（犯）す。国境を侵（犯）す。

冒す —— 危険を冒す。激しい雨を冒して行く。

おくる

送る —— 荷物を送る。卒業生を送る。順に席を送る。送り状。

贈る —— お祝いの品を贈る。感謝状を贈る。故人に位を贈る。

おくれる

遅れる —— 完成が遅れる。列車が遅れる。会合に遅れる。

後れる —— 気後れする。人に後れを取る。後れ毛。

おこす・おこる

起こす・起こる —— 体を起こす。訴訟を起こす。朝早く起こす。事件が起こる。持病が起こる。物事の起こり。

興す・興る —— 産業を興す。国が興る。

おさえる

押さえる —— 紙の端を押さえる。証拠を押さえる。要点を押さえる。差し押さえる。

抑える —— 物価の上昇を抑える。要求を抑える。怒りを抑える。

おさまる・おさめる

収まる・収める —— 博物館に収まる。争いが収まる。効果を収める。成功を収める。目録に収める。

納まる・納める —— 品物が納まった。国庫に納まる。税を納める。注文の品を納める。

治める・治まる —— 国内がよく治まる。痛みが治まる。領地を治める。

修まる・修める —— 身持ちが修まらない。学を修める。

おす

押す —— ベルを押す。横車を押す。押し付けがましい。

推す —— 会長に推す。推して知るべしだ。

おどる。

踊る —— リズムに乗って踊る。踊らされて働く。盆踊り。踊り子。

躍る —— 馬が躍り上がる。小躍りして喜ぶ。胸が躍る。

おもて

表 —— 裏と表。表で遊ぶ。表向き。

面 —— 面も振らずまっしぐらに。矢面に立つ。

おりる・おろす

降りる・降ろす —— 電車を降りる。高所から飛び降りる。月面に降り立つ。霜が降りる。次の駅で降ろして下さい。主役から降ろされた。

下りる・下ろす —— 幕が下りる。錠が下りる。許可が下りる。枝を下ろす。貯金を下ろす。

卸す —— 小売りに卸す。卸値。たな卸し。

かえす・かえる

返す・返る —— もとの持ち主に返す。借金を返す。恩返し。貸した金が返る。正気に返る。返り咲き。

帰す・帰る —— 親もとへ帰す。故郷へ帰る。帰らぬ人となる。帰り車。

かえりみる

顧みる —— 過去を顧みる。顧みて他を言う。

省みる —— 自らを省みる。省みて恥じるところがない。

かえる・かわる

変える・変わる —— 形を変える。観点を変える。位置が変わる。心変わりする。声変わり。変わり種。

換える・換わる —— 物を金に換える。名義を書き換える。車を乗り換える。金に換わる。

替える・替わる —— 振り替える。替え地。替え歌。二の替わり。入れ替わる。社長が替わる。

代える・代わる —— 書面をもってあいさつに代える。父に代わって言う。身代わりになる。

かおる

薫 —— 風薫る

香 —— 茶の香り

かかる・かける

掛かる・掛ける —— 迷惑が掛かる。腰を掛ける。保険を掛ける。壁掛け。掛け売り。

懸かる・懸ける —— 月が中天に懸かる。優勝が懸かる。賞金を懸ける。命を懸けて。

架かる・架ける —— 橋が架かる。橋を架ける。電線を架ける。

係る —— 本件に係る訴訟。係り結び。係員。

かげ

陰 —— 山の陰。陰の声。陰口を利く。

影 —— 障子に影が映る。影を隠す。影も形もない。影が薄い。

かた

形 —— 自由形。跡形もなく。

型 —— 型にはまる。1970年型。血液型。鋳型。

かたい

堅い —— 堅い材木。堅炭。手堅い商売。

固い —— 団結が固い。固練り。頭が固い。固く信じる。

硬い —— 硬い石。硬い表現。

かわ

皮 —— 皮をはぐ。とらの皮。木の皮。面の皮。化けの皮。

革 —— 革のくつ。なめし革。

かわく

乾く —— 空気が乾く。干し物が乾く。乾いた土。

渇く —— のどが渇く。渇きを覚える。

きく

聞く —— 物音を聞いた。話し声を聞く。うわさを聞く。聞き流しにする。

聴く —— 音楽を聴く。国民の声を聴く。

きく

効く —— 薬が効く。宣伝が効く。効き目がある。

利く —— 左手が利く。目が利く。機転が利く。

きわまる・きわめる

窮まる・窮める —— 進退窮まる。窮まりなき宇宙。真理を窮（究）める。

極まる・極める —— 不都合極まる言動。山頂を極める。栄華を極める。見極める。極めて優秀な成績。

究める —— 学を究（窮）める。

くら

倉 —— 倉敷料。倉荷証券。

蔵 —— 蔵屋敷。蔵払い。

こえる・こす

越える・越す —— 山を越える。峠を越す。年を越す。引っ越す。

超える・超す —— 現代を超（越）える。人間の能力を超（越）える。百万円を超（越）える額。一千万人を超（越）す人口。

こおる・こおり

凍る —— 湖水が凍る。土が凍る。

氷 —— 氷が張った。氷をかく。氷砂糖。

さがす

捜す —— うちの中を捜す。犯人を捜す。

探す —— 空き家を探（捜）す。あらを探（捜）す。

さく

裂く —— 布を裂く。仲を裂く。引き裂く。

割く —— 時間を割く。紙面を割く。人手を割く。

さげる

下げる —— 値段を下げる。軒に下げる。

提げる —— 手に提げる。手提げかばん。

さす

差す —— 腰に刀を差す。かさを差す。差しつ差されつ。行司の差し違え。抜き差しならぬ。差し支え。差し出す。

指す —— 目的地を指して進む。名指しをする。指し示す。

刺す —— 人を刺す。布を刺す。本塁で刺される。とげが刺さる。

さます・さめる

覚ます・覚める —— 太平の眠りを覚ます。迷いを覚ます。目が覚める。寝覚めが悪い。

冷ます・冷める —— 湯冷まし。湯が冷める。料理が冷める。熱が冷める。

しずまる・しずめる

静まる・静める —— 心が静まる。あらしが静まる。鳴りを静める。気を静める。

鎮まる・鎮める —— 内乱が鎮まる。反乱を鎮める。痛みを鎮める。

沈める —— 船を沈める。

しぼる

絞る —— 手ぬぐいを絞る。絞り染め。

搾る —— 乳を搾る。搾り取る。

しまる・しめる

締まる・締める —— ひもが締まる。引き締まった顔。帯を締める。ねじを締める。心を引き締める。申し込みの締め切り。

絞まる・絞める —— 首が絞まる。首を絞める。羽交い絞め。

閉まる・閉める —— 戸が閉まる。ふたを閉める。店を閉める。

すすめる

進める —— 前へ進める。時計を進める。交渉を進める。

勧める —— 入会を勧める。転地を勧める。

薦める —— 候補者として薦める。

する

刷る —— 名刺を刷る。刷り物

擦る —— 転んでひざを擦りむく。擦り傷。洋服が擦り切れる。

そう

沿う —— 川沿いの家。線路に沿って歩く。

添う —— 影の形に添うように。連れ添う。付き添い。

そなえる・そなわる

備える・備わる —— 台風に備える。調度品を備える。老後の備え。必需品はすべて備わっている。人徳が備わる。

供える —— お神酒を供える。お供え物。

たえる

堪える —— 任に堪える。鑑賞に堪えない。遺憾に堪えない。

耐える —— 重任に耐（堪）える。風雪に耐（堪）える。困苦欠乏に耐（堪）える。

たずねる

尋ねる —— 道を尋ねる。由来を尋ねる。尋ね人。

訪ねる —— 知人を訪ねる。史跡を訪ねる。明日お訪ねします。

たたかう

戦う —— 敵と戦う。

闘う —— 病気と闘う。

たつ

断つ —— 退路を断つ。快刀乱麻を断つ。茶断ち。

絶つ —— 命を絶つ。縁を絶つ。消息を絶つ。後を絶たない。

裁つ —— 生地を裁つ。紙を裁つ。裁ちばさみ。

たつ・たてる

立つ・立てる —— 演題に立つ。席を立つ。使者に立つ。危機に立つ。見通しが立つ。うわさが立つ。立ち会う。柱を立てる。計画を立てる。手柄を立てる。顔を立てる。立て直す。

建つ・建てる —— 家が建つ。ビルを建てる。銅像を建てる。建て前。

たっとい・とうとい

尊い —— 尊い神。尊い犠牲を払う。

貴い —— 貴い資料。貴い体験。

たま

玉 —— 玉にきず。目の玉。玉をみがく。

球 —— 電気の球。球を投げる。

弾 —— ピストルの弾。

つかう

使う —— 機械を使って仕事をする。重油を使う。

遣う —— 気遣う。心遣い。小遣い銭。仮名遣い。

つく・つける

付く・付ける —— 墨が顔に付く。味方に付く。利息が付く。名を付ける。気を付ける。条件を付ける。付け加える。

着く・着ける —— 席に着く。手紙が着く。東京に着く。船を岸に着ける。仕事に手を着ける。衣装を身に着ける。

就く・就ける —— 床に就く。緒に就く。職に就く。役に就ける。

つぐ

次ぐ —— 事件が相次ぐ。富士山に次ぐ山。取り次ぐ。次の間。

継ぐ —— 布を継ぐ。跡を継ぐ。引き継ぐ。継ぎ目。継ぎを当てる。

接ぐ —— 木を接ぐ。骨を接ぐ。接ぎ木。

つくる

作る —— 米を作る。規則を作る。小説を作る。まぐろを刺身に作る。生け作り。

造る —— 船を造る。庭園を造る。酒を造る。

つつしむ

慎む —— 身を慎む。酒を慎む。言葉を慎む。

謹む —— 謹んで聞く。謹んで祝意を表する。

つとめる

努める —— 完成に努める。解決に努める。努めて早起きをする。

勤める —— 会社に勤める。永年勤め上げた人。本堂でお勤めをする人。勤め人。

務める —— 議長を務める。主役を務める。主婦の務めを果たす。

とく・とける

解く・解ける —— 結び目を解く。包囲を解く。問題を解く。会長の任を解かれる。ひもが解ける。雪解け。疑いが解ける。

溶く・溶ける —— 絵の具を溶く。砂糖が水に溶ける。地域社会に溶け込む。

ととのう・ととのえる

整う・整える —— 整った文章。隊列を整える。身辺を整える。調子を整える。

調う・調える —— 嫁入り道具が調う。晴れ着を調える。味を調える。費用を調える。

とぶ

飛ぶ —— 鳥が空を飛ぶ。アメリカに飛ぶ。うわさが飛ぶ。海に飛び込む。家を飛び出す。飛び石。

跳ぶ —— みぞを跳ぶ。三段跳び。跳びはねる。

とまる・とめる

止まる・止める —— 交通が止まる。水道が止まる。笑いが止まらない。息を止める。通行止め。

留まる・留める —— 小鳥が木の枝に留（止）まる。ボタンを留める。留め置く。書留。

泊まる・泊める —— 船が港に泊まる。宿直室に泊まる。友達を家に泊める。

とる

取る —— 手に取る。着物汚れを取る。資格を取る。メモを取る。連絡を取る。年を取る。

採る —— 血を採る。高校の卒業生を採る。会議で決を採る。

執る —— 筆を執る。事務を執る。式を執り行う。

捕る —— ねずみを捕る。生け捕る。捕り物。

撮る —— 写真を撮る。映画を撮る。

ない

無い —— 金が無い。無い物ねだり。

亡い —— 亡き父をしのぶ。

なおす・なおる

直す・直る —— 誤りを直す。機械を直す。服装を直す。故障を直す。ゆがみが直る。

治す・治る —— 風邪を治（直）す。けがが治（直）る。治（直）らない病気。

なか

中 —— 箱の中。両者の中に入る。

仲 —— 仲がいい。仲を取り持つ。仲働き。

ながい

長い —— 長い髪の毛。長い道。気が長い。枝が長く伸びる。

永い —— ついに永い眠りに就く。永の別れ。末永く契る。

ならう

習う —— 先生にピアノを習う。見習う。

倣う —— 前例に倣う。

のせる・のる

乗せる・乗る —— 母を飛行機に乗せて帰す。電波に乗せる。計略に乗せる。電車に乗って行く。馬に乗る。風に乗って飛ぶ。時流に乗る。相談に乗る。

載せる・載る —— 自動車に貨物を載せる。たなに本を載せる。雑誌に広告を載せる。机に載っている本。新聞に載った事件。

のばす・のびる

伸ばす・伸びる —— 手足を伸ばす。勢力を伸ばす。草が伸びる。身長が伸びる。学力が伸びる。伸び伸びと育つ。

延ばす・延びる —— 出発を延ばす。開会を延ばす。地下鉄が郊外まで延びる。寿命が延びる。支払いが延び延びになる。

のぼる

上る —— 水銀柱が上る。損害が一億円に上る。川を上る。坂を上る。上り列車。

登る —— 山に登る。木に登る。演壇に登る。

昇る —— 日が昇（上）る。天に昇（上）る。

はえ・はえる

映え・映える —— 夕映え。紅葉が夕日に映える。

栄え —— 栄えある勝利。見事な出来栄え。見栄えがする。

はかる

図る —— 合理化を図る。解決を図る。便宜を図る。

計る —— 時間を計る。計り知れない恩恵。まんまと計られる。

測る —— 水深を測る。標高を測る。距離を測る。面積を測る。測定器で測る。

量る —— 目方を量る。升で量る。容量を量る。

謀る —— 暗殺を謀る。悪事を謀る。

諮る —— 審議会に諮る。

はじまる・はじめ・はじめて・はじめる

初め・初めて —— 初めてこう思った。初めての経験。

始まる・始め・始める —— 会が始まる。始めと終わり。御用始め。仕事を始める。

はな

花 —— 花も実もない。花の都。花形。

華 —— 華やか。華々しい。

はなす・はなれる

離す・離れる —— 間を離す。駅から遠く離れた町。離れ島。職を離れる。離れ離れになる。

放す・放れる —— 鳥を放す。見放す。放し飼い。矢が弦を放れる。放れ馬。

はやい

早い —— 時期が早い。気が早い。早く起きる。早変わり。早口。矢継ぎ早。

速い —— 流れが速い。投手の球が速い。テンポが速い。車の速さ。

ひ

火 —— 火が燃える。火に掛ける。火を見るより明らか。

燈 —— 燈がともる。遠くに町の燈が見える。

ひく

引く —— 綱を引く。線を引く。例を引く。車を引く。

弾く —— ピアノを弾く。ショパンの曲を弾く。

ふえる・ふやす

殖える・殖やす —— 財産が殖える。財産を殖やす。

増える・増やす —— 人数が増える。水かさが増える。人数を増やす。

ふく

吹く —— 風が吹く。笛を吹く。

噴く —— 火を噴き出す。火山が煙を噴く。

ふける

更ける —— 夜が更ける。秋が更ける。

老ける —— 老けて見える。老け込む。

ふた

二 —— 二重。二目と見られない。二つ折り。

双 —— 双子。双葉。

ふね

舟 —— 舟をこぐ。小舟。ささ舟。

船 —— 船の甲板。船で帰国する。船旅。親船。

ふるう

振るう —— 士気が振るう。事業が振るわない。刀を振るう。

震う —— 声を震わせる。身震い。武者震い。

奮う —— 勇気を奮って立ち向かう。奮って参加する。奮い立つ。

まざる・まじる・まぜる

交ざる・交じる・交ぜる —— 麻が交ざっている。漢字仮名交じり文。交ぜ織り。

混ざる・混じる・混ぜる —— 酒に水が混ざる。西洋人の血が混じる。異物が混じる。雑音が混じる。セメントに砂を混ぜる。絵の具を混ぜる。

まち

町 —— 町と村。町ぐるみの歓迎。町役場。下町。

街 —— 街を吹く風。学生の街。街の明かり。

まるい

丸い —— 背中が丸くなる。丸く治める。丸ごと。丸太。日の丸。

円い —— 円（丸）い窓。円（丸）輪になる。

まわり

回り —— 身の回り。胴回り。

周り —— 池の周り。周りの人。

みる

見る —— 遠くの景色を見る。エンジンの調子を見る。面倒を見る。

診る —— 患者を診る。脈を診る。

もと

下 —— 法の下に平等。一撃の下に倒した。

元 —— 火の元。出版元。元が掛かる。

本 —— 本を正す。本と末。

基 —— 資料を基にする。基づく。

や

屋 —— 屋根。酒屋。屋敷。

家 —— 二階家。家主。家賃。

やぶる・やぶれる

破る・破れる —— 約束を破る。障子が破れる。平和が破れる。

敗れる —— 競技に敗れる。勝負に敗れる。人生に敗れる。

やわらかい・やわらかだ

柔らかい・柔らかだ —— 柔らかい毛布。身のこなしが柔らかだ。物柔らかな態度。

軟らかい・軟らかだ —— 表情が軟（柔）らかい。軟（柔）らかい話。軟（柔）らかな土。

よい

良い —— 品質が良い。成績が良い。手際が良い。

善い —— 善い行い。世の中のために善いことをする。

よむ

読む —— 本を読む。字を読む。人の心を読む。秒読み。

詠む —— 和歌を詠む。一首詠む。

わかれる

分かれる —— 道が二つに分かれる。意見が分かれる。勝敗の分かれ目。

別れる —— 幼い時に両親と別れる。友と駅頭で別れる。家族と別れて住む。

わざ

業 —— 至難の業。離れ業。軽業。業師。

技 —— 柔道の技。技をみがく。

わずらう・わずらわす

煩う・煩わす —— 思い煩う。人手を煩わす。心を煩わす。

患う —— 胸を患う。三年ほど患う。

「異字同訓」の漢字の用法例（追加字種・追加音訓関連）

> 注
>
> ここに収録した「異字同訓」の漢字の用法例（追加字種・追加音訓関連）は，「改定常用漢字表」（平22．6．7文化審議会答申）の「Ⅲ参考」に掲載されたものである。

「異字同訓」の漢字の用法例（追加字種・追加音訓関連）

あたる・あてる

当たる・当てる …… ボールが体に当たる。任に当たる。予報が当たる。出発に当たって。胸に手を当てる。日光に当てる。当て外れ。

充てる …… 建築費に充（当）てる。保安要員に充（当）てる。

宛てる …… 恩師に宛てて手紙を書く。本社に宛てられた書類。

あと

跡 …… 車輪の跡。苦心の跡が見える。父の跡を継ぐ。

痕 …… 傷痕が痛む。壁に残る弾丸の痕。手術の痕（跡）。

あやしい

怪しい …… 挙動が怪しい。空模様が怪しい。怪しい人影を見る。

妖しい …… 妖しい魅力。妖しく輝く瞳。

いく

行く …… 電車で行く。早く行こう。仕事帰りに図書館に行った。

逝く …… 彼が逝って３年たつ。多くの人に惜しまれながら逝った。

うた

歌 …… 歌を歌う。美しい歌声が響く。

唄 …… 小唄の師匠。長唄を習う。馬子唄が聞こえる。

おそれる

恐れる …… 死を恐れる。報復を恐れて逃亡する。失敗を恐れるな。

畏れる …… 師を畏れ敬う。神を畏（恐）れる。畏（恐）れ多いお言葉。

かかる・かける

掛かる・掛ける …… 迷惑が掛かる。腰を掛ける。保険を掛ける。壁掛け。掛け売り。

懸かる・懸ける …… 月が中天に懸かる。優勝が懸かる。賞金を懸ける。命を懸けて。

架かる・架ける …… 橋が架かる。橋を架ける。電線を架ける。

係る …… 本件に係る訴訟。係り結び。係員。

賭ける …… 大金を賭ける。人生を賭（懸）けた勝負。名誉を賭（懸）けて誓う。

かく

書く …… 小説を書く。日記を書く。小さな字で書かれた本。

描く …… 油絵を描く。ノートに地図を描く。

きる

切る …… 野菜を切る。期限を切る。電源を切る。縁を切る。

斬る …… 刀で斬（切）る。敵を斬（切）り殺す。世相を斬（切）る。

こう

請う …… 許可を請（乞）う。紹介を請（乞）う。案内を請（乞）う。

乞う …… 乞う御期待。命乞いをする。雨乞いの儀式。慈悲を乞う。

こたえる

答える …… 質問に答える。正確に答える。

応える …… 期待に応える。時代の要請に応える。

こむ

混む …… 電車が混（込）む。混（込）み合う店内。人混（込）みを避ける。

込む …… 負けが込む。手の込んだ細工を施す。仕事が立て込む。

つくる

作る …… 米を作る。規則を作る。詩を作る。刺身に作る。生け作り。

造る …… 船を造る。庭園を造る。酒を造る。

創る …… 新しい文化を創（作）る。画期的な商品を創（作）り出す。

つとまる

勤まる …… 私にはこの会社は勤まらない。彼にも十分勤（務）まる仕事だ。

務まる …… 彼には主役は務まらないだろう。会長が務まるかどうか不安だ。

とらえる

捕らえる …… 犯人を捕らえる。獲物の捕らえ方。

捉える …… 文章の要点を捉える。問題の捉え方が難しい。

におい・におう

匂い・匂う …… 梅の花の匂い。香水がほのかに匂う。

臭い・臭う …… 魚の腐った臭い。生ごみが臭う。

のべる

延べる …… 出発の期日を延べる。布団を延べる。金の延べ棒。

伸べる …… 手を伸べて助け起こす。救いの手を伸べる。

はやまる

早まる …… 出発時間が早まる。順番が早まる。早まった行動。

速まる …… 回転のスピードが速まる。脈拍が速まる。

はる

張る …… 氷が張る。テントを張る。策略を張り巡らす。張りのある声。

貼る …… ポスターを貼る。切手を貼り付ける。タイル貼（張）りの壁。

ほか

外 …… 思いの外に到着が早かった。想像の外の事件が起こる。

他 …… この他に用意するものはあるか。他の人にも尋ねる。

わく

沸く …… 湯が沸く。風呂が沸く。すばらしい演技に場内が沸く。

湧く …… 温泉が湧く。勇気が湧く。盛大な拍手が湧（沸）く。

ぎょうせい公用文研究会
代表 **高田智和**（たかだ　ともかず）
1975年　新潟県新潟市生まれ
2004年　北海道大学大学院文学研究科博士後期課程修了（博士（文学））
人間文化研究機構国立国語研究所教授
著　書：「常用漢字と「行政用文字」」（『新常用漢字表の文字論』，勉誠出版，2009年），「漢字と書き換え」（『日本語学』26－13，明治書院，2007年）など

増補版第１刷（令和４年７月20日発行）において，以下の修正を行いました。
① 355〜367ページの参考資料を，「公用文作成の要領」（昭和26年10月30日国語審議会建議／昭和27年４月４日内閣官房長官依命通知「公用文改善の趣旨徹底について」）から，「公用文作成の考え方」（令和４年１月７日文化審議会建議／令和４年１月11日内閣官房長官通知「「公用文作成の考え方」の周知について」）に差し替え。
② 上記「公用文作成の考え方」に基づき用字用語例の追加と一部修正。

最新公用文用字用語例集　改定常用漢字対応　**増補版**

平成22年７月30日　初版発行
令和４年７月20日　増補版第１刷発行
令和５年９月10日　増補版第４刷発行

編　集　ぎょうせい公用文研究会
発　行　株式会社　**ぎょうせい**
〒136―8575　東京都江東区新木場１―18―11
URL：https://gyosei.jp
フリーコール　0120-953-431
ぎょうせい　お問い合わせ　検索　https://gyosei.jp/inquiry/

印刷・製本　ぎょうせいデジタル(株)
＊乱丁，落丁本はおとりかえいたします。
ISBN978-4-324-11155-0
(5108807-00-000)
〔略号：最新公用文例(増補)〕